JN438878

쉽게 따라하는

C++ 프로그램 작성법

이수현 저

도서출판 기한재

C++언어는 C언어를 기반으로 하는 프로그래밍 언어로서 C언어와 기본적인 문법에는 큰 차이가 없으며 C++언어는 C언어에 객체지향 개념을 추가하여 더욱 각광받고 있는 언어가 되었다. C++언어는 사용자가 작성하기 편리한 구조로 되어 있고, 간결하고 이식성이 뛰어난 특징을 갖고 있기 때문에 여러 분야에서 가장 널리 사용되고 있다. 이러한 C++는 C언어에 대한 중급 정도의 이해를 필요로 하고 있다. 그래서 보통은 C언어를 먼저 공부하고 나서 C++언어를 공부하기 시작하였으나, 요즘은 처음부터 C++를 공부하는 경향이 많아졌다.

따라서 이 책은 처음 C++언어를 처음 접하는 사람들을 대상으로 하여 기본적인 C++ 문법과 다양한 프로그래밍 기법의 습득을 위해 집필되었으며, 현재 많이 사용되고 있는 Visual C++를 기준으로 설명하였다.

저자는 대학에서의 다년간 강의 경험을 바탕으로 독자들이 쉽게 접근할 수 있도록 노력하여, C++언어의 핵심적인 내용을 복잡하고 어려운 예제보다는 쉽고 간단히 이해할 수 있는 예제를 사용하여 보다 이해하기 쉽게 설명하였으며, 다양한 프로그램을 수록하여 실습과 함께 관련 기능을 쉽게 이해하도록 하였다. 또한, 예제들은 C++ 언어를 처음 접하는 사람뿐만 아니라 실무 프로그램에서도 유용하게 사용될 수 있도록 배려하였으며, 각 장별로 실습문제를 실어 각 장에서 익힌 내용을 응용할 수 있도록 히였다.

프로그래밍 언어를 쉽고 빠르게 습득하는 방법은 '白見이 不如一打'라는 말처럼 직접 코드를 입력하고 실행해 보는 방법이다. 다양한 프로그램을 직접 설계하고 입력, 실행 후, 오류를 고치고 결과를 얻는 과정에서 비로소 프로그래밍 언어는 자신의 것이 되며 활용 능력도 길러지는 것이다.

끝으로 이 책의 출간을 위해 물심양면 끝까지 지켜봐 주신 기한재 사장님 이하 관계자 여러분께 심심한 감사의 말씀을 드리며, 이 책으로 공부할 독자 여러분들의 싱공을 빌어 마지않는다.

저자

CHAPTER 01 C++ 언어

CHAPTER 02 데이터 형과 콘솔 입·출력

CHAPTER 03 제어문

CHAPTER 04 배 열

CHAPTER 05 함 수

CHAPTER 06 포인터

CHAPTER 07 클래스

CHAPTER 11 템플릿과 가상 함수

CHAPTER 12 예외 처리

C.H.A.P.T.E.R 01

C++ 언어

1.1 C++의 개요

1.1.1 C++의 기원

C++ 언어는 C 언어를 기본으로 1967년 Simula67이라는 언어에서 소개된 객체 지향 프로그래밍(OOP : Object Oriented Programming) 기법을 도입하여 새롭게 개발된 언어로써, AT&T사(社) Bell 연구소의 B. Stroustrup이 1983년에 발표하여 현재 여러 응용 분야에 이용되고 있다.

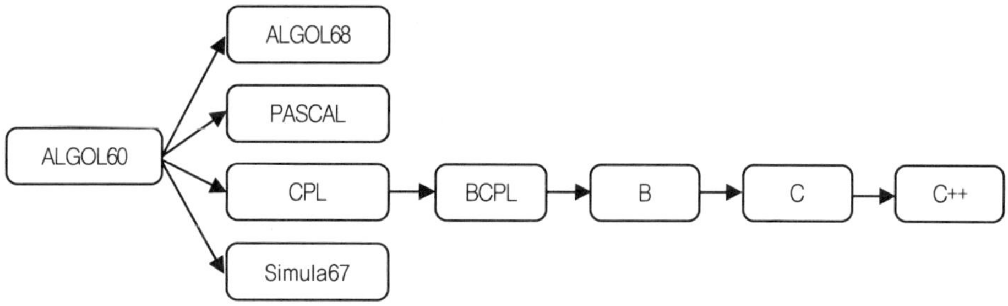

그림 1-1 C++의 기원

1.1.2 C++의 특징

C 언어는 AT&T사(社) Bell 연구소의 Dennis Ritchie에 의해 개발되었으며, 오늘날 가장 널리 쓰이는 프로그래밍 언어 중의 하나이다. C언어는 간결한 문법과 표현법, 현대적인 제어 방법과 자료 구조, 풍부한 연산자를 가지고 있다. 또한 시스템 프로그래밍을 목적으로 개발되었기 때문에 저급수준(low-level)의 프로그래밍이 가능하여 UNIX 운영체제를 구현하는데 이용되기도 하였다.

C++ 언어는 이러한 C 언어의 장점을 그대로 가지고 있으며, 대용량의 프로그램을 좀 더 신뢰할 수 있고 쉽게 작성하기 위해 확장된 언어라고 할 수 있다. C++는 C 언어를 대부분 포함하기 때문에 C 언어로 작성된 프로그램은 대부분 C++ 컴파일러에서도 실행된다. 하지만 C++의 기능을 제대로 활용하기 위해서

는 C 언어 또는 다른 기존의 프로그래밍 언어를 이용하여 프로그래밍 할 때와는 다른 개념으로 접근하여야 한다. 즉, 객체 지향 개념을 바탕으로 프로그래밍이 이루어져야 한다.

C++의 가장 큰 특징은 C언어가 가진 장점을 취하고 C에는 없는 새로운 개념인 객체지향개념을 도입하여 C를 확장한 것이다. 따라서 C++는 C언어의 기능을 대부분 포함하고 있으며, C언어의 장점을 그대로 가지고 있다. 그리고, 여러 언어의 장점을 모아서 프로그램을 다양한 방법으로 개발할 수 있도록 도와준다. 또한 객체 지향 개념을 도입함으로써 소프트웨어의 개발에 있어 코드(code)의 재사용성, 유지 보수성 등을 향상시켰다.

다음은 C++의 특징들을 간략하게 요약한 것이다.

① C++는 C의 특성들을 대부분 호환하며, C++만의 특성도 존재한다.
② C++는 방대한 코드를 다수의 프로그래머가 동시에 개발할 수 있게 한다.
③ C++에서는 C에서보다 데이터와 함수를 논리적이며 융통성 있게 관리한다.

1.1.3 C와 C++의 차이점

C++ 언어는 C를 포함하고 있기 때문에 C언어의 문법적인 특징들을 많이 가지고 있지만 객체 지향적 특징을 반영하기 위해 변화된 내용은 다음과 같다.

1) 함수의 반환형은 항상 명시적이어야 한다

2) 지역 변수 선언이 자유롭다

C 언어에서 지역 변수 선언은 실행문 이전에 함수의 블록이 시작되는 곳에서만 선언이 가능하였다. 그러나 C++ 언어에서는 지역변수의 선언은 어디에서든지 가능하다.

3) bool 데이터형의 정의

C++ 언어에서 bool 데이터형은 Boolean(참, 거짓) 값을 저장하는데 사용한다. 그리고 bool 데이터형이 가질 수 있는 유일한 값은 true와 false 뿐이다. true와 false는 상수가 아닌 bool형 데이터이며 다만 int로 변환 시 1과 0이 되는 것이다.

4) 입출력 헤더 파일

C 언어에서는 데이터의 입력과 출력을 위해서 “stdio.h”라는 헤더 파일을 포함하였으나 C++ 언어에서는 “iostream.h”라는 헤더 파일을 포함한다. C언어에서의 확장자는 .c 였지만, C++ 언어에서는 .cpp이다.

5) 함수 오버로딩(Overloading)

C++ 언어에서는 함수의 이름은 같지만 매개 변수의 데이터 형이나 개수가 다르면 다른 함수라고 판단한다. 이를 함수의 오버로딩이라고 한다.

6) 이름 공간(name space)

이름 공간이란 특정 영역에 이름을 붙여 주기 위한 것이다. 예를 들어, 여러 개의 회사가 나누어 구현한 모듈을 하나의 프로그램으로 만드는 과정에서 서로 다른 회사에서 같은 이름의 함수를 작성하였을 경우, 같은 이름의 함수 중복 선언으로 에러가 발생한다. 이 경우 어느 한 쪽에서 함수 이름을 수정한다는 것은 쉽지 않은 것이다.
따라서 이와 같은 문제를 해결하기 위한 방법이 이름 공간이다.

다음 프로그램으로 이름 공간을 사용한 예를 살펴보자.

프로그램 1-1 이름 공간 사용 예

```
#include <iostream.h>
namespace A {
    void func(void){
        cout << "A 함수" << endl ;
    }
}
namespace B {
    void func(void){
        cout << "B 함수" << endl ;
    }
}
int main (void) {
    A::func() ;
    B::func() ;
}
```

프로그램 1-1 실행 결과

```
"D:\Work0\강의교재\2012 C++\프로그램NEW\Debug\1-1.exe"
A 함수
B 함수
Press any key to continue
```

프로그램 1-1 해설

이 프로그램에서는 A회사와 B회사에서 이름이 같은 함수 func()를 작성하였다. 따라서 A회사의 함수를 이름 공간 A로 정의하고, B회사의 함수는 이름 공간 B로 정의한 다음, main() 함수에서 호출할 때에는 범위 지정 연산자 ::을 이용하여 각각의 이름 공간에 해당되는 함수를 호출한다.

13번 : 이름 공간 A의 함수 func() 호출

14번 : 이름 공간 B의 함수 func() 호출

1.2 객체지향 프로그래밍의 기본 개념

객체지향 프로그래밍(Object Oriented Programming)은 소프트웨어를 조금 더 효율적으로 개발하고, 적은 노력으로 소프트웨어의 품질을 높이기 위한 소프트웨어 개발 기술 중의 하나이다.

1) 소프트웨어 위기(Software Crisis)

지난 수십 년간 컴퓨터 하드웨어는 눈부신 발전을 거듭해 왔다. 하지만 이에 비해 소프트웨어를 개발하는 기술은 큰 발전 없이 답보 상태를 면하지 못하고 있다. 컴퓨터 하드웨어가 발전함에 따라 사용자들은 좀 더 편하고 고급스러운, 그러면서도 다양한 기능을 가지는 소프트웨어를 요구하고 있다. 이것은 소프트웨어의 복잡성이 갈수록 증가하는 것을 의미하는데, 이렇게 더 복잡한 소프트웨어를 개발하기 위해서는 단순히 더 많은 인력과 비용을 투자한다고 해서 해결되지 않는다. 예를 들어 소프트웨어가 두 배, 세 배 복잡해진다고 해서 인력과 비용을 두 배, 세 배 정도 투입하면 되는 것이 아니라 네 배, 여덟 배 또는 그 이상의 인력과 비용이 들어가게 된다. 더구나 이렇게 많은 비용과 인력을 투입하고도 완성을 못하는 경우도 있다.

다시 말해 복잡한 소프트웨어를 개발하는 문제는 인력과 시간, 비용을 더 투입하면 해결되는 단순한 확대적용(scaled-up)의 문제가 아니라는 것이다. 이를 소프트웨어 위기(Software Crisis)라고 이야기한다.

이러한 소프트웨어 위기를 해결하기 위하여 여러 방법들이 시도되어 왔으며, 객체 지향 프로그래밍 기법 또한 그러한 방법론 중의 하나이다. 현재 객체 지향 프로그래밍은 소프트웨어 분야에 첫 번째 혁명을 가져온 기술로 인식되고 있으며, 여러 분야에서 보편화되고 있다. 최근에 개발된 거의 대부분의 소프트웨어가 객체 지향 방식의 언어로 구현되었다.

2) 객체지향 프로그래밍과 절차중심 프로그래밍

객체 지향 프로그래밍은 기존의 C, FORTRAN 등의 언어들과는 다르게, 프로그래밍 작업을 새로운 시각과 방식으로 접근한다. C, FORTRAN 등의 기존 언어에서 사용되는 방식은 '절차적인' 방식이다. 즉 "처음에 어떤 작업을 하고 그 다음에 어떤 작업을 하고, 그 다음에는 어떤 작업을 한다."와 같이, 프로그램이 해야 할 절차를 세분화하여 차례대로 기술한다. 이 때문에 이들 언어를 절차적 언어(procedural language)라고 부른다.

이와는 다르게 객체 지향 방식은 '객체(오브젝트)'를 중심으로 프로그램을 기술한다. 예를 들어 우리가 흔히 사용하는 윈도우즈 환경의 아이콘(icon)을 생각해 보자. 윈도우즈 화면상의 아이콘을 마우스로 클릭하였을 때 소리를 발생시키도록 프로그래밍 한다고 하자. 이것을 객체 지향 방식으로 기술하면, 먼저 '아이콘'이라는 '객체(오브젝트)'를 정의하고 이 객체가 어떤 이벤트(마우스를 클릭)를 받아들일 수 있는지 지정하고, 이러한 경우에 어떤 작업(소리를 발생)을 할지를 설정하게 된다.

즉, 절차적 방식과 객체 지향 방식의 차이점은 주어진 문제나 사물을 파악하는 관점이 다르다는 것이다. 객체 지향 방식은 문제 영역 안에 존재하는 여러 개의 사물이나 오브젝트들을 파악하고 이들 오브젝트(객체)들이 서로 '정보를 주고받는다.'라고 본다. 이는 프로그래밍을 떠나, 사람들이 일상생활에서 어떤 문제에 대해 생각하고 이해하며 관찰하는 일반적인 방법과 비슷하다.

이 책에서 다루는 언어인 C++는 사실 순수한 객체 지향 언어는 아니다. 이것은 C++가 절차적 언어인 C언어를 기초로 하였기 때문이며, 이 때문에 C++언어는 '혼합(hybrid) 객체 지향 언어'로 분류된다.

3) 객체(오브젝트, object)란?

객체 지향 프로그래밍에서 가장 기본이 되는 단위는 객체, 즉 오브젝트이다. 오브젝트는 문제 영역에 존재하는 어떤 사물이나 개념을 나타낸다. 예를 들어 윈도우즈 화면상의 점, 사각형, 원, 아이콘, 메뉴, 윈도우 자체 등을 모두 객체, 오브젝트라고 볼 수 있으며, 워드프로세서의 경우, 글자, 단어, 문서, 글꼴 등이 오브젝트이다. 실생활에서는 사람, 책상, 자동차 등을 오브젝트로 볼 수 있다.

'사람'이라는 오브젝트를 생각해 보자. '사람'이라는 오브젝트는 이름, 성별, 나이, 키 등 그 사람이 어떤 사람인가를 나타내는 속성(attribute)과 특정한 행동(말한다, 걷는다, 잠잔다)을 가지고 있다. 객체 지향 프로그래밍에서는 이러한 관점에서 오브젝트를 취급한다. 즉, 마우스 커서를 오브젝트로 취급한다면, 마우스 커서의 위치, 모양, 색상 등의 속성을 지정할 수 있으며, "마우스를 움직인다.", "마우스를 클릭한다." 등의 마우스와 관련된 행동과 기능을 지정할 수 있다. 이러한 행동 및 기능을 객체 지향 개념에서는 메소드(method)라고 부르며, C++에서는 함수(function)로 표현한다. 마우스의 위치, 모양, 색상 등은 데이터로써 속성(attribute)이라고 부르며, C++에서는 변수 또는 상수로 나타낸다.

오브젝트(객체)의 가장 큰 특징은 이와 같이 어떤 속성(데이터)과 메소드(함수)를 한꺼번에 표현할 수 있다는 점이다. 오브젝트는 이렇게 필요한 정보와 기능을 모두 포함하고 있으므로 프로그램 수정 시 매우 편리하게 이용되며, 이 때문에 코드를 다시 사용하기 쉬워진다. 즉 재사용성 또한 증가하게 된다.

4) 캡슐화(encapsulation)

위에서 오브젝트의 특징은 필요한 속성(데이터)과 기능(메소드, 함수)을 묶어 한꺼번에 표현하는 것이라고 하였다. 이렇게 오브젝트라는 하나의 단위로 묶어 정의하는 것을 객체 지향 개념에서는 "캡슐화"한다고 이야기 한다. 마치 약을 복용할 때, 분말 또는 가루약 보다는 캡슐로 된 약을 복용하기 쉬운 것처럼, 연관된 정보와 기능을 한꺼번에 묶은 오브젝트는 다루기가 훨씬 쉬워진다. 캡슐화 함으로써 오브젝트는 일종의 기계 부품 또는 마이크로 칩처럼 취급될 수 있으며, 이에 따라 코드를 다시 사용하기(재사용) 쉽게 되는 것이다.

5) 정보 은닉, 은폐(information hiding)

어떤 기계 부품, 마이크로 칩이 위치와 환경, 다루는 사람에 따라 내부의 특성 값이 달라진다거나 기능이 달라진다면 부품으로써의 가치가 없을 것이다. 부품 내부의 상세한 고유의 특성 값은 특별한 경우가 아니면 외부에 공개할 필요가 없으며, 쉽게 변경할 수 없도록 해야 할 것이다.

이것은 캡슐화 된 오브젝트도 마찬가지이다. 객체 지향 프로그래밍의 목적중 하나가 부품을 조립하듯 오브젝트들을 조합하여 쉽게 프로그램을 작성하자라는 것인데, 이렇게 오브젝트를 부품처럼 이용하기 위해서는 오브젝트 내부를 블랙박스처럼 외부에서 쉽게 열어 보거나 변경할 수 없도록 해야 한다.

이와 같이 오브젝트가 가지고 있는 정보와 함수들의 상세한 내역을 외부에 노출시키지 않는 것을 정보 은폐, 은닉(information hiding)이라 하며, 캡슐화와 함께 오브젝트(객체)의 중요한 두 가지 특성을 이룬다.

실생활에서 기계 부품, 마이크로 칩들을 조립하는 경우를 생각해 보자. 각각의 부품을 조립하기 위해서는 부품들이 서로 끼워 맞추어지는 연결 부분이 있어야 하며, 이 연결 부분을 통해 어떤 정보나 기능의 호환이 이루어지게 된다. 오브젝트들이 조합되는 객체 지향 프로그램에서도 프로그램이 작동되기 위해서는 오브젝트 간의 정보 교환은 필수적인데, 이렇게 교환되는 정보를 메시지(message)라고 한다. 또한 메시지 교환을 위한 일정한 규격. 즉, 오브젝트가 다른 오브젝트에 어떤 메시지를 보낼 수 있는가를 정의해야 하는데, 이를 외부 인터페이스(Public Interface) 혹은 메시지 프로토콜이라고 부른다.

외부 인터페이스는 주변 오브젝트들에게 "나는 이러한 정보를 제공할 수 있다.", "나는 이러한 기능을 수행할 수 있다."라고 하는 일종의 선언이다. 하지만, 외부에 제공할 기능들이 어떤 알고리즘으로 구현된 것인지, 어떻게 수행되는지는 알려 주지 않는다. 다만, 외부 인터페이스에 포함된 기능의 이름(함수 이름), 기능을 수행하기 위해 필요한 정보(함수 매개 변수), 기능의 수행결과(함수의 결과) 등만 외부에 공개된다.

6) 캡슐화와 정보 은닉의 장점

그렇다면, 오브젝트의 캡슐화와 정보 은닉은 왜 중요한 것일까? 오브젝트 내의 정보와 기능이 캡슐화되고 그 안의 정보가 은폐, 은닉됨으로서 외부의 오브젝트는 그 오브젝트의 외부 인터페이스에만 의존하여 메시지를 보내고 작업을 할 수 있게 된다. 따라서 객체 내에 감추어진 데이터를 삭제하거나 그 데이터 타입을 변경하거나 새로운 데이터를 추가하여도 외부의 오브젝트들, 나아가서는 전체 프로그램에 아무런 영향을 주지 않는다.

오브젝트 내의 기능, 행동(메소드, 함수) 부분도 마찬가지인데, 함수의 알고리즘을 더 효율적인 것으로 바꾸거나 함수의 기능 자체를 변경해도 함수의 프로토콜만 변경하지 않으면 주변 프로그램을 수정할 필요가 없다. 따라서 오브젝트는 캡슐화와 정보 은닉을 통하여 비로소 완전히 독립된 소프트웨어 부품이 된다. 이러한 오브젝트의 특성으로 인해 객체 지향 프로그램은 개발 시 고도의 모듈화가 가능해지며, 프로그램 시험과 기능 보완 등 유지 보수가 용이해지고, 독립성으로 인하여 재사용하기가 쉬워지게 되는 것이다.

C++에서는 이러한 오브젝트(객체)의 캡슐화와 정보 은닉을 위해 클래스(class)라는 소프트웨어 단위를 이용한다.

1.3 C++ 프로그램의 실행

C++는 컴파일러 언어이다. 따라서, C++ 문법에 의해 작성된 프로그램을 실행시키기 위해서는 컴퓨터가 알 수 있는 기계어로 번역해 주어야 한다. 이 번역 작업을 컴파일(compile)이라 하며 이것은 컴파일러라는 소프트웨어에 의해 수행된다. 그러므로 C++언어를 이용하여 프로그램을 작성하려면, 소스 코드(source code)를 입력할 수 있는 에디터(편집기)와 입력된 소스코드를 번역하여 목적 프로그램을 생성하고, 실행 파일을 생성해 주는 컴파일러(compiler)가 필요하다. PC 수준에서는 많은 컴파일러들이 에디터와 디버거 등 프로그램 작성을 위한 여러 기능들을 통합한 개발환경을 제공한다. 현재 주로 많이 이용되는 컴파일러로는 Microsoft사의 Visual C++, Borland사의 C++ Builder, Borland C++ 등이 있다. 이 장에서는 Microsoft사의 Visual C++를 이용하여 C++ 원시 코드를 입력,

컴파일하고 실행하는 방법에 대해 살펴보도록 한다.

C++ 프로그램을 작성하여 실행하는 단계는 다음과 같다.

1단계 : 원시파일(*.cpp) 작성

편집기를 사용하여 프로그램 내용을 입력한다. 원시 파일의 확장자는 *.cpp로 지정해야 한다.

2단계 : 목적 파일(*.obj) 생성

목적 파일을 생성하기 위해서는 컴파일러가 원시파일을 컴파일해야 하는데, 컴파일러가 이상 없이 컴파일을 수행하기 위해서는 먼저 선행처리가 수행되어야 한다.

① 선행 처리 : C++ 문법으로 작성된 프로그램에는 #include와 #define과 같은 선행처리기 지시어가 포함되어 있는데, 선행처리기가 먼저 이들 지시어에 대한 선행 처리를 수행한다. #include의 기능은 컴파일러에서 제공해 주는 INCLUDE라는 폴더에 수록된 헤더파일을 읽어 들여 원시파일에 포함시키라는 의미이며, #define은 컴파일에 앞서 프로그램내의 특정 문자열을 지정한 문자열로 치환한다.

② 컴파일 : 컴파일러는 먼저 선행 처리기에 의해 확장된 원시 파일이 C++문법에 맞게 작성되어 있는지 조사하여 오류가 발생하면 사용자에게 오류 메시지를 보내고 컴파일을 종료한다. 만일 오류가 발생하지 않는다면 원시 파일을 컴파일하여 기계어로 번역된 목적 파일(*.obj)을 생성한다.

3단계 : 실행 파일(*.exe) 생성

컴파일 과정에서 생산된 목적 파일은 단지 기계어로 번역만 되어 있을 뿐, 표준 함수나 다른 프로그램과는 연결되어있지 않기 때문에 실행할 수 있는 단계가 아니다. 링크는 목적 파일에 라이브러리나 다른 프로그램의 목적파일을 연결시켜 실행 가능한 파일(*.exe)로 만들어 주는 역할을 한다.

4단계 : 실행 파일의 실행

실행 파일을 컴퓨터로 실행한다.

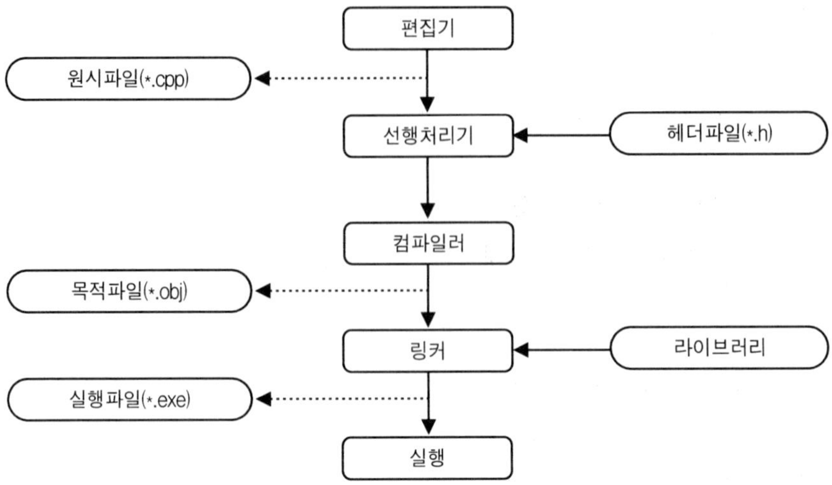

그림 1-2 C++ 프로그램의 실행과정

1.3.1 C++ 컴파일러

Microsoft Visual C++

Visual C++는 C++언어를 바탕으로 Windows의 운영체제에서 실행 가능한 프로그램을 개발할 수 있도록 하는 일종의 컴파일러이다.

여기에는 단순히 컴파일러뿐만 아니라 원시 코드의 입력, 편집, 컴파일, 실행 및 오류 수정들을 지원하는 여러 가지 도구가 포함되어 있다. 또한 그래픽 편집기 등을 이용하여 윈도우즈의 표준자원(메뉴, 그림, 아이콘 등)을 쉽게 다룰 수 있으며, 미리 작성된 다양한 클래스들을 제공하는 등의 장점 때문에, 현재 윈도우즈 응용 프로그램을 작성하는 C++ 컴파일러로는 가장 많이 이용되고 있다.

여기에서는 Visual C++ 6.0 버전을 기준으로 프로그램을 작성하는 방법에 대해 설명한다.

Visual C++ 콘솔(console) 프로그래밍

이 책은 C++언어에 대한 이해 및 C++언어의 기본적인 활용을 목적으로 하고 있다. 따라서 C++를 이용하여 윈도우즈용 프로그램을 작성하는 자세한 방법을 설명하지는 않으며, 모든 예제는 DOS형 응용 프로그램 형태로 실행 가능하도록 작성되어 있다.

이러한 표준 입출력이 가능한 DOS형 응용 프로그램을 작성하기 위해서는 Visual C++에서 제공하는 콘솔 응용(console application)이라는 이름의 콘솔 입출력 기능을 이용한다. 프로그램 작성 방법을 하나씩 살펴보도록 하자.

1.3.2 Visual C++의 기동 및 종료

Visual C++의 기동

① Visual C++가 설치된 경우, 다음과 같이 [시작] 메뉴의 [프로그램(P)]⇨[Microsoft Visual Studio 6.0]⇨[Microsoft Visual C++ 6.0]을 선택하면 Visual C++가 실행된다.

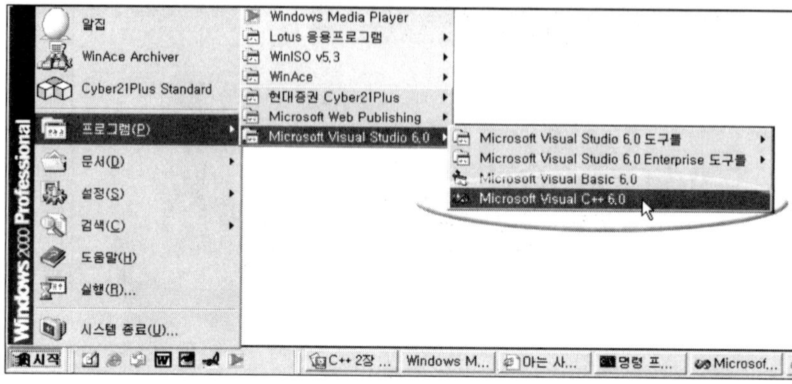

② 실행 첫 화면에는 다음과 같이 간단한 팁을 알려주는 대화상자가 나타나는데, 내용을 읽어보고 [Close] 단추를 눌러 닫으면 Visual C++ 통합 환경을 볼 수 있다.

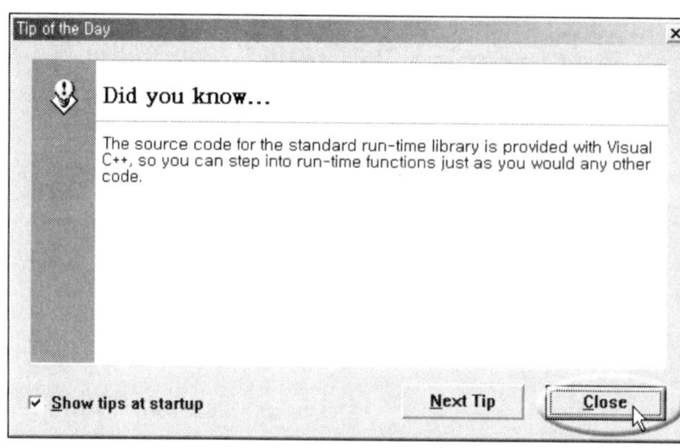

Visual C++의 종료

Visual C++를 종료하기 위해서는 다음과 같이 [File] 메뉴의 [Exit]를 선택하거나 프로그램 오른쪽 상단의 [닫기] 단추를 누른다.

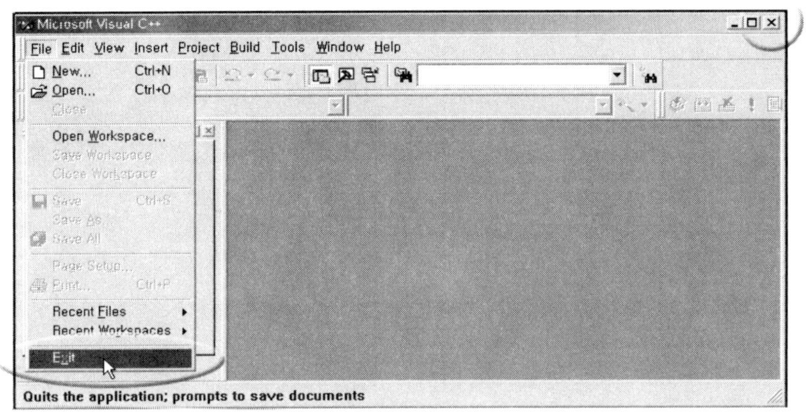

1.3.3 소스 코드의 입력 및 저장

어떤 언어로 프로그램을 작성하려면, 먼저 코드를 입력(코딩, coding)하고 파일로 저장하여야 한다. 이렇게 저장된 소스 파일은 컴파일 과정을 거쳐 하나의 프로그램으로 완성되는데, 한 개의 소스 파일을 컴파일하여 프로그램을 생성하는 경우도 있지만, 여러 개의 파일, 많게는 수십, 수백 개의 소스파일이 이용되기도 한다. 이렇게 하나의 프로그램을 생성하기 위해 한 개, 또는 여러 개의 관련된 파일들, 자원들을 묶어 Visual C++에서는 '프로젝트 작업 공간(Project Workspace)'이라는 이름으로 관리한다(보통 간단히 프로젝트라고 부르기도 한다.). 따라서 Visual C++를 이용하여 프로그램을 작성할 때, 제일 먼저 해야 할 일은 새로운 프로젝트를 생성하는 것이다.

새로운 프로젝트 만들기

① 새로운 프로젝트(project workspace)를 만들기 위해서는 다음과 같이 [File] 메뉴의 [New..]를 선택한다.

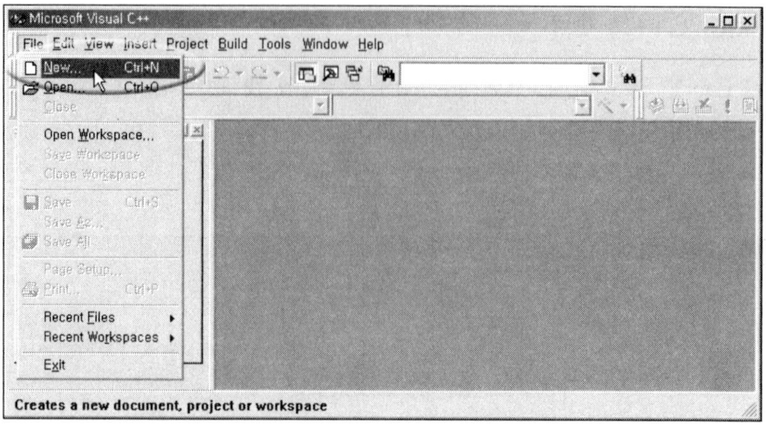

② 'New' 대화상자가 나타나면 [Projects] 탭을 선택한다. [Projects] 탭 아래에 보이는 목록들은 새로 만들어질 프로그램의 형태를 나타내는데, DOS형 프로그램(콘솔 응용 프로그램)을 작성하기 위해서는 목록 중에서 'Win32 Console Application.'을 선택한다.

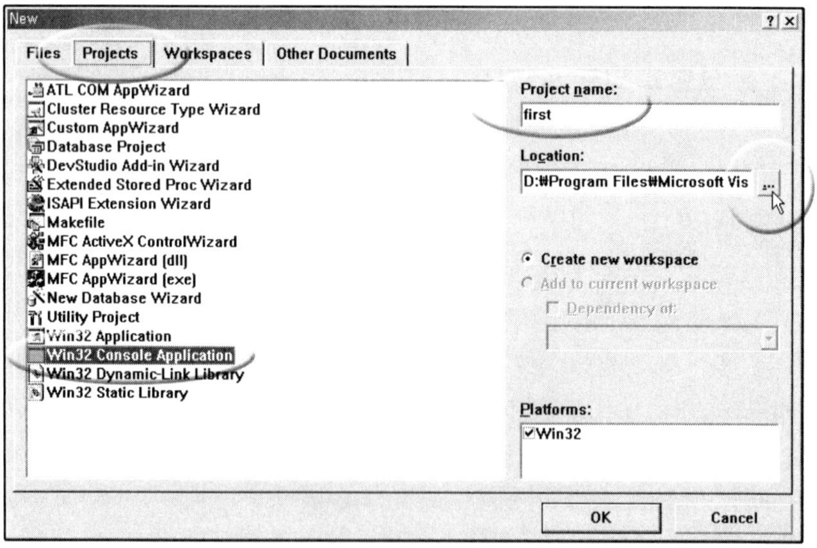

③ 오른쪽의 [Project name:] 항목에 프로젝트의 이름을 입력한다. 이 프로젝트의 이름이 바로 프로그램의 이름이 되며, 이 이름의 폴더가 자동으로 생성된다. 이 예제에서는 'first'라는 이름을 입력하였다.

④ [Location:] 항목의 [...] 단추를 누르면 폴더가 만들어질 경로를 지정할 수 있다.

⑤ 'Choose Directory' 대화상자에서 프로젝트를 작성할 경로를 지정한 후 [OK] 단추를 누른다.
이 예제에서는 D:\temp 폴더를 지정하였다.

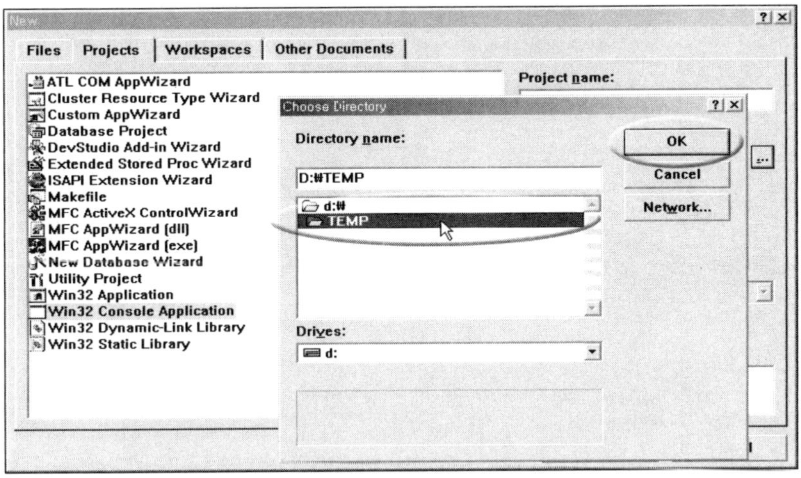

⑥ 'New' 대화상자에서 [OK] 단추를 누르면 다음과 같은 'Win32 Console Application - Step 1 of 1' 대화 상자가 나타나는데, 이 대화상자에서는 콘솔 애플리케이션의 형태를 지정할 수 있다. 이 예제를 포함한 이 책의 모든 예제는 가장 간단한 형태의 콘솔 애플리케이션이면 충분하므로 항목 중에서 'An empty project'를 선택하고 [Finish] 단추를 누른다.

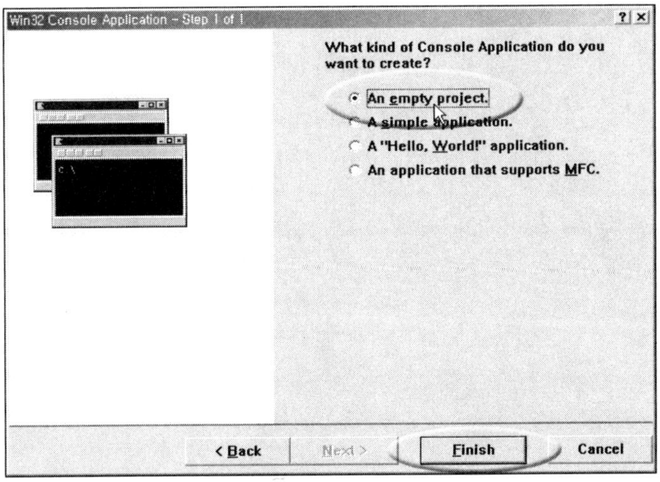

⑦ ‘New Project Information’ 대화상자가 나타나면 [OK] 단추를 누른다. 이 대화상자는 지금까지 지정한 내용으로 새로운 프로젝트를 생성한다는 것을 확인하는 부분이다.

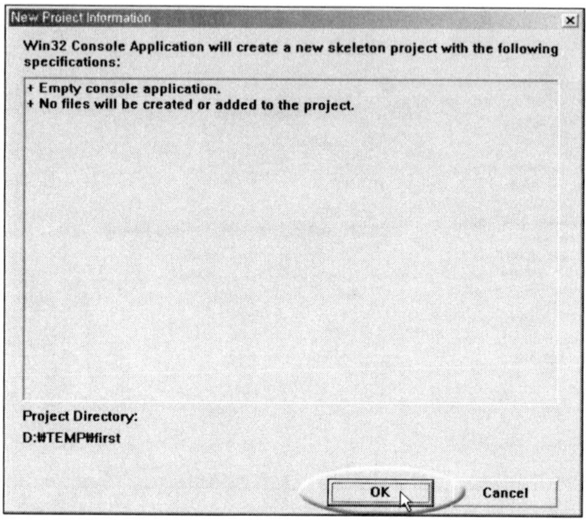

⑧ 프로젝트가 생성되면, 지정한 폴더에 새로운 하위 폴더가 자동으로 만들어 지며, 폴더 내부에는 ‘*.dsw’, ‘*.dsp’ 등의 확장자를 가지는 파일들이 만들어지게 된다. 이중 ‘*.dsw’ 확장자가 붙어 있는 파일이 프로젝트 작업공간에 대한 전체적인 정보를 가지고 있는 프로젝트 파일이다.

소스 코드의 입력(코딩)

프로젝트는 프로그램을 생성하기 위한 소스 파일과 관련 파일, 자원들의 묶음이라고 이야기 하였다. 위와 같이 ‘An empty project’ 형태로 프로젝트를 만든 경우에는 프로젝트 내에 삽입할 소스 파일들을 새로 만들어야 한다.

① 새로운 파일을 만들기 위해서는 다음과 같이 [File] 메뉴의 [New..]를 선택한다.

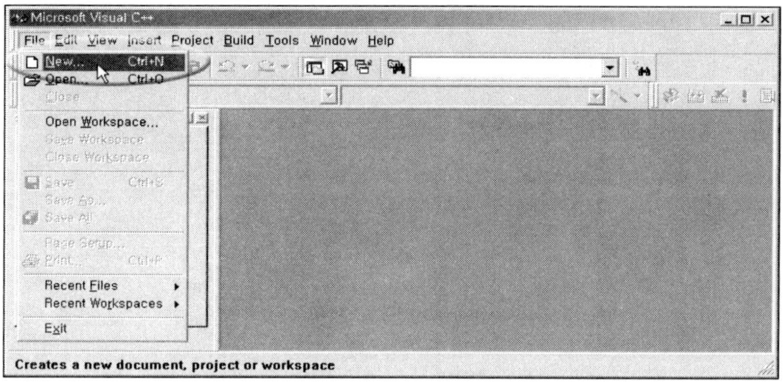

② 'New' 대화상자가 나타나면 [Files] 탭을 선택한다. [Files] 탭 아래의 목록(list)에는 새로 만들어지는 파일의 형태가 나타나는데, 'C++ Source File' 항목을 선택한다. 이렇게 'C++ Source File' 항목을 선택하면, 새로 만들어지는 파일에는 자동으로 'cpp'라는 확장자가 붙게 된다. 만약 헤더파일을 작성하려고 한다면 'C/C++ Header File'을 선택하면 된다.

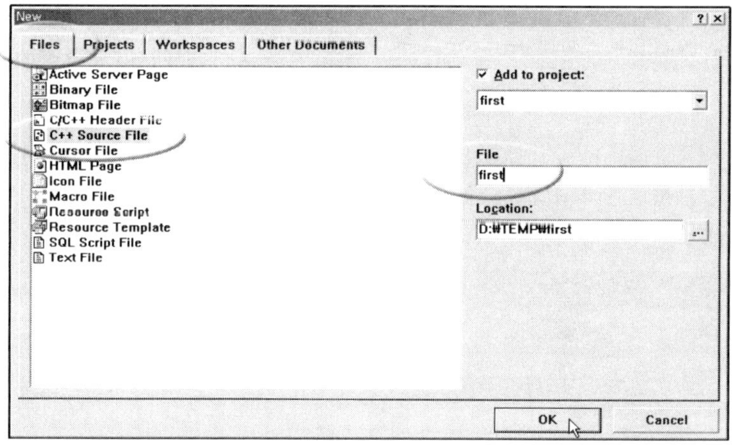

③ 파일의 이름은 오른쪽의 'File' 항목에 직접 입력한다. '.cpp'라는 확장자가 자동으로 붙게 되므로, 소스 파일의 확장자까지 쓸 필요는 없다. 이 예제에서는 프로젝트 이름과 같은 'first'라는 이름을 입력하였다. 파일의 이름을 프로젝트 이름과 같게 할 필요는 없으며, 자신이 원하는 이름을 입력하면 되지만 파일 이름의 일관성을 유지하는 것이 좋을 것이다.

④ 'New' 대화 상자에서 오른쪽 하단의 [OK] 단추를 누르면 소스 코드를 입력할 수 있는 새로운 창이 나타나는 것을 볼 수 있다. 이 창안에 다음과 같이 C++ 문법에 따라 소스를 입력(코딩)하면 된다.

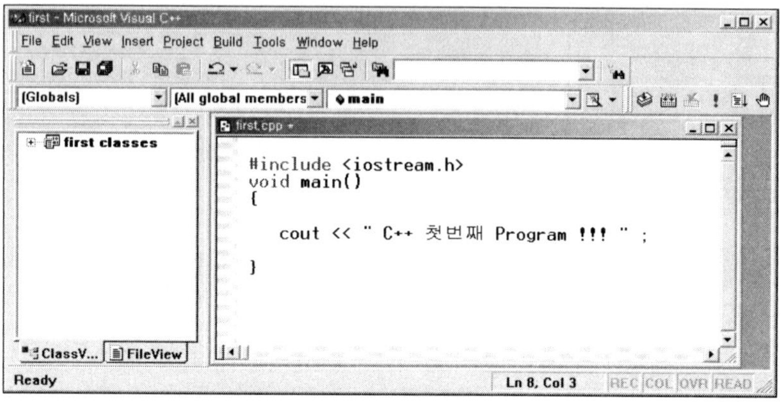

프로젝트 및 파일의 저장

① 프로젝트 전체 즉, 프로젝트 내의 모든 파일을 한꺼번에 저장하려면 [File] 메뉴의 [Save Workspace]를 선택한다.

② 각각의 파일 하나만 저장하려면 [File] 메뉴의 [Save]를 선택한다. 다른 이름으로 저장하려면 [File] 메뉴의 [Save As...] 메뉴를 사용하면 된다.

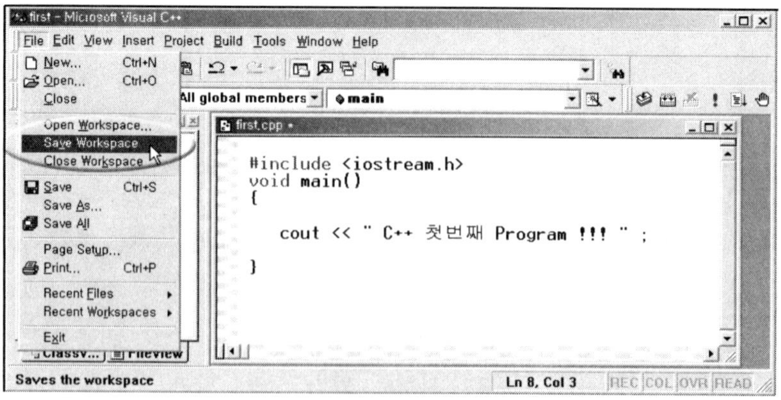

저장되어 있는 프로젝트 열기

① 이미 저장되어 있는 프로젝트를 열기 위해서는 [File] 메뉴의 [Open Work space...]를 선택하고, [Open Workspce] 대화 상자가 나타나면 원하는 프로젝트(프로젝트 작업 공간)를 선택한다. 이때, 선택할 수 있는 프로젝트 파일은 'dsw'라는 확장자가 붙은 파일이다.

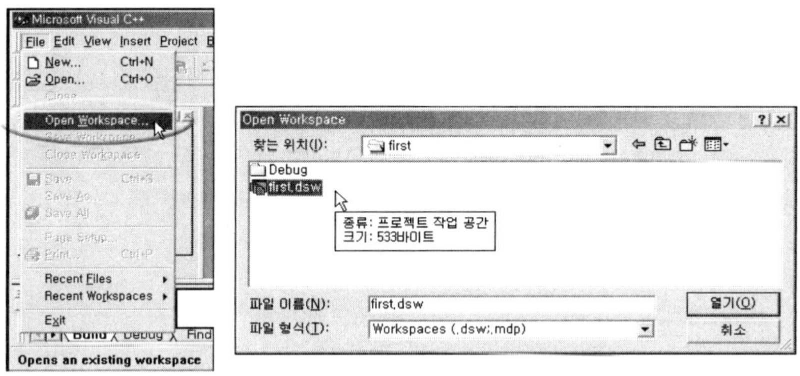

② Visual C++가 기동되어 있다면 ①과 같은 방법으로 프로젝트를 열면 된다. Visual C++가 아직 기동되지 않은 상황이면, 윈도우 탐색기를 이용하여 프로젝트가 저장된 폴더를 연 다음, 폴더 내의 'dsw'라는 확장자가 붙은 파일을 더블클릭하면 된다.

1.3.4 콘솔 응용 프로그램의 컴파일과 실행

실행 파일 만들기

① 코딩이 끝난 소스 파일들을 실행 가능한 파일(실행 파일)로 번역하기 위해서는 다음과 같이 [Build] 메뉴의 [Build first.exe]를 선택한다. 이 예제에서 다루는 프로젝트 이름이 'first'이기 때문에 'Build first.exe'라고 메뉴에 나타난 것이다. 이 메뉴를 선택하면 모든 소스 파일을 차례로 컴파일하고 링크(link)하여 실행 파일(first.exe)까지 한 번에 만들어 준다. 파일을 하나씩 따로 컴파일 하려면 [Build] 메뉴의 [Compile first.exe]를 선택한다.

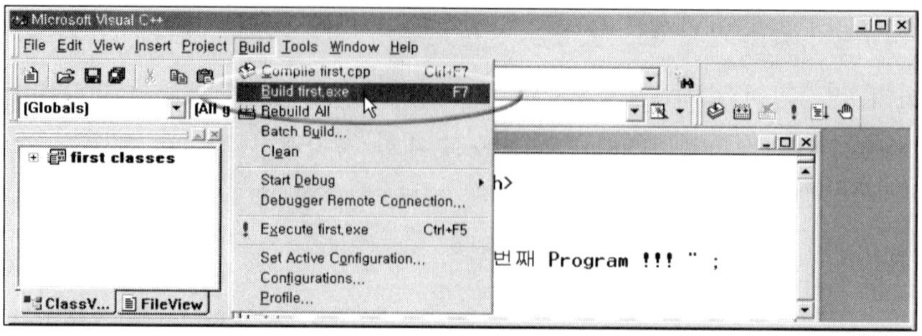

② Visual C++의 하단 출력 창에 컴파일과 링크하는 과정이 표시되며, Build 과정에서 오류(error)가 없다면 하단 출력 창 마지막에 다음과 같이 표시된다.

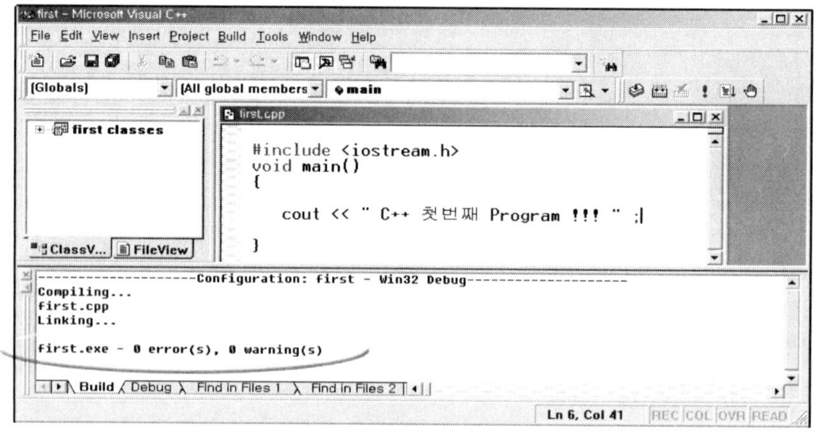

③ [Build first.exe] 메뉴 대신 [Build] 메뉴의 [Rebuild All]을 이용해도 되는데, [Rebuild All]은 이전 Build시에 만들어진 임시 파일들과 실행 파일들을 모두 삭제하고 처음부터 다시 Build하게 된다.

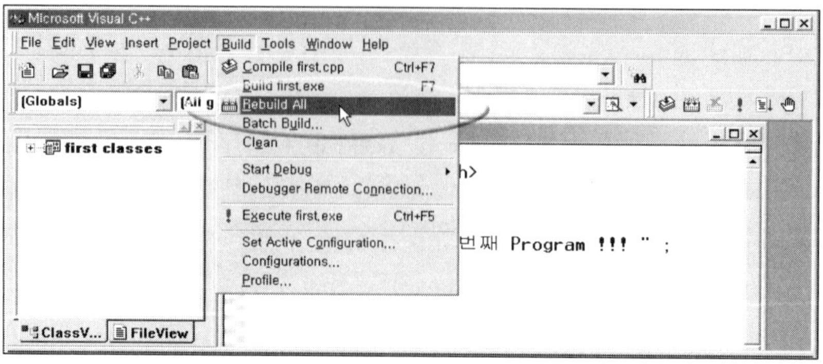

작성된 프로그램 실행하기

소스 파일이 오류 없이 build 되었다면, 'exe'라는 확장자를 가지는 실행 파일이 생성된다. 이 예제의 경우 실행 파일은 'first.exe'라는 이름으로 만들어지게 된다. 이 실행 파일은 기본적으로는 프로젝트 폴더의 하위에 자동으로 생성되는 'Debug' 폴더에 내에 생성된다. [Project]-[Settings] 메뉴를 이용하면, 실행 파일이 생성되는 폴더를 변경할 수 있다.

이 실행 파일은 DOS 창이나 윈도우즈의 '명령 프롬프트' 내에서 실행 파일명을 입력해 실행하거나 Visual C++에서 직접 실행해 볼 수 있다.

① Visual C++ 내에서 직접 실행하려면 [Build] 메뉴의 [Execute first.exe]를 선택한다.

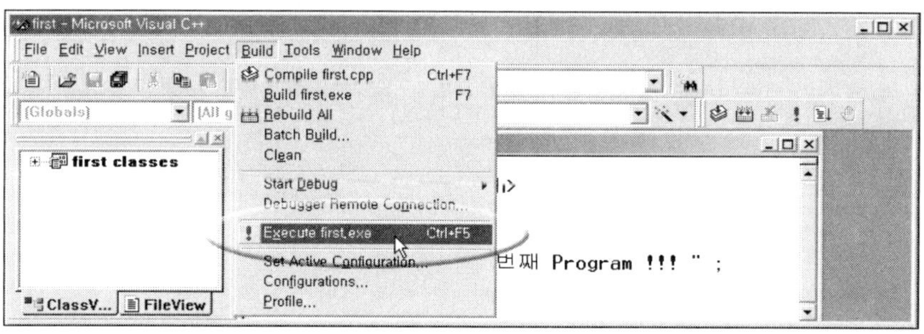

② DOS 창이 열리면서 다음과 같이 실행 결과가 출력된다. 결과를 확인한 다음 아무 키나 누르면 Visual C++로 돌아오게 된다.

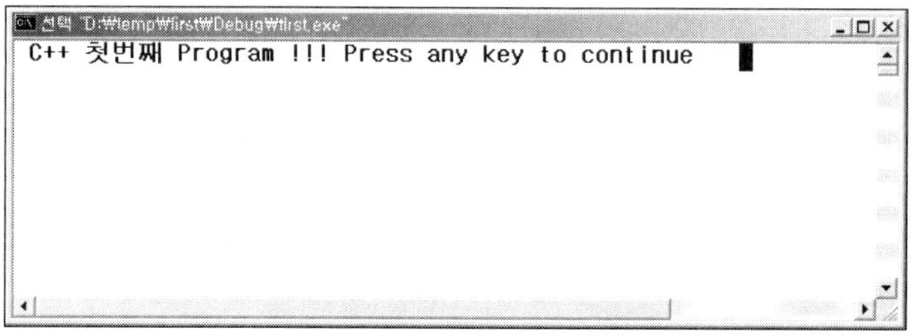

Visual C++를 기동하지 않고, 실행 파일을 DOS 창이나 윈도우즈의 '명령 프롬프트' 내에서 실행하려면, 다음과 같이 실행 파일이 저장되어 있는 폴더로 이동한 다음 실행 파일 이름을 입력하면 된다.

```
Microsoft Windows 2000 [Version 5.00.2195]
(C) Copyright 1985-2000 Microsoft Corp.

D:\> cd temp\first

D:\temp\first> cd debug

D:\temp\first\Debug> first
 C++ 첫번째 Program !!!
D:\temp\first\Debug>_
```

CHAPTER 02

데이터 형과 콘솔 입·출력

2.1 C++ 프로그램의 구성

2.1.1 문장

C++ 프로그램은 다음과 같은 기본적인 구조로 작성한다.

```
선행 처리기 지시어
함수 명 {
   문장 1 ;
   문장 2 ;
}
```

프로그램을 구성하는 각 문장은 실행 단위로써 명령문에 해당된다. 따라서, 프로그램은 명령문들의 집합체라고 할 수 있으며 문장의 끝은 반드시 세미콜론(;) 기호로 나타낸다. 각각의 문장은 변수를 선언하거나 함수 호출, 연산문, 제어문 등의 명령이 된다. 컴파일러는 세미콜론(;)으로 문장과 문장을 구별하며 문장과 문장 사이의 모든 공백은 무시한다. 따라서 한 줄에 여러 개의 문장을 작성하거나 한 줄에 하나씩 문장을 작성해도 프로그램의 실행 결과는 똑같다.

프로그램 2-1 프로그램의 구성

```
#include <iostream.h>
#define TEN 10
main() {
   cout << "Hello" << endl ;
   cout << 123 << "\n" ;
   cout << TEN << endl ;
}
```

프로그램 2-1 실행 결과

```
"D:\Work0\강의교재\2012 C++\프로그램NEW\Debug\2-1.exe"
Hello
123
10
Press any key to continue
```

만약, 세미콜론을 빼고 프로그램을 컴파일하면 다음과 같은 에러가 발생한다.

```
error C2146: syntax error : missing ';' before identifier 'cout'
```

세미콜론은 문장의 마지막임을 의미하는 기호로 한글의 마침표(.)에 해당된다.

2.1.2 지시어

선행 처리기 지시어에는 #include와 #define의 두 가지가 있으며 지시어 끝에 세미콜론(;) 기호를 붙이지 않는다.

#define 지시어는 컴파일에 앞서 프로그램 내의 특정 문자열을 지정한 문자열로 치환하는 역할을 한다. 사용 형식과 사용 예는 다음과 같다.

사용 형식	#define 특정문자열 지정문자열	의 미
사용 예	#define TEN 10 #define TRUE 1	TEN을 숫자 10으로 치환 TRUE를 숫자 1로 치환

#include 지시어는 뒤에 지정된 파일을 읽어 들여 현재의 원시 프로그램에 삽입시키라는 의미이다. 프로그램 2-1에서 #include <iostream.h>는 iostream.h라는 파일을 INCLUDE 라는 폴더에서 찾아 원시 프로그램에 삽입시키라는 의미이다. 프로그램에서 사용하고자 하는 명령에 따라 삽입하여야 할 헤더 파일이 달라진다. 즉, 출력 스트림 명령 cout을 사용하기 위해서는 iostream.h를, 문자열 명령 strcat을 사용하기 위해서는 string.h를 삽입하여야 한다.

적절한 헤더를 기술하지 않고 프로그램을 컴파일하면 에러가 발생한다. 즉, 프로그램 2-1에서 1번 줄의 #include <iostream.h> 부분을 삭제하고 컴파일하면 다음과 같은 에러가 발생한다.

```
error C2065: 'cout' : undeclared identifier
```

2.1.3 main() 함수

C++ 프로그램은 하나 이상의 함수로 이루어지며 반드시 main() 함수 한 개를 포함해야 한다. main() 함수는 프로그램의 시작을 나타내는 함수로서 함수 명 다음에 좌측 중괄호({) 기호로 시작하여 우측 중괄호(}) 기호로 끝나며 프로그램의 문장들을 이 괄호 사이에 기술한다. 함수 안에 기술된 문장의 순서로 실행되어진다.

2.1.4 출력 스트림

출력 스트림 cout은 프로그램의 실행 결과나 문자를 화면에 출력할 때 사용하는 것으로 출력 연산자 <<와 함께 사용한다.

사용 형식	cout <<문자열<<문자열... ;	의 미
사용 예	cout << "ABC" << endl ;	문자 "ABC"를 출력한 다음 줄을 바꾼다.
	cout << 123 << "\n" ;	숫자 123을 출력한 다음 줄을 바꾼다.

<< 연산자 다음에는 출력하고자 하는 데이터 리스트를 기술하며, 리스트에는 문자열, 숫자, 변수, 수식, 함수 등이 있다. 이때, 출력 데이터가 문자열인 경우에는 이중 인용 부호(" ")를 사용해서 나타낸다. 만일 여러 개의 데이터를 출력하려면 << 연산자를 이용하여 출력 데이터를 구분한다.

프로그램의 문자열 상수 안에 이용되고 있는 \n과 endl은 줄 바꿈 문자를 의미하는 escape 문자로서. 이 문자가 출력되면, 다음 문자의 출력은 다음 행의 맨 앞에서 이루어지게 된다. 단, \n은 이중 인용 부호(" ")을 사용해서 "\n"으로 기술한다. 또한, 사용 글꼴에 따라 ₩n으로 표시되기도 한다.

프로그램 2-1의 4~6번 줄은 다음과 같이 한 줄로 기술하여도 같은 결과를 얻을 수 있다.

```
cout << "Hello" << endl << 123 << "\n" << TEN << endl ;
```

프로그램 2-1에서 사용된 출력 함수 cout은 std::cout으로도 쓸 수 있는데, 이 때에는 헤더 파일이 iostream.h가 아니라 iostream이다.

프로그램 2-2 출력 함수

```
1 #include <iostream>
2 #define TEN 10
3 main() {
4     std::cout << "Hello" << std::endl ;
5     std::cout << 123 << "\n" ;
6     std::cout << TEN << std::endl ;
7 }
```

프로그램 2-2 실행 결과

```
"D:\Work0\강의교재\2012 C++\프로그램NEW\Debug\2-1.exe"
Hello
123
10
Press any key to continue
```

프로그램 2-2 해설

1번 : 헤더 파일은 확장자 .h를 쓰지 않는다.

4번 : 그 대신에 cout과 endl의 앞에 std::를 붙여야 한다.

다음 프로그램은 escape 문자를 이용하여 비프 음을 울리는 예이다.

프로그램 2-3 비프 음 출력

```
#include <iostream.h>
main(){
    cout << "벨이 3회 울립니다." << "\a\a\a" ;
}
```

프로그램 2-3 실행 결과

```
"D:\Work0\강의교재\2012 C++\프로그램NEW\Debug\2-2 비프음.exe"
벨이 3회 울립니다.Press any key to continue
```

프로그램 2-3 해설

3번 : "\a"는 비프음을 울리는 escape 문자이다. 프로그램의 실행환경에 따라 벨이 울리지 않을 경우나 3회의 비프음이 연속한 음으로 들릴 경우가 있다.

escape 문자

비프음을 울리는 것은 escape 문자(escape sequence)인 \a를 이용함으로써 가능하다. 아래에 escape 문자의 종류를 정리하였다.

【표 2-1】 escape 문자

단순 escape 문자		
\a	alert	경고음 발생. 일반적으로 비프음
\b	back space	한 문자 후퇴
\f	form feed	페이지 바꿈을 하여 다음 페이지의 선두로 이동
\n	new line	줄 바꿈 하여 다음 행의 선두로 이동
\r	carriage return	현재 행의 선두로 이동
\t	horizontal tab	다음 수평 탭의 위치로 이동
\\	문자 \	
\?	문자 ?	
\'	문자 '	
\"	문자 "	
8진 escape 문자		
\ooo	ooo는 8진수	8진수로 ooo의 값을 가진 문자
16진 escape 문자		
\xhh	hh는 16진수	16진수로 hh의 값을 가진 문자

8진수와 16진수 escape 문자는 코드에 따라 해당 문자를 표시하는데 이용한다. 예를 들어 ASCII 문자 체계에서는 숫자 1을 '\x31'로 표시할 수 있다. 이와 같은 표기는 프로그램을 이해하기 어렵게 하므로 가급적 사용하지 않는 것이 좋다.

2.1.5 주석(설명문)

프로그램을 작성하다보면 프로그램에 제목을 달거나 프로그램이 복잡한 경우에는 자신이나 다른 사람이 쉽게 이해할 수 있도록 필요한 곳에 설명을 붙이게 된다. C++에서는 /*와 */ 사이에 입력한 내용이나 // 다음에 입력한 내용을 주석으로 처리하여 컴파일 시에는 무시되는 부분이다.

/* ... */ 은 여러 행에 걸쳐서 설명을 기술할 경우에 사용하고,
// 는 한 행씩 설명을 기술할 경우에 사용한다.

<table>
<tr><td>사용 예</td><td>/* 주석을 나타낸다 */
/* 여러 행에 대해서
      주석을 나타낸다 */
// 한 행에 대해서
// 주석을 나타낸다.</td></tr>
</table>

2.2 데이터 형

프로그램은 입력된 데이터에 대해 특정 작업을 수행하도록 지시하는 것이다. 프로그램에 입력된 데이터는 상수 혹은 변수이며, 입력된 데이터들은 메모리에 저장된다. 이때, 확보되는 메모리 크기는 데이터의 형에 따라 각각 다르며 기본적인 데이터 형에는 정수형, 실수형, 문자형 등이 있다.

상수란 프로그램이 실행되는 도중에 변하지 않고 일정한 값을 유지하는 데이터를 말한다. 변수는 프로그램에서 필요한 값을 저장하기 위한 기억 장소의 이름이다. 변수에 저장된 데이터는 프로그램이 실행되는 동안에 그 값이 변경될 수 있다.

2.2.1 상수

C++에서 사용되는 상수는 크게 숫자와 문자로 나누어진다. 숫자 상수는 정수형

과 실수형으로 분류되고 문자 상수는 문자형과 문자열로 분류된다.

【표 2-2】 상수의 종류

숫자상수	정수형	10진수	숫자를 그대로 사용
		8진수	숫자 앞에 0을 붙인다.
		16진수	숫자 앞에 0x를 붙인다.
	실수형	소수점, 지수형태	
문자상수	문자형	단일인용부호(' ') 안에 표현	
	문자열	이중인용부호(" ") 안에 표현	

프로그램 2-4 상수 출력

```
1 #include <iostream.h>
2 main() {
3     cout << 10    << endl ;     // 10 진수
4     cout << 010   << endl ;     // 8 진수
5     cout << 0x10  << endl ;     // 16 진수
6     cout << 'A'   << endl ;     // 문자
7     cout << "Hello" << endl ; // 문자열
8 }
```

프로그램 2-4 실행 결과

```
"D:₩Work0₩강의교재₩2012 C++₩프로그램NEW₩Debug₩2-2.exe"
10
8
16
A
Hello
Press any key to continue_
```

프로그램 2-4 해설

3번 : 숫자를 그대로 쓰면 10진수로 인식된다.

4번 : 숫자 앞에 0이 있으므로 8진수로 인식되며, 8진수 10을 10진수로 변환하여 8이 출력된다.

5번 : 숫자 앞에 0x가 있으므로 16진수이다. 16진수 10은 10진수로 16이 되므로 16이 출력된다.

6번 : 문자형 상수

7번 : 문자열 상수

2.2.2 sizeof 연산자

자료형과 오브젝트의 크기를 조사하는 연산자는 sizeof 연산자(sizeof operator)이다. 여기에서 자료형의 크기란 『char형의 크기를 1로 할 때 몇 배가 되는가?』로 나타낸다. sizeof 연산자에는 sizeof(자료형명)과 sizeof 식의 두 가지 형식이 있다. 자료형의 크기를 알고자 한다면 전자를, 오브젝트의 크기를 알고 싶을 때는 후자를 이용하면 된다.

다음 프로그램으로 상수의 크기를 알아보자.

프로그램 2-5 상수의 크기

```
1 #include <iostream.h>
2 main() {
3     cout << "정수의 크기         : " << sizeof(23) << '\n';
4     cout << "부동소수점의 크기 : " << sizeof(1.2) << '\n';
5     cout << "문자의 크기         : " << sizeof('A') << '\n';
6     cout << "문자열의 크기      : " << sizeof("ABC") << '\n';
7     cout << "문자의 크기         : " << sizeof("A") << '\n';
8 }
```

프로그램 2-5 실행 결과

```
"D:\Work0\강의교재\2012 C++\프로그램NEW\Debug\2-3.exe"
정수의 크기        : 4
부동소수점의 크기 : 8
문자의 크기        : 1
문자열의 크기      : 4
문자의 크기        : 2
Press any key to continue
```

프로그램 2-5 해설

3번 : 정수의 크기는 숫자의 크기와 상관없이 4바이트이다.

4번 : 부동소수점(실수)의 크기는 8바이트가 된다.

5번 : 하나의 문자는 1바이트 크기가 된다.

6번 : 문자열의 크기는 문자의 개수에 1을 더한 값이 된다. C++에서 문자열을 정의할 때에 문자열의 끝을 표시하는 NULL 문자(\0)가 자동적으로 포함된다.

7번 : 하나의 문자에 이중인용부호를 사용하면 C++는 문자열로 인식하여 NULL 문자가 추가되므로 문자의 크기가 2바이트가 된다.

2.2.3 변수

변수란 컴퓨터가 메모리에 값을 저장하는 방식이다. C++는 변수를 위해 적당한 메모리 공간을 할당하고 변수명과 변수의 데이터형을 선정한다. 변수명은 전체 프로그램 내에서 저장된 값을 참조하기 위해 사용된다. 변수의 데이터형은 C++에게 얼마만큼의 메모리 공간을 할당할 것인지와 프로그램 내에서 변수가 사용될 때 어떻게 처리하고 표현할 것인지를 알려준다. 예를 들어 변수의 데이터형을 정수형으로 지정하면 해당 변수에 4바이트의 메모리가 할당되고, 문자형으로 지정하면 1바이트의 메모리가 지정된다.

【표 2-3】 데이터 형

데이터형	예약어	범위	크기(바이트)
정수형	int	-2147483648~2147483647	4
	unsigned int	0~4294967295	4
실수형	double	∓1.7×10-308~∓1.7×10-308	8
문자형	char	-128~127	1
	unsigned char	0~255	1

변수 선언에는 먼저 변수의 데이터형을 선언한 다음 변수에 데이터를 저장하는 방법과 변수의 데이터형의 선언과 동시에 변수의 초기값을 지정하는 두 가지 방법이 있다.

【표 2-4】 변수 선언

변수 선언	의 미
int x ;	정수형 변수 x의 선언
int x, y ;	정수형 변수 x, y의 선언
int x=5 ;	정수형 변수 x를 선언하면서 동시에 x의 값을 5로 초기화
int x=2, y=3 ; int x(2), y(3) ;	정수형 변수 x, y를 선언하면서 동시에 x의 값을 2, y의 값을 3으로 초기화
double z=3.5 ;	실수형 변수 z를 선언하면서 동시에 z의 값을 3.5로 초기화
char c ;	문자형 변수 c의 선언
char c='A' ;	문자형 변수 c를 선언하면서 동시에 c의 값을 문자 A로 초기화

int x=2;와 int x(2);는 동일한 결과를 가진다.

키워드(예약어)

C++에서는 if나 else 등과 같은 단어가 특별한 의미를 가진다. 이러한 단어를 키워드(keyword)라고 하며, 프로그래머가 변수명 등의 용도로 사용할 수 없도록 되어 있다.

키워드의 종류를 정리하면 아래의 표와 같다.

【표 2-5】 키워드

asm	auto	break	case	catch	char	class
const	continue	default	delete	do	double	else
enum	extern	float	for	friend	goto	if
inline	int	long	new	operator	private	protected
public	register	return	short	signed	sizeof	static
struct	switch	template	this	throw	try	typedef
union	unsigned	virtual	void	volatile	while	

변수명

변수와 오브젝트는 프로그래머가 자유로이 이름을 부여할 수 있고, 이때 부여된 이름을 변수명이라고 한다. 변수명의 명명법에 대한 규칙을 살펴보기로 하자.

① 식별자의 최초 문자는 반드시 영문자나 밑줄(_)이어야 한다.

② 식별자가 두개의 문자 이상으로 구성되는 경우, 두 번째 문자부터는 영문자, 숫자를 사용할 수 있다. 여기에서 영문자란 대소문자와 밑줄을 포함한다.

③ C++에서는 대문자와 소문자는 구별되므로 abc와 ABC는 서로 다른 식별자로 인식된다.

④ 하나의 변수명 안에 공백을 넣어서는 안 된다.

⑤ 키워드를 변수명으로 사용할 수 없다.

【표 2-6】 변수명 사용

사용 가능	사용 불가	불가 이유
a	if	키워드는 안 된다.
x1	123	숫자만은 안 된다.
_yes	98pc	숫자로 시작
abc_def	dos/v	특수문자 /가 있다.
xyz	num_#	특수문자 #가 있다.
Ax3	yes no	변수명 안에 공백

다음 프로그램을 사용하여 변수를 선언하고, 변수의 데이터를 출력해 보자.

프로그램 2-6 변수 선언

```
1  #include <iostream.h>
2  main ( ){
3      int x=5 ;
4      cout << "x = " << x << endl ;
5      int y ;
6      cout << "y = " << y << '\n' ;
7      y = 6 ;
8      cout << "y = " << y << '\n' ;
9      int z=5, k=3 ;
10     cout << "z - k = " << z-k << '\n' ;
11 }
```

프로그램 2-6 실행 결과

```
x = 5
y = -858993460
y = 6
z - k = 2
Press any key to continue
```

프로그램 2-6 해설

3번 : 정수형 변수 x를 선언하면서 동시에 초기값을 5로 초기화.

4번 : 변수 x의 데이터를 출력한다. "x = "은 변수를 이중따옴표로 묶었기 때문에 변수가 아닌 문자열로 인식되어 기술한 그대로 출력하게 된다. 즉 변수의 데이터를 출력하려면 절대로 따옴표로 묶어서는 안 된다.

5번 : 정수형 변수 y를 선언한다.

6번 : 변수 y의 데이터를 출력한다. 그런데, 변수 y는 초기값이 지정되지 않았기 때문에 임의의 숫자가 출력된다.

7번 : 변수 y에 정수 6을 대입하여, 변수 y의 데이터 값이 6이 된다.

8번 : 변수 y의 데이터 6을 출력한다.

9번 : 정수형 변수 z와 k를 선언하면서 동시에 초기값으로 5와 3을 지정한다.

10번 : 계산식 z-k를 계산한 결과를 출력한다. z-k는 변수 z의 데이터 5에서 변수 k의 데이터 3을 빼라는 의미이므로 계산식 z-k = 5-3 = 2가 되어 계산 결과값 2를 출력하게 된다.
"z-k="은 계산식을 이중따옴표로 묶었기 때문에 계산식이 아닌 문자열로 인식되어 기술한 그대로 출력하게 된다.

앞에서 보았던 sizeof 연산자를 이용하여 int, double, char형의 크기를 출력시켜 보자.

프로그램 2-7 변수의 크기

```
#include <iostream.h>
int main(void)
{
    int a;
    cout << "int 형의 크기 : " << sizeof(int) << '\n';
    cout << "변수 a의 크기 : " << sizeof(a) << '\n';

    double x;
    cout << "double형의 크기: " << sizeof(double) << '\n';
    cout << "변  수 x의 크기: " << sizeof(x) << '\n';

    char c ;
    cout << "sizeof(char)  : " << sizeof(char) << '\n';
    cout << "sizeof(c)     : " << sizeof(c) << '\n';

    return(0);
}
```

프로그램 2-7 실행 결과

```
"D:₩Work0₩강의교재₩2012 C++₩프로그램NEW₩Debug₩2-5.exe"
int 형의 크기 : 4
변수 a의 크기 : 4
double형의 크기: 8
변  수 x의 크기: 8
sizeof(char)  : 1
sizeof(c)     : 1
Press any key to continue_
```

프로그램 2-7 해설

5번 : int형은 정수형이므로 크기가 4바이트이다.

6번 : 변수 a는 int형이므로 크기가 4바이트이다. 변수의 크기는 변수에 저장되어 있는 데이터 값과는 무관하다.

9번 : double형은 실수형이므로 크기가 8바이트이다.

10번 : 변수 x는 double형이므로 크기가 8바이트이다.

13번 : char형은 문자형으로 크기가 1바이트이다.

14번 : 변수 c는 char형으로 크기가 1바이트이다.

2.2.4 다른 자료형의 연산

변수에 데이터를 대입할 때, 동일한 데이터형의 데이터를 대입하여야 한다. 즉, 정수형 변수에는 정수를 대입하여야 하는데 만약 성수형 변수에 실수를 대입하면 소수점 이하 부분이 무시되어 버리고 변수에는 정수 부분만 남는다.

프로그램 2-8 변수의 대입

```
1 #include <iostream.h>
2 main(){
3     int x1, x2;
4     x1 = 2.95;      x2 = 3.14;
5     cout << "x1 = " << x1 << '\n';
6     cout << "x2 = " << x2 << '\n';
7 }
```

프로그램 2-8 실행 결과

```
"D:₩Work0₩강의교재₩2012 C++₩프로그램NEW₩Debug₩2-6.exe"
x1 = 2
x2 = 3
Press any key to continue
```

프로그램 2-8 해설

3번 : 정수형 변수 x1과 x2를 선언한다.

4번 : 정수형 변수 x1과 x2에 각각 실수 2.95와 3.14를 대입한다. 실수를 정수형 변수에 대입하므로 소수점이하는 무시되고 2와 3만 남는다.

5번~6번 : 변수 x1과 x2의 결과 값을 출력한다.

이번에는 자료형의 연산에 대해 알아보자. 두 개의 변수가 모두 int형인 경우, 모두 double형인 경우, 한쪽은 int형이고 다른 한 쪽은 double형인 경우의 3가지 경우에 대하여 프로그램을 통하여 알아본다.

프로그램 2-9 sizeof 연산자

```
1 #include <iostream.h>
2 main(){
3     int    a, b;
4     double x, y;
5     cout << "sizeof(int    + int   ) : " << sizeof(a + b) << '\n';
6     cout << "sizeof(double + double) : " << sizeof(x + y) << '\n';
7     cout << "sizeof(int    + double) : " << sizeof(a + x) << '\n';
8 }
```

프로그램 2-9 실행 결과

```
sizeof(int    + int   ) : 4
sizeof(double + double) : 8
sizeof(int    + double) : 8
Press any key to continue
```

프로그램 2-9 해설

3번 : 정수형 변수 a, b를 선언한다.

4번 : 실수형 변수 x와 y를 선언한다.

5번 : 정수형과 정수형을 더하면 정수형이 되어 크기는 4바이트가 된다. 여기에서 더하기는 변수의 데이터 형이지 변수의 데이터가 아니다.

6번 : 실수형과 실수형을 더하면 실수형이 되어 크기는 8바이트가 된다.

7번 : 정수형과 실수형을 더하면 실수형이 되어 크기는 8바이트가 된다.

실행 결과에 대한 고찰

실행 결과로부터 아래와 같은 규칙이 있음을 추측해 볼 수 있다.

sizeof (int + int) → sizeof (int)
sizeof (double + double) → sizeof (double)
sizeof (int + double) → sizeof (double)

같은 자료형에 대한 연산

int + int 연산과 double + double 연산에서 연산 결과의 자료형은 피연산자의 자료형과 동일한 자료형이 된다. 이 규칙은 다른 연산(-, * 등의 연산)에도 적용된다.

다른 자료형의 피연산자에 대한 연산

int + double이나 double + int 등과 같이 서로 다른 자료형을 가지는 변수간의 연산인 경우는 int형의 피연산자가 double형의 피연산자로 변환된 다음, double 형끼리의 연산이 이루어지게 된다. 따라서 연신에 대한 결과도 double형이 되는 것이다.

이번에는 다른 데이터형의 변수를 연산하면 연산 결과가 어떻게 되는지 알아보자.

프로그램 2-10 자료형

```
#include <iostream.h>
main(){
    int    x, z ;
    double y, k ;
    y = 2.95;
    x = y ;
    z = x + y ;
    k = x + y ;
    cout << "x = " << x << '\n';
    cout << "y = " << y << '\n';
    cout << "z = " << z << '\n';
    cout << "k = " << k << '\n';
}
```

프로그램 2-10 실행 결과

```
x = 2
y = 2.95
z = 4
k = 4.95
Press any key to continue
```

프로그램 2-10 해설

3~4번 : 정수형 변수 x와 z를, 실수형 변수 y와 k를 선언한다.

5번 : 실수형 변수 y에 실수 2.95를 대입한다.

6번 : 정수형 변수 x에 실수형 변수 y의 데이터 2.95를 대입한다. 이때 소수점 이하 부분은 무시되고 변수 x에는 2만 대입된다.

7번 : x + y는 2 + 2.95 = 4.95가 된다. 이것을 정수형 변수 z에 대입하면서 소수점 이하는 무시되어 변수 z는 4가 된다.

8번 : x + y는 2 + 2.95 = 4.95가 된다. 이것을 실수형 변수 k에 대입하면, 소수점 이하 부분까지 대입하게 되므로 k에는 4.95가 대입된다.

2.2.5 새로운 자료형 bool

bool형은 C언어에는 존재하지 않고 C++에만 존재하는 자료형이다. C++에서 거짓은 0으로 표현하고, 0이 아닌 모든 정수는 참을 의미한다. 따라서 참과 거짓의 표현을 위해서 다음과 같이 상수를 정의하는 것이 보통이다.

```
#define  TRUE   1
#define  FALSE  0
```

그러나 C++에서는 참과 거짓의 표현을 위한 키워드 true와 false를 정의하고 있기 때문에 굳이 매크로 상수를 이용해서 참과 거짓을 표현할 필요가 없다.

다음 프로그램으로 true와 false를 출력시켜 보자.

프로그램 2-11 bool형

```
1 #include <iostream.h>
2 main ( ){
3     cout << true << endl ;
4     cout << false << endl ;
5 }
```

프로그램 2-11 실행 결과

```
"D:₩Work0₩강의교재₩2012 C++₩프로그램NEW₩Debug₩2-11 bool.exe"
1
0
Press any key to continue
```

프로그램 2-11 해설

3번~4번 : true는 1이 아니며, false 역시 0이 아니다. 다만 이를 출력하거나 정수의 형태로 형 변환하는 경우에 각각 1과 0으로 변환되도록 정의되어 있는 것이다.

true와 false는 그 자체로 참과 거짓을 의미하는 데이터이며, bool형 데이터라 한다. 그리고 bool은 int, double과 마찬가지로 bool형 변수를 선언하는 것이 가능하다.

프로그램 2-12 bool 선언

```
1 #include <iostream.h>
2 main ( ){
3     bool test ;
4     test = true ;
5     cout << test << endl ;
6 }
```

프로그램 2-12 실행 결과

```
"D:₩Work0₩강의교재₩2012 C++₩프로그램NEW₩Debug₩2-12 bool 선언.exe"
1
Press any key to continue
```

프로그램 2-12 해설

2번 : 변수 test를 bool형으로 선언한다.

4번 : 변수 test에 true를 대입한다.

5번 : 변수 test는 true이므로 1이 출력된다.

2.3 입력 스트림

입력 스트림 cin은 키보드로부터 입력받은 데이터를 변수에 기억시킬 때 사용한다. 출력 스트림 cout과 마찬가지로 입력 스트림 cin을 사용하기 위해서는 헤더 파일 iostream.h를 프로그램 내에 포함시켜야 한다.

사용 형식	cin >> 변수 >> 변수 ... ;	의 미
사용 예	int x ; cin >> x ;	키보드로부터 입력된 값을 정수형 변수 x에 대입한다.
	int a, b ; cin >> a >> b ;	정수형 데이터 2개를 입력하여 변수 a와 b에 대입한다.
	char c ; cin >> c ;	입력한 문자를 변수 c에 대입한다.

데이터를 입력하고, 입력한 데이터를 출력하는 프로그램을 작성해 보자.

프로그램 2-13 데이터 입력

```
1 #include <iostream.h>
2 main(){
3     int  x, y, z ;
4     cout << "x, y, z ? " ;
5     cin >> x >> y >> z ;
6     cout << "x=" << x << " y=" << y << " z=" << z << endl ;
7 }
```

프로그램 2-13 실행 결과

```
x, y, z ? 1 2 3
x=1 y=2 z=3
Press any key to continue
```

프로그램 2-13 해설

5번 : 입력한 데이터를 정수형 변수 x, y, z에 대입한다. 3개의 데이터를 한 번에 입력할 때에는 입력 데이터 사이를 공백문자(Space Bar)로 구분하거나, Enter↵키로 구분하여 입력한다.

정수형 변수에는 숫자 데이터를 입력하고, 문자형 변수에는 문자 데이터를 입력하는 것이 일반적인 형태이다. 그런데, 때로는 문자형 변수에 숫자 입력하는 경우도 발생한다. 숫자 데이터를 문자형 변수에 입력하면 어떤 결과가 얻어지는지 다음 프로그램을 통하여 살펴보자.

프로그램 2-14 문자 데이터 입력

```
1 #include <iostream.h>
2 main(){
3     char c ;
4     cout << "c ? " ;
5     cin >> c ;
6     cout << c << "-1=" << c-1 << endl ;
7 }
```

프로그램 2-14 실행 결과

```
c ? 5
5-1=52
Press any key to continue
```

프로그램 2-14 해설

5번 : 입력한 데이터를 문자형 변수 c에 대입한다.

6번 : 입력한 데이터에서 1을 뺀 값을 출력한다.

실행 결과에 대한 고찰

실행 결과를 보면 입력 데이터 5에서 1을 뺀 값이 52라는 이상한 결과가 나왔으나 이것은 너무도 당연한 결과이다. 키보드로 5를 입력하였을 경우 입력 변수의 데이터형에 따라 변수에 대입하는 값이 달라진다. 즉, 입력 변수의 데이터형이 정수형이면 숫자 데이터 5가 변수에 대입된다. 그러나, 입력 변수의 데이터형이 문자형이면 입력 데이터 5는 숫자 5가 아닌 문자 5로 인식되어 문자 5에 대한 아스키 코드 53이 입력되는 것과 같다. 따라서 아스키 코드 53에서 1을 뺀 52가 결과 값으로 출력되는 것이다. 그러므로 문자형 변수에 숫자 데이터를 5를 입력하였을 때 숫자 5가 대입되게 하려면 입력한 숫자에서 48(0의 아스키 코드)을 빼 주면 된다.

2.4 연산 및 연산자

연산이란 한 개 이상의 데이터를 일정한 규칙에 따라 처리하는 것을 말하며, 연산에 사용된 각 데이터 항을 오퍼랜드(operand), 연산 동작을 수행하도록 지시하는 기호를 연산자(operator)라고 한다. 연산에 필요한 오퍼랜드가 두 개 필요한 연산자를 이항 연산자라고 하며, 오퍼랜드가 한 개 필요한 연산자를 단항 연산자라고 한다.

다음 표에 연산자의 종류를 나타낸다.

【표 2-7】 연산자 일람표

우선순위	연산자	형식	명칭	결합규칙
1	::	::x	스코프영역 해결 연산자	-
	::	x :: y	스코프영역 해결 연산자	-
2	.	x . y	dot 연산자	좌
	->	x -> y	화살표 연산자	
	[ ]	x [y]	첨자 연산자	
	( )	x (y)	함수 호출 연산자	
	++	x ++	후치 증가 연산자	
	--	x --	후치 감소 연산자	
3	sizeof	sizeof x	sizeof 연산자	우
	++	++ x	전치 증가 연산자	
	--	-- x	전치 감소 연산자	
	~	~ x	보수 연산자	
	!	! x	논리 부정 연산자	
	-	- x	단항 - 연산자	
	+	+ x	단항 + 연산자	
	&	& x	어드레스 연산자	
	*	* x	간접 연산자	
	new	new x	new 연산자	
	delete	delete x	delete 연산자	
	delete[ ]	delete[ ]x	delete[ ] 연산자	
	( )	x (y)	cast 연산자	
4	( )	(x) y	cast 연산자	우

5	.* ->*	x .* y x ->* y	간접 dot 연산자 간접 화살표 연산자	좌
6	* / %	x * y x / y x % y	2항 * 연산자 2항 / 연산자 2항 % 연산자 (나머지)	좌
7	+ –	x + y x – y	2항 + 연산자 2항 – 연산자	좌
8	<< >>	x << y x >> y	좌측 시프트 연산자 우측 시프트 연산자	좌
9	< <= > >=	x < y x <= y x > y x >= y	< 연산자 <= 연산자 > 연산자 >= 연산자	좌
10	== !=	x == y x != y	== 연산자 != 연산자	좌
11	&	x & y	비트 AND 연산자	좌
12	^	x ^ y	비트 배타적 OR 연산자	좌
13	|	x | y	비트 OR 연산자	좌
14	&&	x && y	논리 AND 연산자	좌
15	||	x || y	논리 OR 연산자	좌
16	? :	x ? y : z	조건 연산자	좌
17	= *= /= %= += –= <<= >>= &= |= ^=	x = y x *= y x /= y x %= y x += y x –= y x <<= y x >>= y x &= y x |- y x ^= y	단순 대입 연산자 *= 언산자 /= 연산자 %= 연산자 += 연산자 –= 연산자 <<= 연산자 >>= 연산자 &= 연산자 |= 언산자 ^= 연산자	우
18	,	x, y	콤마 연산자	좌

결합규칙은 좌 결합규칙과 우 결합규칙으로 나누어진다. 좌 결합규칙이란 예를 들면, 2개의 오퍼랜드를 요구하는 2항 연산자를 O로 하였을 경우, a O b O c를

(a O b) O c	좌 결합

로 연산하도록 하는 것이 좌 결합 연산자이며,

a O (b O c)	우 결합

로 연산하도록 하는 것이 우 결합 연산자이다.

즉, 같은 우선순위의 연산자가 연속할 경우에는 좌우 어느 쪽의 연산을 먼저 할 것인가를 나타내는 것이 결합규칙이다. 예를 들면 감산을 하는 2항 연산자는 좌 결합이므로,

5 - 3 - 1 → (5 - 3) - 1 // 좌 결합

만약 우 결합이라면, 5 - (3 - 1)로 해석되어 연산 결과도 달라지게 된다. 대입을 하는 단순 대입 연산자 = 은 우 결합이므로,

a = b = 1 → a = (b = 1) // 우 결합이 된다.

2.4.1 대입 연산자

대입 연산자는 우측의 연산 결과를 좌측의 변수에 대입하는 이항 연산자이다.

【표 2-8】 대입 연산자

사용 형식	사용 예	의 미
변수=데이터 ;	x = 10 ;	변수 x에 10을 대입한다.
변수=변수 ;	x = y ;	변수 x에 변수 y의 데이터를 대입한다.
변수=변수=데이터 ;	x = y = 10 ;	우측에서 차례로 각각의 변수에 10을 대입한다.
변수 = 계산식 ;	x = 5 + 3 ;	5+3의 결과값 8을 변수 x에 대입한다.
변수 = 함수 ;	x = sum() ;	함수 sum()의 결과값을 변수 x에 대입한다.

각각 다른 데이터형의 변수에 데이터를 대입하면 데이터의 값이 어떻게 변하는지 다음 프로그램을 이용하여 알아보자.

프로그램 2-15 대입 연산자

```
1 #include <iostream.h>
2 main(){
3    double a;
4    int    b;
5    a = b = 1.5;
6    cout << "a = " << a << '\n';
7    cout << "b = " << b << '\n';
8 }
```

프로그램 2-15 실행 결과

```
a = 1
b = 1
Press any key to continue
```

프로그램 2-15 해설

5번 : 실수형 데이터 1.5를 정수형 변수 b에 대입한 다음, 변수 b에 있는 데이터를 실수형 변수 a에 대입한다.

실행 결과에 대한 고찰

대입식을 평가하면, 대입 후의 식 오퍼랜드의 형과 값이 된다. 만약, x와 y가 int형이고, x = y = 1이라 하면, x와 y의 값은 1이 된다. 즉, 대입식 y = 1을 평가한 결과 값이 x에 대입되는 것이다.

따라서, 문제의 프로그램에서는 a와 b는 1이 된다. 즉, 대입식 b = 1.5에 의해서 int형의 오브젝트인 b의 값은 1이 된다(정수 변수에 실수를 대입하면, 소수점 이하 부분은 버린다.). 대입식은 대입 후의 좌측 오퍼랜드의 형과 값으로 평가되기 때문에, 식 b = 1.5는 int형의 1로서 평가된다. 이 값이 a에 대입되기 때문에 결국 a는 1.0이 된다.

2.4.2 산술 연산자

사칙 연산자와 나머지 연산자(+, −, *, /, %) 등을 산술 연산자라고 한다. 이들의 연산자에 대한 기능과 사용 형식을 다음 표에 나타낸다.

【표 2-9】 2항 산술 연산자

연산자	기능	사용 형식	의 미
+	덧셈	a=b+c ;	b와 c를 합한 값을 a에 대입한다.
-	뺄셈	a=b-c ;	b에서 c를 뺀 값을 a에 대입한다.
*	곱셈	a=b*c ;	b와 c를 곱한 값을 a에 대입한다.
/	나눗셈	a=b/c ;	b에서 c를 나눈 값을 a에 대입한다.
%	나머지	a=b%c ;	b에서 c를 나눈 나머지 값을 a에 대입한다.

위의 연산자 중에서 나머지 연산자(%)는 정수 사이의 연산 이외에는 사용하지 못함에 주의하여야 한다.

또한 + 연산자와 − 연산자에는 피연산자가 한 개인 단항 연산자가 있으며 부호를 바꿀 때 다음과 같이 이용된다.

```
c = ( -a * 3 ) – ( -b );
```

산술 연산자의 우선순위

각 연산자에는 그 연산자와 다른 연산의 혼합 연산에서 우선적으로 실행되어야 할 순위가 정해져 있다. 이것을 우선순위라 한다.

예를 들어, a + b * c는 a + (b * c)로 해석되어 뒤쪽의 곱셈이 먼저 계산된다. 그런데, 연산의 순위를 변경할 필요가 있으면 우선적으로 계산되어야 할 식을 ( )로 둘러싸면 된다. 예를 들어 위의 식에서 a+b를 먼저 계산해야 할 경우 다음과 같이 기술하면 된다.

(a + b) * c

다음은 키보드로부터 2개의 실수를 읽어 들인 후 사칙연산(덧셈, 뺄셈, 곱셈, 나눗셈)을 하고 그 결과를 출력하는 프로그램이다.

프로그램 2-16 산술 연산자

```
1  #include <iostream.h>
2  main(){
3      double x, y;
4      cout << "x를 입력하시오.: ";    cin >> x;
5      cout << "y를 입력하시오.: ";    cin >> y;
6      cout << "x + y = " << x + y << "\n";    // 가산
7      cout << "x - y = " << x - y << "\n";    // 감산
8      cout << "x * y = " << x * y << "\n";    // 승산
9      cout << "x / y = " << x / y << "\n";    // 제산
10 }
```

프로그램 2-16 실행 결과

```
x를 입력하시오.: 6
y를 입력하시오.: 5
x + y = 11
x - y = 1
x * y = 30
x / y = 1.2
Press any key to continue
```

프로그램 2-16 해설

3번 : 나누기를 하면 소수점 이하 자릿수까지 표현되어야 하므로 변수를 double 형으로 선언한다.

4~5번 : 변수 x와 y에 입력한 각각 데이터를 대입한다.

6~9번 : 사칙연산 결과 값을 출력한다.

나머지 연산자(%)를 이용하여 입력한 정수의 일 자리의 수를 구하는 프로그램을 작성해 보자.

프로그램 2-17 일 자리의 수

```
#include <iostream.h>
main(){
    int x ;
    cout << "양의 정수를 입력하시오.: ";
    cin >> x;
    cout << "입력한 정수의 일 자리 수는 " << x%10 << " 입니다.\n";
}
```

프로그램 2-17 실행 결과

```
"D:₩Work0₩강의교재₩2012 C++₩프로그램NEW₩Debug₩2-13.exe"
양의 정수를 입력하시오.: 5849
입력한 정수의 일 자리 수는 9 입니다.
Press any key to continue
```

프로그램 2-17 해설

6번 : 입력한 수 x를 10으로 나눈 나머지를 출력한다.

실행 결과에 대한 고찰

정수의 일의 자리 수는 그 수를 10으로 나누어 남은 나머지란 것을 여러분들도 잘 알고 있을 것이다. 다음과 같이 나누어 몫을 구할 때는 나눗셈 연산자(/)를 이용하고, 나머지를 구할 때는 나머지 연산자(%)를 이용하면 된다.

예) 1997 ÷ 10 = 199 나머지 7

정수를 입력하고, 읽어 들인 정수의 제곱승과 4제곱승을 표시하는 프로그램을 작성해 보자. 여기에서 계산 값은 각각 서로 다른 새로운 변수에 저장시키도록 한다.

프로그램 2-18 제곱승

```
#include<iostream.h>
main(){
     int a;
     cout <<"양의 정수를 입력하시오 : " ;
     cin>> a;
     int pow2 = a*a;
     int pow4 = pow2 * pow2;
     cout << a << "의 2승은 " << pow2 << "입니다. \n";
     cout << a << "의 4승은 " << pow4 << "입니다. \n";
}
```

프로그램 2-18 실행 결과

```
"D:₩Work0₩강의교재₩2012 C++₩프로그램NEW₩Debug₩2-14.exe"
양의 정수를 입력하시오 : 3
3의 2승은 9입니다.
3의 4승은 81입니다.
Press any key to continue
```

프로그램 2-18 해설

6번 : 변수 pow2에 a의 제곱승을 대입한다.

7번 : pow4에 pow2의 제곱승을 대입하는데, pow2에는 a의 제곱승이 저장되어 있으므로 결국 pow4에는 a의 4 제곱승이 저장된다.

2.4.3 복합 대입 연산자

복합 대입 연산자는 산술 연산자와 대입 연산자를 결합한 형태로서 수식을 압축하여 간략히 기술할 수 있다.

예를 들어 += 연산자는 복합 대입 연산자(compound assignment operator) 중의 하나이다. 이러한 연산자를 이용한 식 a+=b는 a=a+b와 같은 의미이며, a의 값을 b만큼 증가시킨다. a를 2회 기술할 필요 없이 생략 가능할 뿐만 아니라, "a에 b를 더하여 a에 대입"의 의미를 직관적으로 알 수 있기 때문에 해석이 용이하다. 복합 대입 연산자는 모두 10종류가 있으며, 대입만을 수행하는 = 연산자는 특별히 단순 대입 연산자(simple assignment operator)라고 부르기도 한다.

【표 2-10】 복합 대입 연산자

연산자	사용 형식	의 미
+=	a += b ;	a = a + b ;
-=	a -= b ;	a = a - b ;
*=	a *= b ;	a = a * b ;
/=	a /= b ;	a = a / b ;
%=	a %= b ;	a = a % b ;
<<=	a <<= b ;	a = a << b ;
>>=	a >>= b ;	a = a >> b ;
&=	a &= b ;	a = a & b ;
^=	a ^= b ;	a = a ^ b ;
|=	a |= b ;	a = a | b ;

복합 대입 연산자의 우측 항목은 변수, 식, 데이터 등 무엇이든지 올 수 있다. 예를 들어, a=a+b+1은 a+=b+1과 같이 쓸 수 있다.

다음 프로그램으로 확인해 보자. 프로그램이 진행함에 따라 변수 x에 값을 계속 대입하므로 x값의 변화에 주의하여야 한다.

프로그램 2-19 복합 대입 연산자

```
1  #include <iostream.h>
2  main(){
3      int x=1, y=2 ;
4      cout << "x = " << (x += y) << "\n" ;
5      cout << "x = " << (x -= y) << "\n" ;
6      cout << "x = " << (x *= y) << "\n" ;
7      cout << "x = " << (x /= y) << "\n" ;
8      cout << "x = " << (x += y+1) << "\n" ;
9  }
```

프로그램 2-19 실행 결과

```
x = 3
x = 1
x = 2
x = 1
x = 4
Press any key to continue
```

프로그램 2-19 해설

3번 : 변수 x에 1, y에 2의 값으로 초기화한다.

4번 : x += y는 x = x + y = 1 + 2이므로 변수 x는 3이 된다.

5번 : x -= y는 x = x - y = 3 - 2이므로 변수 x는 1이 된다.

6번 : x *= y는 x = x * y = 1 * 2이므로 변수 x는 2가 된다.

7번 : x /= y는 x = x / y = 2 / 2이므로 변수 x는 1이 된다.

8번 : x += y + 1은 x = x + y + 1 = 1 + 2 + 1이므로 변수 x는 4가 된다.

2.4.4 증감 연산자

증가 연산자 ++는 변수에 1을 더하여 변수의 값을 증가시키는 것이다. 즉, x++는 x=x+1 혹은 x+=1과 같은 의미가 된다.

증가(increment) 연산자 ++와 감소(decrement) 연산자 --에는 오퍼랜드의 앞에 적용되는 전치 증가 연산자, 전치 감소 연산자와 오퍼랜드의 뒤에 적용되는 후치 증가 연산자, 후치 감소 연산자가 있다.

x++나 ++x가 단독으로 쓰일 경우에는 어느 쪽이나 x의 결과 값은 똑같다. 그러나, y=++x와 같이 대입식이 되었을 경우에는 y의 값에 차이가 발생한다. 즉, 식을 평가해서 얻어지는 값으로 전치 형식의 연산자(++x)가 적용되어 있는 경우에는 증가한 후의 값이 되고, 후치 형식의 연산자(x++)가 적용되어 있는 경우에는 증가하기 전의 값이 된다.

【표 2-11】 증감 연산자(x=1인 경우)

사용 형식	의 미	y 결과값
y = ++x ;	x를 1 증가시킨 후 그 값을 y에 대입	2
y = x++ ;	x의 값을 y에 대입한 후 x를 1 증가시킨다.	1
y = --x ;	x를 1 감소시킨 후 그 값을 y에 대입	0
y = x-- ;	x의 값을 y에 대입한 후 x를 1 감소시킨다.	1

프로그램 2-20 증감 연산자

```
1 #include <iostream.h>
2 main(){
3     int x = 1 , y ;
4     y = ++x ;
5     cout << "x = " << x << ",  y = " << y << '\n' ;
6     x = 1 ;
7     y = x++ ;
8     cout << "x = " << x << ",  y = " << y << '\n' ;
9 }
```

프로그램 2-20 실행 결과

프로그램 2-20 해설

3번 : 변수의 초기값은 1이다.

4번 : 먼저 x의 값을 증가시키므로 x=2가 되고, 이 값을 y에 대입하므로 y=2가 된다.

7번 : x의 값을 먼저 y에 대입하므로 y=1이 되고, 다음에 x의 값을 증가하므로

x=2가 된다.

2.4.5 관계 연산자

관계 연산자는 두 개의 데이터 항의 대소 및 상등 관계를 판별하는 연산자이다. 이때 연산 결과가 참이면 결과 값은 1이고 거짓이면 0이 된다.

【표 2-12】 관계 연산자

사용 형식	의 미
a < b ;	a가 b보다 작으면 1, 그렇지 않으면 0
a > b ;	a가 b보다 크면 1, 그렇지 않으면 0
a <= b ;	a가 b보다 작거나 같으면 1, 그렇지 않으면 0
a >= b ;	a가 b보다 크거나 같으면 1, 그렇지 않으면 0
a == b ;	a와 b가 같으면 1, 그렇지 않으면 0
a != b ;	a와 b가 같지 않으면 1, 그렇지 않으면 0

프로그램 2-21 관계 연산자

```
#include<iostream.h>
main(){
    int a, b, c ;
    cout << "정수a를 입력하시오 : " ;  cin >> a ;
    cout << "정수b를 입력하시오 : " ;  cin >> b ;
    cout << "a <  b : " << (a <  b) << '\n';
    c = a < b ;
    cout << "c = " << c << '\n';
    cout << "a >  b : " << ( c = a > b ) << '\n';
    cout << "c = " << c << '\n';
}
```

프로그램 2-21 실행 결과

```
정수a를 입력하시오 : 1
정수b를 입력하시오 : 2
a <  b : 1
c = 1
a >  b : 0
c = 0
Press any key to continue
```

프로그램 2-21 해설

4~5번 : 입력한 정수 1과 2를 각각 변수 a와 b에 저장한다.

6번 : a<b는 1<2가 되어 참이 되므로 평가 결과 1이 출력된다. 여기에서는 관계식을 평가만 하고 평가 결과는 어디에도 저장하지 않는다.

7번 : 관계식 a<b를 평가하여 결과값 1을 변수 c에 저장한다.

9번 : c=a>b에서 관계식 a>b를 평가한다. a>b는 1>2이 되어 평가 결과는 0이 되고, 0을 변수 c에 대입한다.

2.4.6 논리 연산자

논리 연산자는 AND, OR, NOT의 논리 연산을 수행하며 연산 결과가 참이면 결과 값은 1이고, 거짓이면 0이 된다.

【표 2-13】 논리 연산자

사용 형식	의 미
a = b && c ;	b와 c가 모두 참이면 a=1, 그 외는 a=0
a = b || c ;	b나 c중에 하나라도 참이면 a=1, 모두 거짓이면 a=0
a = !b ;	b가 참이면 a=0, b가 거짓이면 a=1

프로그램 2-22 논리 연산자

```
#include <iostream.h>
main(){
    int x=1, y=2, z=0, c ;
    c = x && y ;
    cout << "c = " << c << "\n" ;
    c = x || z ;
    cout << "c = " << c << "\n" ;
    c = x > y && y > z ;
    cout << "c = " << c << "\n" ;
}
```

프로그램 2-22 실행 결과

```
"D:\Work0\강의교재\2012 C++\프로그램NEW\Debug\2-18 논리연산자.exe"
c = 1
c = 1
c = 0
Press any key to continue
```

프로그램 2-22 해설

4번 : C++에서는 0은 거짓, 0 이외의 숫자는 참으로 인식한다. 따라서 x && y = 1 && 2가 되고, 두 수가 모두 참이므로 평가 결과는 참이 되어 변수 c는 1이 된다.

6번 : x || z = 1 || 0이 되고 한 개라도 참이 되므로 평가 결과는 참이 된다. 따라서 변수 c에는 1이 대입된다.

8번 : 관계 연산자가 논리 연산자보다 우선 순위가 높다. 따라서 관계 연산자를 먼저 계산하고, 그 계산한 결과를 가지고 논리 연산을 수행한다.
즉, 다음과 같은 순서로 연산이 된다.

①	c =	x > y	&&	y > z
②	c =	0	&&	1
③	c =		0	

2.4.7 나열 연산자

나열 연산자는 여러 연산식을 콤마(,)를 이용하여 나열하는 연산자로서 나열한 연산식들을 왼쪽에서부터 차례로 수행하거나 전체 연산 결과값이 제일 오른쪽 연산식의 값이 되도록 한다.

프로그램 2-23 나열 연산자 (1)

```
#include <iostream.h>
main(){
    int a, b, c, d ;
    a = ( b = 3, c = b + 2, c * 3) , d =  a / 3 ;
    cout << "a = " << a << ", b = " << b
        << ", c = " << c << ", d = " << d << endl ;
}
```

프로그램 2-23 실행 결과

```
"D:\Work0\강의교재\2012 C++\프로그램NEW\Debug\2-19 나열연산자.exe"
a = 15, b = 3, c = 5, d = 5
Press any key to continue
```

프로그램 2-23 해설

4번 : 이 프로그램은 a=(...)에서 괄호 안을 먼저 계산하여 결과값을 a에 대입한 다음, d=a/3을 연산한다.
즉, 다음과 같은 순서로 연산한다.

	연 산	변수값
①	b = 3	b = 3
②	c = b + 2 = 3 + 2 = 5	c = 5
③	c * 3 = 5 * 3 = 15	이 값이 a에 대입된다.
④	a = c * 3 = 15	a = 15
⑤	d = a / 3 = 15 / 3 = 5	d = 5

프로그램 2-24 나열 연산자 (2)

```
1  #include <iostream.h>
2  main(){
3      int a=1, b=10, c=100, d=200, e=300 ;
4      a = ( b++, c++, d++, e++ ) ;
5      cout << "a = " << a << "\t b = " << b << "\t c = " << c
6           << "\t d = " << d << "\t e = " << e << endl ;
7      (a = b++), c++, d++, e++ ;
8      cout << "a = " << a << "\t b = " << b << "\t c = " << c
9           << "\t d = " << d "\t e = " << e << endl ;
10 }
```

프로그램 2-24 실행 결과

```
"D:\Work0\강의교재\2012 C++\프로그램NEW\Debug\2-20 나열연산자.exe"
a = 300  b = 11  c = 101         d = 201          e = 301
a = 11   b = 12  c = 102         d = 202          e = 302
Press any key to continue
```

프로그램 2-24 해설

4번 : b++, c++, d++ 순으로 각각 연산한 다음 e++는 a=e++의 형태로 연산한다.

	연산	변수값
①	b++	b=11
②	c++	c=101
③	d++	d=201
④	a=e++	a=300, e=301

7번 : 여기에서 b, c, d, e의 값은 4번에서의 연산 결과를 갖고 연산한다. 즉, b=11, c=101, d=201, e=301로 연산한다. (a=b++)는 괄호로 묶여 있으므로 a=b++가 먼저 연산된다.

	연산	변수값
①	a=b++	a=11, b=12
②	c++	c=102
③	d++	d=202
④	e++	e=302

2.4.8 조건 연산자

조건 연산자는 3항 연산자로서 if 문과 같다.

【표 2-14】 조건 연산자

사용 형식	조건식 ? 연산식1 : 연산식2 ;
의 미	먼저 조건식을 평가하여 참이면 연산식1을 수행하고 거짓이면 연산식2를 수행한다.
사용 예	y = (x>5) ? x+1 : x-1 ;
의 미	만약 x가 5보다 크면 x에 1을 더하고, 아니면 x에서 1을 뺀다.

프로그램 2-25 조건 연산자

```
#include <iostream.h>
main(){
    int x=7, y ;
    y = (x>5) ? x+1 : x-1 ;
    cout << "x = " << x << " y = " << y << endl ;
    x=1 ;
    y = (x>5) ? x+1 : x-1 ;
    cout << "x = " << x << " y = " << y << endl ;
}
```

프로그램 2-25 실행 결과

```
"D:₩Work0₩강의교재₩2012 C++₩프로그램NEW₩Debug₩2-22 조건연산자.exe"
x = 7 y = 8
x = 1 y = 0
Press any key to continue
```

프로그램 2-25 해설

4번 : x>5는 참이 되므로 x+1의 결과값 8을 y에 대입한다.

7번 : x>5는 거짓이 되므로 x-1의 결과값 0을 y에 대입한다.

2.4.9 캐스트 연산자

우리가 프로그램을 작성하다 보면 이미 정해져 있는 데이터형을 다른 데이터형 바꾸어야 하는 경우가 있다. 예를 들어 정수형의 나눗셈의 경우 결과값은 실수형이어야 한다. 이러한 경우에 사용하는 것이 캐스트 연산사이다. 캐스트 연산자는 이미 선언되어 있는 데이터형을 강제적으로 변환시키기 위한 연산자로서 변환 대상 앞에 괄호를 이용하여 바꾸고 싶은 데이터형을 기술하면 된다. 이때, 변환 대상은 상수, 변수, 수식 등이다.

【표 2-15】 캐스트 연산자

사용 형식	(데이터형) 변환대상	
사용 예	(int) 12.34 ;	실수 12.34를 정수형으로 변환
	int x=10 ; (double) x ;	정수형 x가 실수형으로 변환
	double (x+y) ;	x+y의 결과를 실수형으로 변환
	(double) x + y ;	x를 실수형으로 변환한 다음 y와 더한다.

프로그램 2-26 캐스트 연산자

```
#include <iostream.h>
main(){
    int x=1, y=2 ;
    double z ;
    z = x / y ;
    cout << "x / y = " << z << endl ;
    z = (double)x / y ;
    cout << "x / y = " << z << endl ;
    z = (double)x / (double)y ;
    cout << "x / y = " << z << endl ;
    z = double (x / y) ;
    cout << "x / y = " << z << endl ;
}
```

프로그램 2-26 실행 결과

```
x / y = 0
x / y = 0.5
x / y = 0.5
x / y = 0
Press any key to continue
```

프로그램 2-26 해설

3~4번 : 변수 x, y는 정수형이고, 변수 z는 실수형이다.

5번 : x/y는 정수 나누기 정수이다. 따라서 1/2의 결과는 0.5가 아니라 정수형 0이 된다. 0을 z에 대입한다.

7번 : x의 자료형을 double형으로 변환하면 계산식은 실수 나누기 정수가 되므로 (double) x/y는 1.0 나누기 2가 되고 결과는 실수형 0.5가 된다. 0.5를 z에 대입한다.

9번 : x와 y의 자료형을 모두 double형으로 변환하면 계산식은 실수 나누기 실수가 되어 계산식은 1.0 나누기 2.0이 되고 계산 결과는 실수형 0.5가 된다. 0.5를 z에 대입한다.

11번 : 이 경우는 계산을 먼저 한 다음 결과값을 실수형으로 변환하는 것이다. 따라서 5번과 같이 x/y는 정수 나누기 정수이다. 따라서 1/2의 결과는 0.5가 아니라 정수형 0이 된다. 그 다음에 0을 실수형으로 변환하여도 0이 된다.

2.4.10 비트 논리 연산자

비트 논리 연산자는 앞에서 배운 논리 연산자와는 다른 연산자로서 비트 단위의 논리합, 논리곱 등을 연산하는 연산자이다. 비트 논리 연산자에는 논리합, 논리곱, 배타적 논리합, 보수 등이 있으며 2진수 형태의 비트단위에 대한 논리 연산이다.

【표 2-16】 비트 논리 연산자

연산자	사용 형식	의 미
비트 AND 연산자	op1 & op2	op1과 op2의 비트 단위 AND를 구한다(논리곱).
비트 OR 연산자	op1 | op2	op1과 op2의 비트 단위 OR을 구한다(논리합).
비트 배타적 OR 연산자	op1 ^ op2	op1과 op2의 비트 단위 XOR을 구한다(배타적 논리합).
보수 연산자	~op	op의 1의 보수를 구한다.

정수 a, b가 4비트이고, 각각 2진수로 0101, 0011이라 할 때, a, b에 대한 논리곱, 논리합, 배타적 논리합, 그리고 a의 보수를 구한 결과는 다음과 같다.

논리곱	논리합	배타적 논리합	a의 보수
0101	0101	0101	
0011	0011	0011	0101
0001	0111	0110	1010

프로그램 2-27 비트 논리 연산자

```
#include <iostream.h>
main(){
    int x = 1, y = 2 ;
    cout << "x = " << ( x & y ) << "\n" ;
    x &= y ;
    cout << "x = " << x << "\n" ;
    x = 1 ; y = 2 ;
    cout << "x = " << ( x | y ) << "\n" ;
    x |= y ;
    cout << "x = " << x << "\n" ;
    x = 1 ; y = 2 ;
    cout << "x = " << ( x ^ y ) << "\n" ;
    x ^= y ;
    cout << "x = " << x << "\n" ;
}
```

프로그램 2-27 실행 결과

```
"D:\Work0\강의교재\2012 C++\프로그램NEW\Debug\2-24 비트논리 연산자.exe"
x = 0
x = 0
x = 3
x = 3
x = 3
x = 3
Press any key to continue
```

프로그램 2-27 해설

4번 : x와 y의 AND 연산의 결과값을 출력한다. 이때 비트 논리식을 괄호로 묶어 주어야 한다.

```
  x   =  0  0  0  1  =  1
  y   =  0  0  1  0  =  2
-------------------------
 x&y  =  0  0  0  0  =  0
```

5번 : x &= y는 복합 대입 연산자로서 x = x & y의 의미이다.

8번 : x와 y의 OR 연산의 결과값을 출력한다. 이때 비트 논리식을 괄호로 묶어 주어야 한다.

```
  x   =  0  0  0  1  =  1
  y   =  0  0  1  0  =  2
-------------------------
 x|y  =  0  0  1  1  =  3
```

9번 : x |= y는 복합 대입 연산자로서 x = x | y의 의미이다.

12번 : x와 y의 XOR 연산의 결과값을 출력한다. 이때 비트 논리식을 괄호로 묶어 주어야 한다.

```
  x   =  0  0  0  1  =  1
  y   =  0  0  1  0  =  2
-------------------------
 x^y  =  0  0  1  1  =  3
```

13번 : x ^= y는 복합 대입 연산자로서 x = x ^ y의 의미이다.

2.4.11 시프트 연산자

시프트 연산자는 정수의 2진수를 비트 단위로 오른쪽 혹은 왼쪽으로 시프트 할 수 있다. 즉, 각 비트가 우측 혹은 좌측으로 지정한 비트 수 만큼 자리를 이동하는 것이다.

【표 2-17】 시프트 연산자

연산자	사용 형식	의 미
<<	x << 3	x를 왼쪽으로 3비트 시프트한다.
>>	x >> 3	x를 오른쪽으로 3비트 시프트한다.

x=1일 때, 좌측 시프트 연산자를 적용시켜 보자. 간단하게 설명하기 위하여 4비트만 생각한다.

x = 1	0	0	0	1	결과값
x << 1	0	0	1	0	x = 2
x << 2	0	1	0	0	x = 4
x << 3	1	0	0	0	x = 8

1비트씩 좌측으로 시프트하면 원래의 자리는 0이 채워진다. 결과값을 자세히 보면 1비트씩 왼쪽으로 시프트할 때마다 2를 곱한 것과 같다는 것을 알 수 있을 것이다.

이번에는 x=8일 때, 우측 시프트 연산자를 적용시켜 보자.

x = 8	1	0	0	0	결과값
x >> 1	0	1	0	0	x = 4
x >> 2	0	0	1	0	x = 2
x >> 3	0	0	0	1	x = 1

1비트씩 우측으로 시프트하면 원래의 자리는 0이 채워진다. 결과 값을 자세히 보면 1비트씩 오른쪽으로 시프트할 때마다 2로 나눈 것과 같다는 것을 알 수 있을 것이다.

프로그램 2-28 시프트 연산자

```
#include <iostream.h>
main(){
    int x = 1 ;
    cout << "x = " << (x<<3) << "\n" ;
    x <<= 3 ;
    cout << "x = " << x << "\n" ;
    x = 8 ;
    cout << "x = " << (x>>3) << "\n" ;
    x >>= 3 ;
    cout << "x = " << x << "\n" ;
}
```

프로그램 2-28 실행 결과

프로그램 2-28 해설

4번 : x=1을 왼쪽으로 3비트 시프트한다. 이때 식을 괄호로 묶어 주어야 한다.

x	=	0	0	0	1	=	1
x<<1	=	0	0	1	0	=	2
x<<2	=	0	1	0	0	=	4
x<<3	=	1	0	0	0	=	8

5번 : x <<= 3은 복합 대입 연산자로서 x = x << 3의 의미이다.

8번 : x=8을 오른쪽으로 3비트 시프트한다. 이때 식을 괄호로 묶어 주어야 한다.

x	=	1	0	0	0	=	8
x>>1	=	0	1	0	0	=	4
x>>1	=	0	0	1	0	=	2
x>>3	=	0	0	0	1	=	1

9번 : x >>= 3은 복합 대입 연산자로서 x = x >> 3의 의미이다.

2.5 형식 입출력

C언어에서 사용하는 것처럼 C++언어에서도 다양한 형식의 입출력이 가능하다. C++의 모든 입출력 스트림에는 입출력 형식에 따라 입출력 동작이 수행된다. 입출력 형식의 형태는 비트 형태로 표현되는 형식 플래그 값으로 지정할 수 있다. 형식 플래그는 ios 클래스에서 열거형으로 정의되어 있고 ios.h 헤더 파일에서 확인이 가능하다. ios 클래스 내부에 정의되어 있는 플래그들은 setf() 함수를 이용하여 설정하거나 unsetf() 함수를 이용하여 설정을 해제한다.

필드 폭(field width) 지정

cout으로 출력되는 문자열이나 숫자의 폭인 필드 폭은, 특별히 지정되어 있지 않은 상태에서는, 출력하고자 하는 내용의 최소 필요한 폭이 된다. 단, cout.width (n) ;로 지정하는 경우는 필드 폭이 n이 되고 cout.width (n)에 이어지는 출력문 1개가 n개의 폭을 사용하게 된다.

예를 들어 정수 100을 4개의 폭으로 출력하고자 한다면

```
cout.width(4);
cout << 100;
```

과 같이 기술한다.

출력하는 수치가 설정한 필드 폭을 넘어서는 경우는 필요한 폭만큼 자동적으로 증가되어 출력된다.

```
cout.width (3) ;
cout << 10000;
```

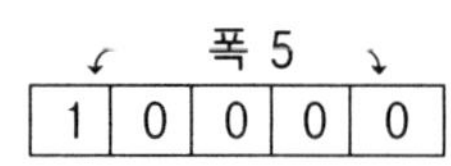

fill 문자

출력하는 수치나 문자열의 폭이 필드 폭보다 작을 경우 공백이 출력되는 부분에 공백대신 출력할 문자를 fill 문자라고 한다(지정되지 않으면 공백을 출력).

fill 문자를 'X'로 지정할 경우 다음과 같이 프로그램 한다.

```
cout.fill('X');
```

부동 소수점수의 정밀도(precision) 지정

부동 소수점수를 출력하는 경우, 정밀도(여기서는 전체의 자릿수)를 5행으로 하는 경우는

```
cout.precision(5);
```

와 같이 기술한다.

서식상태 flag 설정 및 해제

기타의 서식을 설정할 때는 서식 상태 flag를 이용하여

cout.setf (제 1 인수) or cout.setf (제 1 인수, 제 2 인수)

와 같이 설정한다. 해제를 위해서는 아래와 같이 기술하면 된다.

cout.unsetf (제 1 인수) or cout.unsetf (제 1 인수, 제 2 인수)

서식상태 flag

서식상태 flag의 종류는 다음과 같다.

<table>
<tr><th></th><th colspan="2"></th><th></th><th>제 1 인수</th><th>제 2 인수</th></tr>
<tr><td rowspan="3">일반</td><td colspan="2" rowspan="3">필드 폭 내의 출력 위치</td><td>좌측 정렬</td><td>ios::left</td><td rowspan="3">iso::adjustfield</td></tr>
<tr><td>우측 정렬</td><td>ios::right</td></tr>
<tr><td>중앙 정렬주)</td><td>ios::internal</td></tr>
<tr><td rowspan="9">수치</td><td colspan="2">수치 일반</td><td>양의 부호 +를 출력</td><td>ios::showpos</td><td>없음</td></tr>
<tr><td rowspan="5">정수</td><td rowspan="5">사용 진법</td><td>진법 표시를 출력</td><td>ios::showbase</td><td>없음</td></tr>
<tr><td>8진수</td><td>ios::oct</td><td>iso::basefield</td></tr>
<tr><td>10진수</td><td>ios::dec</td><td>없음</td></tr>
<tr><td>16진수</td><td>ios::hex</td><td>iso::basefield</td></tr>
<tr><td>소수점을 반드시 출력</td><td>ios::showpoint</td><td>없음</td></tr>
<tr><td rowspan="3">부동 소수점수</td><td rowspan="3">소수점</td><td>지수 형식으로 함</td><td>ios::scientific</td><td rowspan="2">iso::floatfield</td></tr>
<tr><td>고정 형식으로 함</td><td>ios::fixed</td></tr>
</table>

주) 부호는 좌측에 수치는 우측으로 편중되어 사이에 fill 문자가 대입된다.
예 : 필드 폭 6, fill 문자 'a'로 -123을 표시하면

-	a	a	1	2	3

정수나 부동 소수점수를 여러 가지 형식으로 출력하는 프로그램을 작성해 보자.

프로그램 2-29 형식 출력

```
 1
 2 #include <iostream.h>
 3 main(void){
 4     int i = 777 ;
 5     cout.width (7) ;
 6     cout.fill ('x') ;
 7     cout << i << '\n' ;
 8     cout.fill(' ') ;
 9     cout.setf (ios::showpos) ;
10     cout.setf (ios::left, ios::adjustfield) ;
11     cout << i << '\n' ;
12     cout.unsetf (ios::left) ;
13     cout.unsetf (ios::showpos) ;
14     cout.width (7) ;
15     cout.setf (ios::showbase) ;
16     cout.setf (ios::uppercase) ;
17     cout.setf (ios::hex, ios::basefield) ;
18     cout << i << '\n' ;
19     cout.unsetf (ios::showbase) ;
20     cout.unsetf (ios::uppercase) ;
21     double d = 555.0 ;
22     cout.setf (ios::showpoint) ;
23     cout << d << '\n';
24     cout.precision (5) ;
25     cout << d << '\n' ;
26     cout.unsetf (ios::showpoint) ;
27     cout.setf (ios::scientific, ios::floatfield) ;
28     cout << d << '\n';
29 }
```

프로그램 2-29 실행 결과

```
xxxx777
+777
  0X309
555.000
555.00
5.55000e+002
Press any key to continue
```

프로그램 2-29 해설

5번 : cout.width (7); 필드 폭을 7로 지정

6번 : cout.fill ('X'); fill 문자에 'X' 지정

7번 : 5~6번 설정에 따라 변수 i는 | X | X | X | X | 7 | 7 | 7 | 과 같이 출력된다.

8번 : cout.fill(' '); fill 문자에 공백을 지정

9번 : cout.setf (ios::showpos); 부호를 첨부하도록 설정한다.

10번 : cout.setf(ios::left, ios::adjustfield); 좌측 정렬하도록 설정한다.

11번 : 8~10번 설정에 따라 변수 i는 [+][7][7][7]과 같이 출력된다.

12번 : cout.unsetf(ios::left); 좌측 정렬을 해제한다.

13번 : cout.unsetf(ios::showpos); 부호 첨부를 해제한다.

14번 : cout.width(7); 필드 폭을 7로 한다.

15번 : cout.setf(ios::showbase); 사용진법 표시

16번 : cout.setf(ios::uppercase); 사용진법 대문자로 표시

17번 : cout.setf(ios::hex, ios::basefield); 16진수

18번 : 12~17번 설정에 따라 변수 i는 [ ][ ][0][X][3][0][9]과 같이 출력된다.

19번 : cout.unsetf(ios::showbase); 사용진법 표시 해제

20번 : cout.unsetf(ios::uppercase); 대문자 표시 해제

21번 : double d = 555.0; 부동 소수점수

22번 : cout.setf(ios::showpoint); 소수점 이하 출력

23번 : 19~22번 설정에 따라 변수 d는 [5][5][5][.][0][0][0]과 같이 출력된다.

24번 : cout.precision(5); 부동 소수점수의 정도(精度) 5

25번 : 24번 설정에 따라 변수 d는 [5][5][5][.][0][0]과 같이 출력된다.

26번 : cout.unsetf(ios::showpoint); 소수점 이하 출력 해제

27번 : cout.setf(ios::scientific, ios::floatfield); 지수 첨부

28번 : 26~27번 설정에 따라 변수 d는 5.55000e+002와 같이 출력된다.

스트림 조작기

자료를 출력할 때 형식 플래그를 설정하는 것 이외에도 스트림 조작기(stream manipulator)를 사용함으로써 서식 설정을 간단히 할 수 있다. 스트림 조작기는 <iomanip.h>에 정의되어 있으며 이 헤더 파일을 반드시 include하여야 한다.

필드 폭, fill 문자, 정밀도 지정

width()와 같은 기능으로 필드 폭을 n자리로 설정하는 스트림 조작기는 setw(n)이다. 정수 100을 필드 폭 4자리로 출력한 예를 살펴보자.

```
cout << setw(4) << 100 << '\n';  ········▶
```

	1	0	0

fill 문자를 'x'로 변경하는 스트림 조작기는 setfill('x')이다. 필드 폭은 5자리, fill 문자 #을 사용하여 정수 123을 출력하는 예는 다음과 같다.

```
cout << setw(5) << setfill('#') << 123 << '\n';  ········▶
```

#	#	1	2	3

부동 소수점수의 정밀도를 n자리 지정하는 스트림 조작기는 setprecision(n)이다. 예를 들어 100.0을 정밀도 5자리로 출력하기 위해서는 다음과 같이 기술하면 된다.

```
cout << setprecision(5) << 100.0 << '\n';  ········▶
```

1	0	0	.	0	0

서식상태 flag 설정

서식상태 flag를 설정하려면 setiosflags 스트림 조작기를 아래와 같이 이용한다.

```
setiosflags(서식상태 flag)
```

그리고 서식의 해제는

```
resetiosflags(서식상태 flag)
```

의 형태로 지정하면 된다.

프로그램 2-29를 스트림 조작기를 이용하여 수정해 보자. 프로그램 2-29의 경우와 결과는 똑같다.

프로그램 2-30 스트림 조작기 출력

```
 1 #include <iomanip.h>
 2 #include <iostream.h>
 3 main(){
 4     int i = 777 ;
 5     cout << setw(7)
 6          << setfill('x')
 7          << i << '\n';
 8     cout << setfill(' ')
 9          << setiosflags(ios::showpos)
10          << setiosflags(ios::right)
11          << i << '\n';
12     cout << resetiosflags(ios::left)
13          << resetiosflags(ios::showpos);
14     cout << setw(7)
15          << setiosflags(ios::showbase)
16          << setiosflags(ios::uppercase)
17          << hex
18          << i << '\n';
19     cout << resetiosflags(ios::showbase)
20          << resetiosflags(ios::uppercase);
21     double d = 555.0 ;
22     cout << setiosflags(ios::showpoint)
23          << d << '\n' ;
24     cout << setprecision(5)
25          << d << '\n' ;
26     cout << resetiosflags(ios::showpoint) ;
27     cout << setiosflags(ios::scientific)
28          << d << '\n' ;
29 }
```

프로그램 2-30 실행 결과

```
xxxx777
+777
  0X309
555.000
555.00
5.55000e+002
Press any key to continue
```

프로그램 2-30 해설

1번 : 스트림 조작기를 사용하는 경우에는 반드시 include하여야 한다. 프로그램 2-29와 비교하면 다음 표와 같이 대응된다.

번호	프로그램 2-29	프로그램 2-30
5	cout.width(7);	cout << setw(7)
6	cout.fill('x');	<< setfill('x')
7	cout << i << '\n';	<< i << '\n';
8	cout.fill(' ');	cout << setfill(' ')
9	cout.setf(ios::showpos);	<< setiosflags(ios::showpos)
10	cout.setf(ios::left, ios::adjustfield);	<< setiosflags(ios::left)
11	cout << i << '\n';	<< i << '\n';
12	cout.unsetf(ios::left);	cout << resetiosflags(ios::left)
13	cout.unsetf(ios::showpos);	<< resetiosflags(ios::showpos);
14	cout.width(7);	cout << setw(7)
15	cout.setf(ios::showbase);	<< setiosflags(ios::showbase)
16	cout.setf(ios::uppercase);	<< setiosflags(ios::uppercase)
17	cout.setf(ios::hex, ios::basefield);	<< hex
18	cout << i << '\n';	<< i << '\n';
19	cout.unsetf(ios::showbase);	cout << resetiosflags(ios::showbase)
20	cout.unsetf(ios::uppercase);	<< resetiosflags(ios::uppercase);
22	cout.setf(ios::showpoint);	cout << setiosflags(ios::showpoint)
23	cout << d << '\n';	<< d << '\n';
24	cout.precision(5);	cout << setprecision(5)
25	cout << d << '\n';	<< d << '\n';
26	cout.unsetf(ios::showpoint);	cout << resetiosflags(ios::showpoint);
27	cout.setf(ios::scientific, ios::floatfield);	cout << setiosflags(ios::scientific)

2장 실습문제

01. b=5일 때 a=b++에서 a와 b의 값은 얼마인가?

02. 다음 프로그램의 실행 결과는?

```
#include <iotream.h>
main(){
     int x , y ;
     x = 10 ;
     y = ( x>5) ? 20 : 30 ;
     cout << "y=" << y << endl ;
}
```

03. 다음 프로그램의 실행 결과는?

```
#include <iotream.h>
main(){
     int a=5, b=0, c, d ;
     c!=a, d=!b ;
     cout << "a&&b=" << (a&&b) << ", a||b=" << (a||b );
     cout << ", !5=" << c << ",!0=" << d << endl ;
}
```

04. 다음 프로그램의 실행 결과는?

```
#include<iostream.h>
main(){
    int one=5, two=1, three=0, res1, res2, res3 ;
    res1 = one && 7 ;
    res2 = one <=3 || three-1==0 ;
    res3 = two && two-1 <=7 || one-3 & three <= 8 ;
    cout << "res1 = " << res1 << endl ;
    cout << "res2 = " << res2 << endl ;
    cout << "res3 = " << res3 << endl ;
}
```

05. x=2에서 x*16의 값을 구하는 프로그램을 작성하시오(단, 시프트 연산자를 이용해서 계산한다.).

06. 입력된 정수가 짝수인지 홀수인지를 판단하는 프로그램을 조건 연산자를 이용하여 작성하시오.

C.H.A.P.T.E.R

03

제어문

프로그램의 실행 순서를 제어하는 명령문을 제어문이라 하며, 제어문에는 선택문, 반복문, 점프문이 있다. 선택문은 주어진 조건에 따라 특정 문장만 선택하여 실행할 수 있게 해주는 제어문으로 if 문과 switch 문이 있다. 반복문은 주어진 조건을 만족할 때까지 일련의 문장들을 반복적으로 실행하도록 하는 제어문이다. 실행이 반복되도록 지정한 범위를 루프라고 한다. 반복문에는 while 문과 for 문, do ~ while 문이 있다. 점프문은 프로그램의 제어를 특정 부분으로 강제적으로 이동시키거나 루프에서 빠져나오게 하는 제어문이다. 점프문에는 break 문과 continue 문이 있다.

3.1 if 문

if 문은 if와 if ~ else 그리고 if ~ else if ~ else의 세 가지 형태로 프로그램을 기술할 수 있으며, 각각에 따라서 프로그램의 제어 형태가 달라진다.

3.1.1 if

if 문의 사용 형식
if (조건식) 문장1 ; 문장2 ;

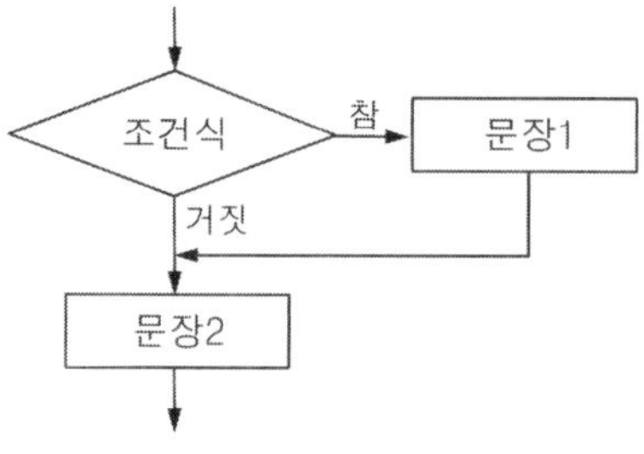

if 문은 조건식을 평가하여 참이면 문장1을 수행한 다음 if 문을 빠져 나와 문장2를 수행하고, 거짓이면 문장1을 수행하지 않고 바로 if 문에서 빠져 나와 문장2를 수행하게 된다. 여기에서 if 문의 범위는 if에서 문장1 까지이다.

프로그램 3-1 if 문

```
1 #include <iostream.h>
2 main(){
3     char c = 'a' ;
4     if ( c == 'a' )  cout << " c=a  OK \n" ;
5     cout << "End 1 \n"  ;
6 }
```

프로그램 3-1 실행 결과

```
"D:₩Work0₩강의교재₩2012 C++₩프로그램NEW₩Debug₩3-1 if.exe"
 c=a  OK
End 1
Press any key to continue
```

프로그램 3-1 해설

3번 : 문자형 변수 c를 초기값 'a'로 초기화한다. 이때 a는 문자형 데이터이므로 따옴표로 묶어준다.

4번 : 조건식 c=='a'에서 변수 c의 내용이 'a'이므로 조건식은 참이 되고, if 다음에 오는 문장을 수행한다. 따라서 "c=a ok"를 출력한 다음 5번 줄을 수행한다.

5번 : if 문과 관계없이 항상 수행되는 문장이다.

int형의 변수 x에 표준 입력 스트림을 이용하여 읽어 들인 정수를 3으로 나누어 나머지가 0이 되지 않으면 "x는 3으로 나누어지지 않습니다."라고 표시하는 프로그램을 작성해 보자.

프로그램 3-2 나머지

```
#include<iostream.h>
main(){
    int x ;
    cout << "정수 x를 입력하시오 : " ;
    cin >> x ;
    if(x%3) cout << "x는 3으로 나누어지지 않습니다.\n" ;
}
```

프로그램 3-2 실행 결과

```
"D:₩Work0₩강의교재₩2012 C++₩프로그램NEW₩Debug₩3-2 나머지.exe"
정수 x를 입력하시오 : 5
x는 3으로 나누어지지 않습니다.
Press any key to continue
```

프로그램 3-2 해설

6번 : if문의 조건식 x%3은 x를 3으로 나눈 나머지를 구하는 것이다. 프로그램에서 입력한 5는 3으로 나누었을 때 나머지가 발생한다. 따라서 조건식 x%3은 참이 되고 if 문 다음에 오는 문장 cout을 수행한다. 그러나, 만약 입력한 정수 x가 3으로 나누어지는 숫자 9를 입력하였다면 식 x%3은 0이 되고 if 문의 조건은 거짓이 되므로 cout 문을 수행하지 않고 끝날 것이다.

3.1.2 if ~ else

if 문의 사용 형식
if (조건식) 문장1 ; else 문장2 ; 문장3 ;

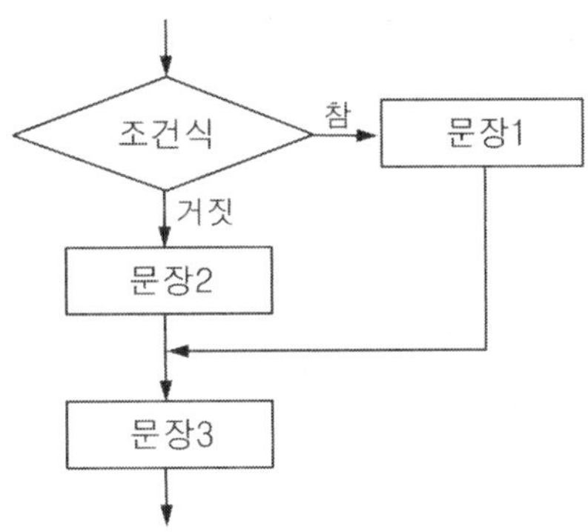

조건식을 평가하여 참이면 문장1을 수행한 다음 if 문을 빠져 나와 문장3을 수행하고, 거짓이면 else 다음에 오는 문장2를 수행한 다음 if 문을 빠져 나와 문장3을 수행하게 된다. 여기에서 if 문의 범위는 if에서 문장2까지이다.

프로그램 3-3 if ~ else

```
#include <iostream.h>
main(){
    char c = 'a' ;
    if ( c == 'a' )  cout << " c=a  OK \n" ;
    else  cout << "NG1 \n" ;
    cout << "End 2 \n"  ;
}
```

프로그램 3-3 실행 결과

```
 c=a  OK
End 2
Press any key to continue
```

프로그램 3-3 해설

4번 : 변수 c의 내용이 'a'이므로 조건식 c=='a'는 참이 되고, 다음 문장 cout을 수행한다. 그 다음에 5번 줄의 else 문은 건너뛰고 6번 줄을 수행한다.

5번 : 그러나 만약 변수 c의 내용이 'a'가 아니라면 if 문의 조건은 거짓이 되고 5번 줄의 else 다음에 오는 문장을 수행한다.

두 개의 int형 변수 a, b에 정수를 키보드로부터 입력받은 후, b가 a의 약수이면 "b는 a의 약수입니다."를 표시하고, 아니면 "b는 a의 약수가 아닙니다."를 표시하는 프로그램을 작성하자.

프로그램 3-4 약수

```
#include<iostream.h>
main(){
    int a, b;
    cout << "정수 a를 입력하시오 : " ;
    cin >> a ;
    cout << "정수 b를 입력하시오 : " ;
    cin >> b;
    if(a%b) cout << "b는 a의 약수가 아닙니다.\n" ;
    else cout << "b는 a의 약수입니다.\n" ;
}
```

프로그램 3-4 실행 결과 1

```
정수 a를 입력하시오 : 5
정수 b를 입력하시오 : 3
b는 a의 약수가 아닙니다.
Press any key to continue
```

프로그램 3-4 실행 결과 2

```
정수 a를 입력하시오 : 9
정수 b를 입력하시오 : 3
b는 a의 약수입니다.
Press any key to continue
```

프로그램 3-4 해설

8번 : 약수는 어떤 수를 나누었을 때 나머지가 0이 되어야 하므로 나누었을 때 나머지가 있다는 것은 약수가 아니라는 뜻이 된다. 따라서 조건식 a%b가 참이 되면 나머지가 있다는 것이므로 약수가 아니다. 즉, a=5, b=3을 입력했을 때, 조건식 a%b는 나머지가 2가 되므로 조건식은 참이 되어 if 문 다음에 오는 문장을 수행하게 되어 "b는 a의 약수가 아닙니다"를 출력한다(실행 결과 1).

9번 : 만약, a=9, b=3을 입력하였다면 조건식 a%b는 0이 되어 조건식은 거짓이 되므로 9번의 else 문을 수행하여 "b는 a의 약수입니다"를 출력한다(실행 결과 2).

이번에는 두 개의 정수를 입력받아 "작은 값이 ##입니다. 큰 값은 $$입니다."와 같이 작은 값과 큰 값을 표시하는 프로그램을 작성해 보자. 이때 ##과 $$는 각각 작은 값과 큰 값을 표시한다.

프로그램 3-5 크기 비교 1

```
#include<iostream.h>
main(){
    int a, b ;
    cout << " 정수 a 를 입력하시오 : " ;  cin >> a ;
    cout << " 정수 b 를 입력하시오 : " ;  cin >> b ;
    if(a > b)
        cout << "작은 값이 " << b << "입니다.\n"
             << "큰 값은 " << a << "입니다.\n" ;
    else
        cout << "작은 값이 " << a << "입니다.\n"
             << "큰 값은 " << b << "입니다.\n" ;
}
```

프로그램 3-5 실행 결과 1

```
"D:\Work0\강의교재\2012 C++\프로그램NEW\Debug\3-5 min.exe"
 정수 a 를 입력하시오 : 9
 정수 b 를 입력하시오 : 5
작은 값이 5입니다.
큰 값은 9입니다.
Press any key to continue
```

프로그램 3-5 실행 결과 2

```
"D:\Work0\강의교재\2012 C++\프로그램NEW\Debug\3-5 min.exe"
 정수 a 를 입력하시오 : 2
 정수 b 를 입력하시오 : 5
작은 값이 2입니다.
큰 값은 5입니다.
Press any key to continue
```

프로그램 3-5 해설

4~5번 : 정수를 입력하여 각각 a와 b에 대입한다.

6번 : a=9, b=5이면 if 문의 조건식 a>b가 참이 되어 7~8번을 수행한다(실행 결과 1).

9번 : a=2, b=5이면 if 문의 조건식 a>b가 거짓이 되어 10~11번을 수행한다(실행 결과 2).

이 프로그램에서는 결과를 출력하는 부분이 두 곳이고, 이들은 서로 닮은 형태를 가지고 있다. 비슷한 내용을 반복해서 작성한 프로그램에서는 입력 오류가 발생하기 쉽고 전체 구조 또한 바람직하지 못하다.

이러한 문제는 다음 프로그램과 같이 작은 값과 큰 값을 일단 변수에 저장해 둔 후, 저장된 값을 표시한다면 보다 간단히 프로그램을 작성할 수 있다.

프로그램 3-6 크기 비교 2

```
#include<iostream.h>
main(){
    int a, b;
    cout << " 정수 a 를 입력하시오 : " ;  cin >> a ;
    cout << " 정수 b 를 입력하시오 : " ;  cin >> b ;
    int max = a, min = a ;
    if(a > b)   min = b ;
    else        max = b ;
    cout << "작은 값이 " << min << " 입니다. " << endl ;
    cout << "큰   값은 " << max << " 입니다. " << endl ;
}
```

프로그램 3-6 실행 결과 1

```
"D:\Work0\강의교재\2012 C++\프로그램NEW\Debug\3-6 min2.exe"
 정수 a 를 입력하시오 : 5
 정수 b 를 입력하시오 : 2
작은 값이 2 입니다.
큰   값은 5 입니다.
Press any key to continue
```

프로그램 3-6 실행 결과 2

```
"D:\Work0\강의교재\2012 C++\프로그램NEW\Debug\3-6 min2.exe"
 정수 a 를 입력하시오 : 2
 정수 b 를 입력하시오 : 5
작은 값이 2 입니다.
큰   값은 5 입니다.
Press any key to continue
```

프로그램 3-6 해설

6번 : 큰 값은 max, 작은 값은 min에 저장하기로 하고, max와 min에 변수 a의 값을 초기 값으로 한다.

7번 : a>b가 참이면 a가 큰 값이고, b가 작은 값이므로 min에 b를 대입한다(실행 결과 1).

8번 : a>b가 거짓이면 b가 큰 값이고, a가 작은 값이므로 max에 b를 대입한다(실행 결과 2).

실행 결과에 대한 고찰

변수 max와 min에 a의 값을 초기 값으로 저장한 다음 a의 값과 b의 값을 비교한다. 만약 a가 b보다 크면, max=a는 그대로 두고 min에 b를 대입한다. 반대로 b가 a보다 크면 max의 값을 b로 바꾼다.

변수	초기값	a>b	a<b
max	a	a	b
min	a	b	a
실행		min=b	max=b

이번에는 int형의 변수에 정수를 읽어 들인 후, 그 값이 0이면 "0 입니다."를 표시하고 그렇지 않으면 "0이 아닙니다."를 표시하는 프로그램을 작성해 보자.

프로그램 3-7 0 판별

```
#include<iostream.h>
main(){
    int a ;
    cout << "정수를 입력하시오 : " ;  cin >> a ;
    if(a) cout << "0이 아닙니다.\n" ;
    else cout << "0입니다.\n";
}
```

프로그램 3-7 실행 결과 1

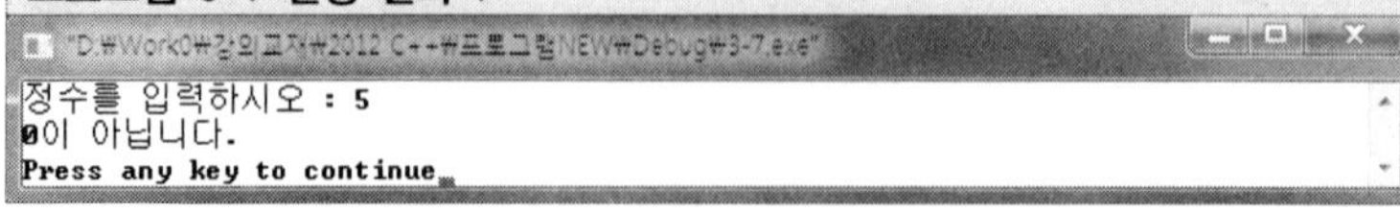

프로그램 3-7 실행 결과 2

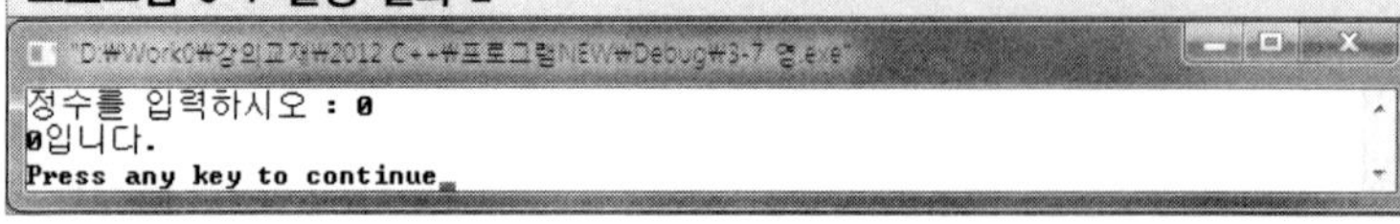

프로그램 3-7 해설

5번 : 입력한 정수가 5일 때, a=5이므로 if 문의 조건식은 참이 되어 if 다음에 오는 "0이 아닙니다"를 출력한다(실행 결과 1).

6번 : 입력한 정수가 0일 때, a=0이므로 if 문의 조건식은 거짓이 되어 else 다음에 오는 "0입니다"를 출력한다(실행 결과 2).

실행 결과에 대한 고찰

위 프로그램의 if 문은 다음과 같이 기술하여도 무방하다.

```
if ( a != 0 ) cout << "0이 아닙니다.\n" ;
else          cout << "0 입니다.\n" ;
```

여기서 이용하고 있는 연산자 !=은 두 개의 피연산자가 다른 지의 여부를 판단한다. 즉 a가 0이 아니면 조건식은 참이 되어 "0이 아닙니다."를 출력하게 된다.

또한 위 프로그램의 if문은 아래와 같이 기술할 수도 있다.

```
if( !a )  cout << "0 입니다. \n" ;
else      cout << "0이 아닙니다.\n" ;
```

여기서 이용하고 있는 ! 연산자는 논리 부정 연산자로서 a의 값이 0이면 !a는 1, a의 값이 1이면 !a는 0이 된다.

등가 연산자 ==을 사용하면 다음과 같이도 기술할 수 있다.

```
if( a==0 )  cout << "0 입니다. \n" ;
else        cout << "0이 아닙니다.\n" ;
```

지금까지는 if 문이 참이나 거짓일 때 수행문이 각각 1개씩 일 경우만 있었으나, 실제로 프로그램을 작성할 때에는 참이나 거짓일 때 여러 개의 문장을 수행하는 경우가 많다. 여러 개의 문장을 기술할 때에는 문장들을 중괄호({ })로 묶어준다. 혼동을 방지하기 위해서 문장이 하나일 때도 괄호로 묶어 주는 것이 좋다.

프로그램 3-8 if 문의 괄호

```
1  #include <iostream.h>
2  main(){
3      char c = 'a' ;
4      if ( c == 'a' ) {
5          cout << " c=a  " ;
6          cout << "OK \n"  ;
7      }
8      else {
9          cout << "NG1 \n"  ;
10         cout << "NG2 \n"  ;
11     }
12     cout << "End 3 \n"  ;
13 }
```

프로그램 3-8 실행 결과

```
 c=a  OK
End 3
Press any key to continue
```

프로그램 3-8 해설

4번 : if 문의 조건이 참이 되면 5~6번을 수행한다. if 다음에 중괄호로 시작해서 중괄호로 끝나는 부분까지가 참일 때의 수행 영역이 된다.

8번 : 그러나 만약 if 문의 조건이 거짓이면 9~10번을 수행한다. else 다음에 중괄호로 시작해서 중괄호로 끝나는 부분까지가 거짓일 때의 수행 영역이 된다.

3.1.3 else if

if 문의 사용 형식

if (조건식1) 문장1 ;

else if (조건식2) 문장2 ;

else 문장3 ;

문장4 ;

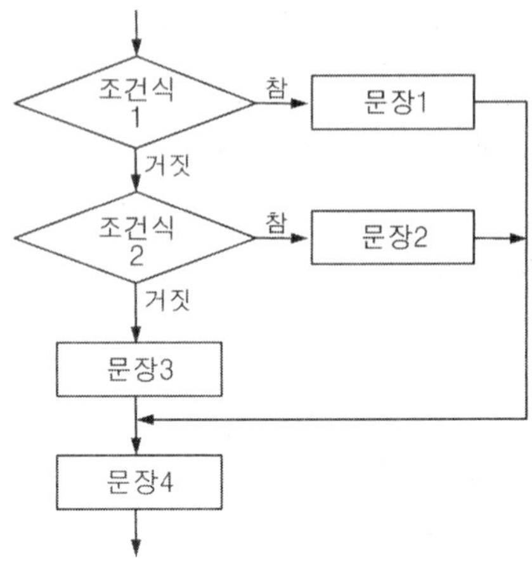

조건식1을 평가하여 참이면 문장1을 수행한 다음 if 문을 빠져 나와 문장4를 수행하고, 거짓이면 조건식2를 평가한다. 조건식2가 참이면 문장2를 수행한 다음 if 문을 빠져 나와 문장4를 수행하게 되며, 거짓이면 문장3을 수행하고 if 문을 빠져 나온다.

여기에서 if 문의 범위는 if에서 문장3까지이며, 문장4는 if 문과 관계없는 문이다.

앞에서 작성한 프로그램 3-5 크기 비교 프로그램을 확장해서 두 개의 int형 변수 a, b에 정수를 읽어 들인 후, a<b이면 "a는 b보다 작다.", a>b라면 "a는 b보다 크다.", 그렇지 않다면 "a와 b는 같다."를 표시하는 프로그램을 작성해 보자.

프로그램 3-9 크기 비교 3

```
#include<iostream.h>
main(){
    int a, b ;
    cout << "정수a를 입력하시오 : " ;  cin >> a ;
    cout << "정수b를 입력하시오 : " ;  cin >> b ;
    if(a < b ) cout << "a는 b보다 작다 \n" ;
    if(a > b ) cout << "a는 b보다 크다\n" ;
    if(a == b) cout << "a와 b는 같다.\n";
}
```

프로그램 3-9 실행 결과 1

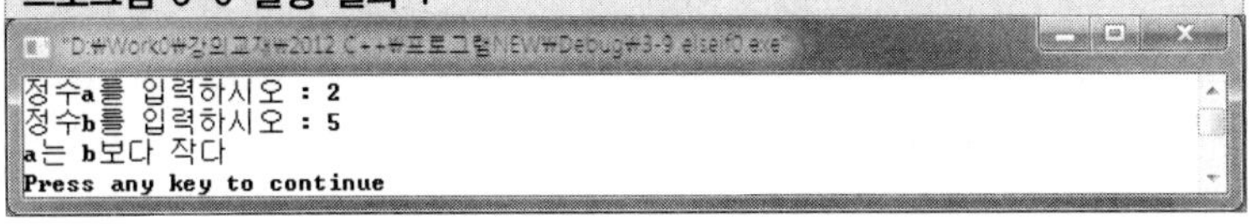

프로그램 3-9 실행 결과 2

프로그램 3-9 실행 결과 3

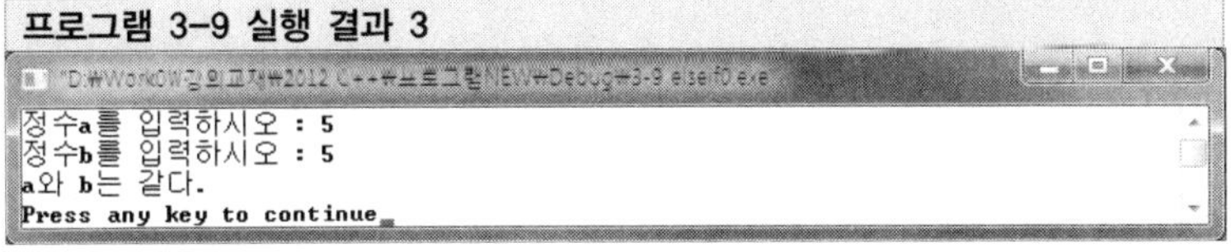

프로그램 3-9 해설

6번 : a=2, b=5이면 a<b가 참이 되어 "a는 b보다 작다"를 출력한다(실행 결과 1).

7번 : a=7, b=5이면 6번에서 거짓이 되므로 7번의 a>b을 평가한다. a>b가 참이 되므로 "a는 b보다 크다"를 출력한다(실행 결과 2).

8번 : 6번과 7번에서 모두 거짓이 되고 8번의 a==b가 참이 되므로 "a와 b는 같다"를 출력한다(실행 결과 3).

실행 결과에 대한 고찰

이 프로그램은 프로그램의 효율성에 문제가 있는 프로그램이다.

입력한 값이 a<b라고 가정하자. 이때 최초의 판단인 6번의 if (a<b)에서

조건식 a<b를 평가한 결과가 참이기 때문에 다음 문장인 cout << "a는 b보다 작다.\n" ;가 실행된다.

그리고는 더 이상 그 이외의 조건 판단은 수행할 필요가 없는 것이지만 다음 7번의 if (a>b)에서 식 a>b를 또 평가한다. 그 다음에도 계속해서 8번의 if (a==b)에서 식 a==b를 또 평가한다.

이와 같이 a, b의 대소 관계와는 무관하게 항상 3회의 조건 판단을 수행하게 되어 프로그램 실행 효율의 측면에서는 문제가 있음을 알 수 있다. 안 해도 되는 평가를 계속하게 되는 것이다. 그러므로 이러한 경우에는 else if를 사용하는 것이 효율적이다.

그러면 위 프로그램을 else if를 사용해서 바꾸어 보자.

프로그램 3-10 else if

```
1 #include<iostream.h>
2 main(){
3     int a, b ;
4     cout<< "정수a를 입력하시오 : " ;  cin >> a ;
5     cout<< "정수b를 입력하시오 : " ;  cin >> b ;
6     if(a<b) cout << "a는 b보다 작다 \n" ;
7     else if(a>b) cout<< "a는 b보다 크다\n" ;
8     else cout << "a와 b는 같다.\n";
9 }
```

프로그램 3-10 실행 결과

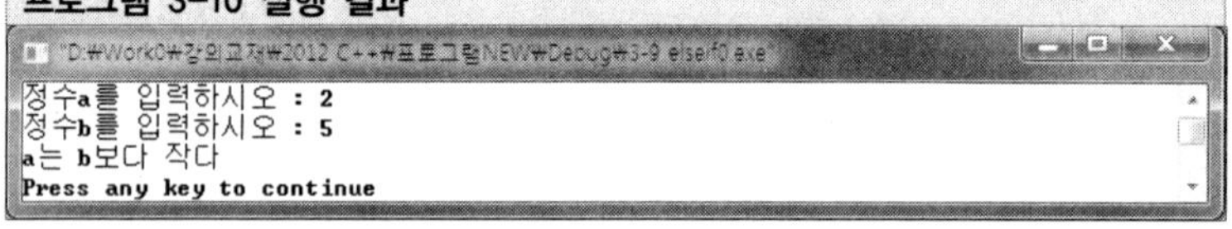

프로그램 3-10 해설

6번 : a<b가 참이면 "a는 b보다 작다"를 출력한 다음 if 문을 끝낸다. 아니면 7번으로 간다.

7번 : a>b가 참이면 "a는 b보다 크다"를 출력한 다음 if 문을 끝낸다. 아니면 8번으로 간다.

8번 : 6번에서 a<b가 참이 아니고, 7번에서도 a>b가 참이 아니면 a와 b는 같다는 의미가 된다. 따라서 "a와 b는 같다"를 출력한다.

실행 결과에 대한 고찰

위의 예에서 보는 바와 같이 a<b인 경우에 6번에서 조건을 한번 평가하는 것으로 끝낼 수 있다. 이와 같이 else if 문을 이용하면 불필요한 비교 평가를 되풀이하지 않아도 되므로 훨씬 프로그램의 효율성이 좋다고 할 수 있다.

정수 값으로 월을 입력받아 해당 월에 대한 일수(예를 들어 1월이면 31일)를 표시하는 프로그램을 작성해 보자.

프로그램 3-11 일수 찾기

```
1  #include<iostream.h>
2  main(){
3      int month ;
4      cout<< " 월을 입력하시오 : " ;  cin >> month;
5      cout << month << "월은 ";
6      if(month == 2)
7          cout << "28일 이거나 29일 입니다.\n" ;
8      else if(month==4 || month==6 || month==9 || month==11)
9          cout << "30일 입니다. \n" ;
10     else  cout << "31일 입니다. \n" ;
11 }
```

프로그램 3-11 실행 결과

```
 월을 입력하시오 : 6
6월은 30일 입니다.
Press any key to continue
```

프로그램 3-11 해설

6번 : 2월을 입력하면 조건식 month==2가 참이 되므로 7번 문장을 수행하고 if 문을 끝낸다.

8번 : 4월이나 6월, 9월, 11월을 입력하면 else if의 조건식이 참이 되어 9번 문장을 수행하고 if 문을 끝낸다.

10번 : 그 밖의 월은 "31일 입니다"를 출력한다.

실행 결과에 대한 고찰

이 프로그램에서 이용한 논리 OR 연산자 ||은 『a 또는 b』에 해당하는 연산자로서 우리말의 「또는」은 "어느 쪽이든 한 쪽만"의 의미를 가지고 있으나, 논리 OR 연산자에서는 "어느 쪽이든 한 쪽이라도"의 의미가 있음에 주의하도록 하자.

정수 값으로 월을 입력받아 해당 월에 대한 계절을 표시하는 프로그램을 작성해 보자. 3~5월은 봄, 6~8월은 여름, 9~11월은 가을로 표시하고 나머지는 겨울로 표시한다.

프로그램 3-12 계절 찾기

```
1  #include<iostream.h>
2  main(){
3      int month ;
4      cout << "월을 입력하시오: " ;  cin >> month ;
5      if(month >= 3 && month <= 5)
6          cout << month << "월은 봄입니다.\n" ;
7      else if(month >= 6 && month <= 8)
8          cout << month << "월은 여름입니다 \n" ;
9      else if(month >= 9 && month <= 11)
10         cout << month << "월은 가을입니다 \n" ;
11     else
12         cout << month << "월은 겨울입니다 \n" ;
13 }
```

프로그램 3-12 실행 결과 1

```
월을 입력하시오: 8
8월은 여름입니다
Press any key to continue
```

프로그램 3-12 해설

5번 : 입력 월이 3월, 4월, 5월인 경우에 참이 된다. 8월을 입력하면 month>=3은 참이지만 month<=5가 거짓이 된다. 따라서 전체 조건식은 거짓이 되므로 7번의 else if 문으로 넘어 간다.

7번 : 입력 월이 6월, 7월, 8월인 경우에 참이 된다. 8월을 입력하면 month>=6과 month<=8이 참이 되어 전체 조건식이 참이 되므로 8번의 문장을 수행한 다음 전체 if 문을 끝내게 된다.

9번 : 입력 월이 9월, 10월, 11월인 경우에 참이 된다.

11번 : 5번, 7번, 9번에서 모두 거짓이 되는 경우는 1월, 2월, 12월의 경우이므로 겨울을 출력하도록 한다.

실행 결과에 대한 고찰

논리 AND 연산자를 이용한 식인 a && b를 평가해보면 a와 b 모두가 0이 아니면(참이면) 1, 그렇지 않으면 0이 된다. 즉, 「a 그리고 b」에 해당한다고 볼 수 있다.

if문의 최초 판정식은 month >= 3 && month <= 5이므로 month의 값이 3 이

상이고, 5 이하일 때만 참으로 평가되어 다음의 문

```
cout << month << "월은 봄입니다.\n" ;
```

가 수행되게 된다.

3.1.4 if 문의 중첩

if 문의 사용 형식

if (조건식1)
    if (조건식2) 문장2 ;
    else 문장3 ;
else 문장4 ;
문장5 ;

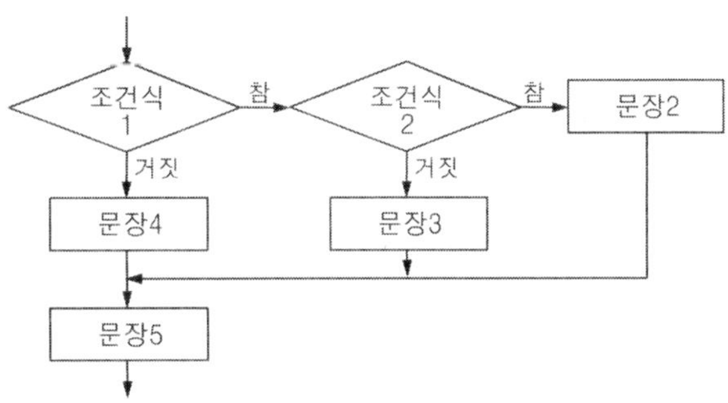

앞에서 배운 else if와 모양이 비슷하지만 처리 과정이 전혀 다르다. 이 경우에는 조건식1이 참일 경우에 다음 if의 조건식2를 평가하고, 조건식1이 거짓이면 else 문의 문장4를 수행한다. 다음에 조건식2가 참이면 문장2를, 거짓이면 문장3을 수행한 다음 전체 if 문을 빠져나와 문장5를 수항한다. 즉, 조건식의 평가 결과에 따라 수행되는 문장이 다음 표와 같이 달라지게 된다.

조건식1	조건식2	수행문장
참	참	문장2
참	거짓	문장3
거짓		문장4

프로그램 3-13 if 중첩

```
1  #include <iostream.h>
2  main(){
3      char c, s ;
4      cout<< "문자 c 를 입력하시오 : " ;  cin >> c ;
5      cout<< "문자 s 를 입력하시오 : " ;  cin >> s ;
6      if ( c == 'a' )
7          if ( s == 'k' ) cout << " c = a , s = k \n"  ;
8          else  cout << " c = a , s != k \n"  ;
9      else  cout << "NG5 \n"  ;
10     cout << "End 5 \n"  ;
11 }
```

프로그램 3-13 실행 결과 1

```
"D:₩Work0₩강의교재₩2012 C++₩프로그램NEW₩Debug₩3-13 if중첩.exe"
문자 c 를 입력하시오 : a
문자 s 를 입력하시오 : k
 c = a , s = k
End 5
Press any key to continue
```

프로그램 3-13 실행 결과 2

```
"D:₩Work0₩강의교재₩2012 C++₩프로그램NEW₩Debug₩3-13 if중첩.exe"
문자 c 를 입력하시오 : a
문자 s 를 입력하시오 : b
 c = a , s != k
End 5
Press any key to continue
```

프로그램 3-13 실행 결과 3

```
"D:₩Work0₩강의교재₩2012 C++₩프로그램NEW₩Debug₩3-13 if중첩.exe"
문자 c 를 입력하시오 : s
문자 s 를 입력하시오 : k
NG5
End 5
Press any key to continue
```

프로그램 3-13 해설

6번 : 입력 문자 c가 'a'이면 조건이 참이 되어, 7번의 if 문을 평가한다.

7번 : 6번의 if 문이 참이었을 경우에만 7번의 조건을 평가한다. 입력 문자 s가 'k'이면 조건이 참이 되어, "c=a, s=k"를 출력하고 if 문을 종료하고 10번을 수행한다(실행 결과 1).

8번 : c='a'이지만 s='k'가 아닌 경우에 "c=a, s=!k"를 출력한 다음 if 문을 종료하고 10번을 수행한다(실행 결과 2).

9번 : c='a'가 아닌 경우 else 다음의 문장을 출력한 다음 if 문을 종료하고 10번을 수행한다(실행 결과 3).

앞에서 작성한 프로그램 3-12에는 한 가지 오류가 숨겨져 있다. 입력은 반드시 1과 12사이의 정수만 입력해야 한다는 것이다. 이를 무시하고 13을 입력하면 어떻게 될까?

다음 실행 결과 2에서 보는 바와 같이 겨울을 출력한다.

프로그램 3-12 실행 결과 2

```
월을 입력하시오: 13
13월은 겨울입니다
Press any key to continue
```

이것은 명백한 입력 오류이다. 그러나 현재의 프로그램의 구조에서는 3월에서 11월 까지만 체크를 하고 나머지는 모두 겨울로 출력하도록 하였기 때문에 이러한 오류가 발생하는 것이다. 이러한 오류를 제거하려면 다음 프로그램과 같이 하면 된다. 즉, 입력 월이 1월부터 12월까지만 처리하고 나머지 숫자는 모두 입력 오류로 처리한다.

프로그램 3-14 계절 찾기 2

```
#include<iostream.h>
main(){
    int month ;
    cout << "월을 입력하시오: " ;  cin >> month ;
    if(month >= 1 && month <= 12){
        if(month >= 3 && month <= 5)
            cout << month << "월은 봄입니다.\n";
        else if(month >=  6 && month <=  8)
            cout << month << "월은 여름입니다 \n" ;
        else if(month >=  9 && month <= 11)
            cout << month << "월은 가을입니다 \n" ;
        else cout << month << "월은 겨울입니다 \n" ;
    }
    else cout << "입력 오류 !!!!! \n" ;
}
```

프로그램 3-14 실행 결과

```
월을 입력하시오: 13
입력 오류 !!!!!
Press any key to continue
```

프로그램 3-14 해설

5번 : 먼저 1부터 12사이의 숫자만 참으로 하여 계절을 찾도록 한다. 1부터 12 사이의 숫자가 아니면 입력 오류이므로 14번의 else 문으로 보낸다.

14번 : 1부터 12사이의 숫자를 제외한 모든 입력은 오류를 출력하도록 한다.

6번~12번 : 프로그램 3-12와 동일

3.2 switch 문

switch 문은 if~else 문과 같이 다중 택일을 위해 사용되는 제어문이다. switch 문을 이용하면 프로그램을 보다 효율적으로 작성할 수 있으며 이해하기 쉽고 수정이 간단하기 때문에 if~else보다 사용하기가 편리하다.

switch 문은 정수식의 결과 값과 모든 case의 값을 비교하여 일치하는 case 문의 문장을 실행한다. 이때, case의 값은 정수, 정수식, 문자 상수로만 표현되어야 하며, case와 문장은 콜론(:)으로 구분한다.

switch 문의 사용 형식

switch (정수식){
case 값1 : 문장1 ; break ;
case 값1 : 문장2 ; break ;
case 값1 : 문장3 ; break ;
default : 문장4 ;
}

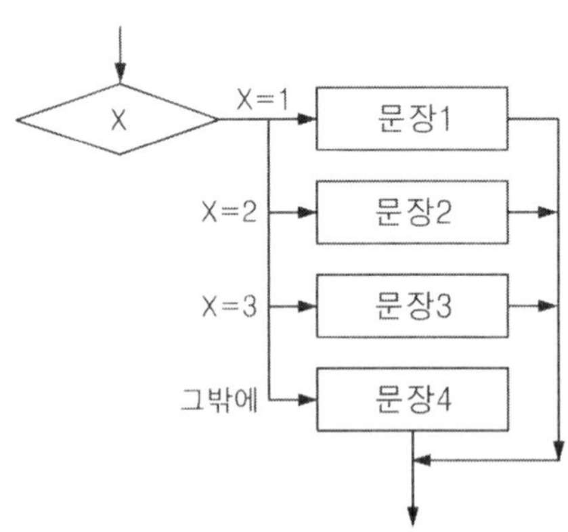

case의 값	case 문의 올바른 사용	case 문의 잘못된 사용
정수	case 5 :	case 4.5 :
정수식	case 'a'+20 :	case a>10 :
문자 상수	case 'A' :	case "NAME" :

또한 문장 다음에는 break 문을 기술해야 하는데, break 문은 다음 문장을 실행하지 않고, switch 문의 블록을 빠져나오는 역할을 한다. 따라서 break 문을 기술하지 않으면, 다음 case에 해당하는 문장도 수행하게 된다.

만약 정수식의 결과 값과 일치하는 case의 값이 없으면 default에 있는 문장을 수행한다. 그런데, default는 생략할 수 있다.

프로그램 3-15 switch 문

```
1  #include<iostream.h>
2  main(){
3      int x ;
4      cout << "숫자를 입력하시오: " ;  cin >> x ;
5      switch (x){
6      case 0 : cout << "case 0 \n" ; break ;
7      case 1 : cout << "case 1 \n" ; break ;
8      case 2 : cout << "case 2 \n" ; break ;
9      case 3 : cout << "case 3 \n" ; break ;
10     case 4 : cout << "case 4 \n" ; break ;
11     default : cout << "default \n" ;
12     }
13 }
```

프로그램 3-15 실행 결과

```
숫자를 입력하시오: 3
case 3
Press any key to continue
```

프로그램 3-15 해설

5번 : 입력한 정수 x를 평가한다.

9번 : 입력한 정수가 3이면, case 3에 해당되어 "case 3"을 출력하고 switch 문을 빠져 나간다.

만약 break 문을 전부 삭제하면 어떤 결과가 나올까? 다음 프로그램으로 확인해 보자.

프로그램 3-16 switch 문(break 삭제)

```
1  #include<iostream.h>
2  main(){
3      int x ;
4      cout << "숫자를 입력하시오: " ;  cin >> x ;
5      switch (x){
6      case 0 : cout << "case 0 \n" ;
7      case 1 : cout << "case 1 \n" ;
8      case 2 : cout << "case 2 \n" ;
9      case 3 : cout << "case 3 \n" ;
10     case 4 : cout << "case 4 \n" ;
11     default : cout << "default \n" ;
12     }
13 }
```

프로그램 3-16 실행 결과

```
숫자를 입력하시오: 3
case 3
case 4
default
Press any key to continue
```

프로그램 3-16 해설

9번 : 입력 숫자가 3이면, 9번 줄의 case 3에 해당되므로 “case 3”을 출력한 다음 계속해서 10번, 11번의 문장까지 실행하게 된다.

실행 결과에 대한 고찰

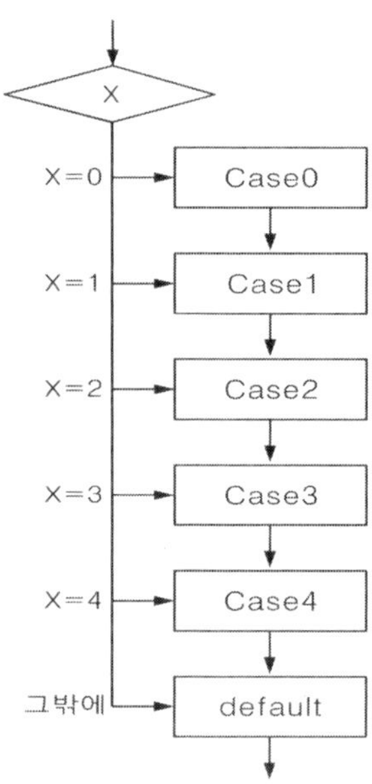

위 프로그램은 break 문이 없으므로 다음 줄의 문장까지 수행하게 된다. 즉, 그림에서와 같이 해당하는 case부터 아래에 있는 모든 명령을 수행하게 되는 것이다. 즉, x=0이면 “case 0”을 출력한 다음 “case 1”, “case 2”, “case 3”, “case 4”, “default” 순으로 switch 문의 모든 명령을 전부 수행하게 되는 결과를 보게 되는 것이 된다.

프로그램에 따라 if 문으로 작성하는 것보다 switch 문으로 작성하는 것이 훨씬 간단할 수 있다. 예를 들어 프로그램 3-14 계절 찾기 프로그램은 switch 문으로 기술하는 것이 if 문으로 작성하는 것 보다 훨씬 간단하다. 그러면 프로그램 3-14의 프로그램을 switch 문으로 작성해 보자.

프로그램 3-17 계절 찾기 switch 문

```
1  #include<iostream.h>
2  main(){
3      int month ;
4      cout << "월을 입력하시오 : " ;  cin >> month ;
5      switch ( month ){
6      case 3 : cout << month << "월은 봄입니다.\n"  ; break ;
7      case 4 : cout << month << "월은 봄입니다.\n"  ; break ;
8      case 5 : cout << month << "월은 봄입니다.\n"  ; break ;
9      case 6 : cout << month << "월은 여름입니다.\n"; break ;
10     case 7 : cout << month << "월은 여름입니다.\n"; break ;
11     case 8 : cout << month << "월은 여름입니다.\n"; break ;
12     case 9 : cout << month << "월은 가을입니다.\n"; break ;
13     case 10: cout << month << "월은 가을입니다.\n"; break ;
14     case 11: cout << month << "월은 가을입니다.\n"; break ;
15     case 12: cout << month << "월은 겨울입니다.\n"; break ;
16     case 1 : cout << month << "월은 겨울입니다.\n"; break ;
17     case 2 : cout << month << "월은 겨울입니다.\n"; break ;
18     default : cout << "입력 오류 !!!!! \n" ;
19     }
20 }
```

프로그램 3-17 실행 결과

```
"D:#Work0#강의교재#2012 C++#프로그램NEW#Debug#3-17 계절switch.exe"
월을 입력하시오 : 7
7월은 여름입니다.
Press any key to continue
```

프로그램 3-17 해설

10번 : 입력 월이 7이면 case 7에 해당되므로 “7월은 여름입니다”를 출력하고 switch 문을 빠져 나간다.

18번 : 1부터 12까지의 숫자 이외의 숫자들이 default 에 해당되어 “입력오류”를 출력한다.

이 프로그램에서 break 문을 적절히 이용한다면 다음 프로그램과 같이 조금 더 프로그램을 간단하게 기술할 수 있다.

즉, case 3, case 4, case 5의 문장은 모두 같다. 따라서 case 3과 case 4의 문장을 지우면 case 5에 있는 문장을 수행하게 된다. 나머지 case 7과 case 8, 그리고 case 12와 case 1도 마찬가지이다.

프로그램 3-18 계절 찾기 switch 문 2

```
1  #include<iostream.h>
2  main(){
3      int month ;
4      cout << "월을 입력하시오 : " ;  cin >> month ;
5      switch ( month ){
6      case 3 :
7      case 4 :
8      case 5 : cout << month << "월은 봄입니다.\n" ; break ;
9      case 6 :
10     case 7 :
11     case 8 : cout << month << "월은 여름입니다.\n" ; break ;
12     case 9 :
13     case 10:
14     case 11: cout << month << "월은 가을입니다.\n" ; break ;
15     case 12:
16     case 1 :
17     case 2 : cout << month << "월은 겨울입니다.\n" ; break ;
18     default : cout << "입력 오류 !!!!! \n" ;
19     }
20 }
```

프로그램 3-18 실행 결과

```
"D:₩Work0₩강의교재₩2012 C++₩프로그램NEW₩Debug₩3-17 계절switch.exe"
월을 입력하시오 : 7
7월은 여름입니다.
Press any key to continue
```

프로그램 3-18 해설

6번 : 3을 입력하면 case 3에 해당되는데 break가 없으므로 7번 case 4를 지나 8번 case 5의 문장을 수행하게 되고, break 문에 의해 swich 문을 종료하게 된다.

8번 : 입력이 3, 4, 5인 경우 case 5의 문장을 수행한다.

11번 : 입력이 6, 7, 8인 경우 case 8의 문장을 수행한다.

14번 : 입력이 9, 10, 11인 경우 case 11의 문장을 수행한다.

17번 : 입력이 12, 1, 2인 경우 case 2의 문장을 수행한다.

18번 : 앞에서 1부터 12까지의 숫자들이 처리되었으므로 여기까지 오는 경우는 입력이 잘못된 경우이다.

int형 변수에 양의 정수를 입력하고 값이 짝수이면 「짝수」 홀수이면 「홀수」라고 표시하는 프로그램을 switch 문을 이용해 작성해 보자. 임의의 숫자가 짝수인지 홀수인지를 구별하는 방법은 2로 나누었을 때 나머지가 없으면 짝수, 나머지가 있으면 홀수이다.

프로그램 3-19 짝수 찾기 switch 문

```
1 #include<iostream.h>
2 main(){
3     int a ;
4     cout << "양의 정수를 입력하시오 : " ;  cin>> a ;
5     switch(a%2){
6     case 0 : cout << "짝수\n" ;  break ;
7     default: cout << "홀수\n" ;
8     }
9 }
```

프로그램 3-19 실행 결과

```
양의 정수를 입력하시오 : 6
짝수
Press any key to continue
```

프로그램 3-19 해설

5번 : 식 a%2는 a를 2로 나누었을 때의 나머지를 구하는 식이다. 입력이 6이면 6을 2로 나눈 나머지는 0이 된다.

6번 : case 0은 나머지가 0이 되는 경우로서 짝수가 된다. 따라서 “짝수”를 출력하고 switch 문을 빠져 나가게 된다.

7번 : 그 외에 나머지가 0이 아닌 경우는 홀수에 해당된다.

학생의 점수를 입력하면 입력된 점수에 해당하는 학점을 출력하는 프로그램을 작성해 보자. 각 점수별 학점은 다음 표와 같이 정한다.

점수	학점
100	A
90 ~ 99	A
80 ~ 89	B
70 ~ 79	C
60 ~ 69	D
0 ~ 59	F

프로그램 3-20 성적 처리

```
1  #include<iostream.h>
2  main(){
3      int score ;
4      cout << "점수를 입력하시오 (0~100) : " ;  cin>> score ;
5      if (score >= 0 && score <=100){
6          cout << "학생의 " << score << "점은 " ;
7          switch (score/10){
8          case 10 :
9          case 9 : cout << 'A' ; break ;
10         case 8 : cout << 'B' ; break ;
11         case 7 : cout << 'C' ; break ;
12         case 6 : cout << 'D' ; break ;
13         default : cout << 'F' ; break ;
14         }
15         cout << "학점입니다. \n" ;
16     }
17     else cout << "점수를 잘못 입력하였습니다. \n" ;
18 }
```

프로그램 3-20 실행 결과

```
"D:₩Work0₩강의교재₩2012 C++₩프로그램NEW₩Debug₩3-20 성적찾기.exe"
점수를 입력하시오 <0~100> : 96
학생의 96점은 A학점입니다.
Press any key to continue
```

프로그램 3-20 해설

학점은 점수대로 결정되어진다. 즉, 91점이나 95점은 모두 90점대가 된다. 그러므로 입력한 숫자를 10으로 나누었을 때 얻어지는 몫이 점수대가 된다. 예를 들어 95를 10으로 나누면 몫이 9가 되어 90점대라는 것을 알 수 있다.

5번 : 입력 점수가 올바르게 입력되었는지 확인한다. 입력한 점수가 0점에서 100점 사이에 있으면 조건이 참이 되어 6번을 수행하고, 아니면 17번의 else 문을 수행한다.

7번 : 조건식 score/10은 점수를 10으로 나눈 몫을 구한다.

8번 : 몫이 10이 되는 것은 100점이고, A학점이므로 9번으로 그대로 가도록 한다.

9번 : 몫이 9가 되는 것은 90점대이고, A학점이므로 'A'를 출력한다.

10번 : 몫이 8이 되는 것은 80점대이고, B학점이므로 'B'를 출력한다.

11번 : 몫이 7이 되는 것은 70점대이고, C학점이므로 'C'를 출력한다.

12번 : 몫이 6이 되는 것은 60점대이고, D학점이므로 'D'를 출력한다.

13번 : 0점에서 59점까지는 여기로 오게 되므로 'F'를 출력한다.

실행 결과에 대한 고찰

점수	학점	점수/10
100	A	10
90 ~ 99	A	9
80 ~ 89	B	8
70 ~ 79	C	7
60 ~ 69	D	6
0 ~ 59	F	0 ~ 5

입력 숫자는 0에서 100까지이다. 그런데, 입력 숫자를 10으로 나누었을 때의 몫은 1부터 10까지이다. 예를 들어 입력 점수가 92나 95, 99인 경우 10으로 나눈 몫은 모두 똑같이 9이다. 즉 10으로 나누었을 때 몫이 9인 것은 90점대라는 것을 의미한다. 같은 방법으로 80점대는 몫이 8, 70점대는 몫이 7이라는 것을 알 수 있다. 따라서, switch 문에서는 점수를 10으로 나눈 몫으로 처리하도록 하면 된다.

3.3 while 문

while 문은 조건식을 평가하여 조건식이 참이면 while 루프내의 문장을 수행하고, 조건식이 거짓이면 while 루프를 빠져 나온다. while의 루프는 while 다음의 중괄호({)에서부터 중괄호(})까지이다. while 문에 속한 문장이 하나인 경우에는 괄호를 생략해도 된다.

이것은 while 문만이 아니라 모든 제어문에서 동일하다. if 문, while 문, for 문 등은 조건식이 참일 때 다음에 오는 하나의 문장을 수행하도록 되어 있다. 그런데 제어문 다음에 괄호가 오게 되면 괄호에서부터 괄호가 끝나는 지점까지를 하나의 문장으로 보는 것이다. 따라서, 이 괄호 안에 여러 개의 문장을 기술해도 제어문의 입장에서는 하나의 문장으로 인식되는 것이다. 결국 문장이 하나일 경우에는 괄호를 묶어도 되고 괄호 없이 기술해도 같은 것이다.

while 문의 사용 형식

while (조건식){
    문장1 ;
    문장2 ;
    문장3 :
}

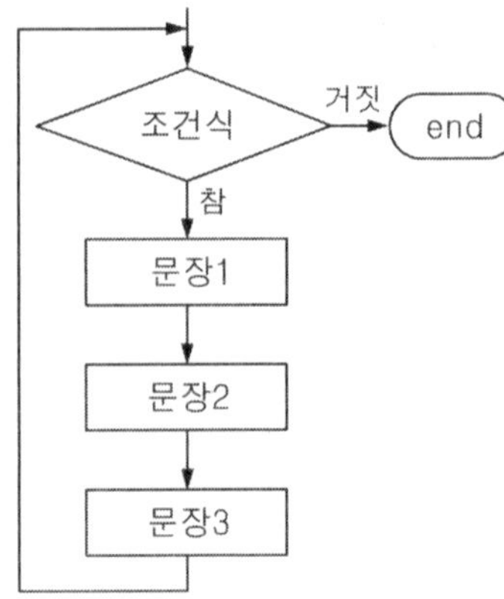

while 문의 조건식을 0(거짓)으로 했을 때 어떻게 작동하는지 살펴보자.

프로그램 3-21 while 1

```
1 #include<iostream.h>
2 main(){
3     while ( 0 ) cout << '*' ;
4     cout << "#### \n" ;
5 }
```

프로그램 3-21 실행 결과

```
"D:\Work0\강의교재\2012 C++\프로그램\NEW\Debug\3-21 while1.exe"
####
Press any key to continue
```

프로그램 3-21 해설

3번 : 조건식이 0이므로 평가 결과는 0이다. 따라서 while 문은 거짓이 되어 while 다음에 오는 문장을 수행하지 않고, while 문을 빠져 나온다.

4번 : while 문과 관계없이 항상 수행된다.

이번에는 while 문의 조건식을 1(참)로 하였을 때 어떻게 동작하는지 살펴보자.

프로그램 3-22 while 2

```
1 #include<iostream.h>
2 main(){
3     while ( 1 )
4         cout << '/' ;
5 }
```

프로그램 3-22 실행 결과

```
////////////////////////////////////////////////////////////////////////////////
////////////////////////////////////////////////////////////////////////////////
////////////////////////////////////////////////////////////////////////////////
////////////////////////////////////////////////////////////////////////////////
```

프로그램 3-22 해설

3번 : while 문의 조건식이 1이므로 while 문은 참이 되어 4번 문을 수행하도록 한다.

4번 : '/'를 출력한 다음 다시 3번으로 가서 조건식을 평가한다. 따라서, 이 프로그램은 3번과 4번을 끊임없이 반복하는 무한 루프가 된다.

이번에는 while 문의 조건식에 변수를 사용하는 프로그램을 살펴보자.

프로그램 3-23 while 3

```
1 #include<iostream.h>
2 main(){
3     int i = 0 ;
4     while ( i )
5         cout << '*' ;
6     cout << "#### \n" ;
7 }
```

프로그램 3-23 실행 결과

```
####
Press any key to continue
```

프로그램 3-23 해설

4번 : while 문의 조건식이 변수이므로 변수 i의 값을 평가한다. 변수 i의 값이 0이므로 while 문은 거짓이 되고, while 다음에 오는 문장을 수행하지 않고 while 문을 끝낸다.

5번 : 이 명령은 절대로 수행되지 않는다.

while의 조건식에 관계 연산자를 이용한 식을 가지고 프로그램을 작성해 본다.

프로그램 3-24 while 4

```
1 #include<iostream.h>
2 main(){
3     int  i=0 ;
4     while ( i<5 )
5         cout << '*' ;
6     cout << "Endl \n" ;
7 }
```

프로그램 3-24 실행 결과

프로그램 3-24 해설

3번 : 변수 i의 초기값을 0으로 한다.

4번 : 조건식이 i<5이면 참이 된다. 그런데 i=0이므로 0<5가 되어 조건식은 참이 되고, while 다음 문장을 수행하기 위하여 5번으로 간다.

5번 : '*'을 출력한 다음 다시 4번으로 가서 조건식을 평가한다. 프로그램 3-22에서와 마찬가지로 i의 값은 0으로 변화가 없으므로 while 문의 조건식은 계속 참이 되어 무한 루프가 된다.

이와 같이 while 문은 프로그램이 무한 루프에 빠져 버리는 경우가 있으므로 프로그램을 작성할 때에는 무한 루프에 빠지지 않도록 주의하여야 한다.

앞의 프로그램을 조금 변경하여 별을 5개 출력하는 프로그램으로 바꾸어 보자.

프로그램 3-25 while 5

```
1 #include<iostream.h>
2 main(){
3     int  i=0 ;
4     while ( i<5 ){
5         cout << '*' ;
6         i++ ;
7     }
8     cout << "End \n" ;
9 }
```

프로그램 3-25 실행 결과

```
"D:\Work0\강의교재\2012 C++\프로그램NEW\Debug\3-25 while5.exe"
*****End
Press any key to continue_
```

프로그램 3-25 해설

이 프로그램은 변수 i의 값을 증가시키면서 5번과 6번을 반복하게 되는데 변수 i의 값이 5가 되면 while 문을 끝내게 된다.

4번 : 변수 i의 값이 5보다 작으면 참이 되어 while 문을 수행한다. while 문의 적용 범위는 5번과 6번이다.

5번 : while 문이 참이면 '*'을 출력한다.

6번 : 변수 i의 값을 1 증가한다. 다시 4번으로 가서 while 문의 조건식을 평가한다.

8번 : while 문과 상관없이 수행된다.

실행 결과에 대한 고찰

위 프로그램은 다음과 같이 실행된다.

실행 순서	줄 번호	i 값	조건식	출력
1	4번	i=0	참	
2	5번	i=0		'*' 출력
3	6번	i=1		
4	4번	i=1	참	
5	5번	i=1		'*' 출력
6	6번	i=2		

7	4번	i=2	참	
8	5번	i=2		'*' 출력
9	6번	i=3		
10	4번	i=3	참	
11	5번	i=3		'*' 출력
12	6번	i=4		
13	4번	i=4	참	
14	5번	i=4		'*' 출력
15	6번	i=5		
16	4번	i=5	거짓,	
17	8번			"End" 출력

이번에는 '*'을 출력하는 대신 변수 i의 값을 출력시켜 보자. 프로그램 3-25의 5번 문장만 수정하면 된다.

프로그램 3-26 while 6

```
1 #include<iostream.h>
2 main(){
3     int  i=0 ;
4     while ( i<5 ){
5         cout << "i = " << i << endl ;
6         i++ ;
7     }
8     cout << "End \n" ;
9 }
```

프로그램 3-26 실행 결과

```
i = 0
i = 1
i = 2
i = 3
i = 4
End
Press any key to continue
```

프로그램 3-26 해설

4번 : 변수 i의 값이 5보다 작으면 참이 되어 while 문을 수행한다. while 문의 적용 범위는 5번과 6번이다.

5번 : while 문이 참이면 변수 i의 값을 출력한다.

6번 : 변수 i의 값을 1 증가한다. 다시 4번으로 가서 while 문의 조건식을 평가한다.

8번 : while 문과 상관없이 수행된다.

영어의 알파벳 'A'에서 'Z'까지 출력하는 프로그램을 작성해 보자.

프로그램 3-27 알파벳 출력

```
1  #include <iostream.h>
2  main(){
3      char alp ;
4      alp = 'A' ;
5      while ( alp <= 'Z' ){
6          cout << alp ;
7          alp++ ;
8      }
9      cout << '\n' ;
10 }
```

프로그램 3-27 실행 결과

```
ABCDEFGHIJKLMNOPQRSTUVWXYZ
Press any key to continue
```

프로그램 3-27 해설

4번 : 문자형 변수 alp에 문자 'A'를 대입한다. alp='A'는 alp=65와 같다.

5번 : 변수 alp가 문자 'Z'보다 작거나 같을 때까지 6, 7번을 반복한다.

6번 : 변수 alp에 있는 문자를 출력한다.

7번 : 변수 alp를 1증가한다.

실행 결과에 대한 고찰

문자는 문자의 아스키 코드로 변수에 저장된다. 따라서, 변수 alp='A'는 alp=65와 같다. 영어 알파벳의 아스키 코드는 ABC순으로 되어 있으므로 alp+1 = 65+1 = 'B'와 같으며, alp+2 = 65+2 = 'C'와 같다.

이번에는 영어 알파벳의 아스키 코드 값을 출력시켜 보자. 단, 아스키 코드 값을 10진수와 16진수로 출력한다.

프로그램 3-28 아스키 코드 출력

```
 1 #include <iostream.h>
 2 main(){
 3     char alp ;
 4     int c ;
 5     alp = 'A' ;
 6     while ( alp <= 'Z' ){
 7         c = alp ;
 8         cout << alp << " = "
 9             << dec << c << " = "
10             << hex << c << endl ;
11         alp++ ;
12     }
13     cout << endl ;
14 }
```

프로그램 3-28 실행 결과

```
"D:\Work0\강의교재\2012 C++\프로그램NEW\Debug\3-28 while-Ascii2Hex.exe"
A = 65 = 41
B = 66 = 42
C = 67 = 43
D = 68 = 44
E = 69 = 45
F = 70 = 46
G = 71 = 47
H = 72 = 48
I = 73 = 49
J = 74 = 4a
K = 75 = 4b
L = 76 = 4c
M = 77 = 4d
N = 78 = 4e
O = 79 = 4f
P = 80 = 50
Q = 81 = 51
R = 82 = 52
S = 83 = 53
T = 84 = 54
U = 85 = 55
V = 86 = 56
W = 87 = 57
X = 88 = 58
Y = 89 = 59
Z = 90 = 5a

Press any key to continue
```

프로그램 3-28 해설

6번 : 변수 alp가 문자 'Z'보다 작거나 같을 때까지 8~12번을 반복한다.

7번 : 정수형 변수 c에 문자형 변수 alp의 문자를 대입한다.

8번 : 변수 alp의 문자를 출력한다.

9번 : 문자의 아스키 코드를 10진수로 출력한다.

10번 : 문자의 아스키 코드를 16진수로 출력한다.

11번 : 문자의 아스키 코드 값에 1을 증가시킨다.

실행 결과에 대한 고찰

아스키 코드 출력

문자형 변수에 문자를 대입하여 출력하면 문자가 출력된다. 그러나 문자를 정수형 변수에 대입하여 출력하면 문자의 아스키 코드 값이 출력된다.

즉, char alp='A'를 cout<<alp하면 문자 'A'가 출력되고,

int c='A'를 cout<<c하면 문자의 아스키 코드 65가 출력된다.

16진수 출력

또한, 숫자를 출력할 때, 출력하려는 문자 앞에 먼저 스트림 조작기 dcc나 hex를 먼저 출력하면 10진수나 16진수로 출력할 수 있다. 즉,

cout << dec << c ; 는 c를 10진수로 출력하고,

cout << hex << c ; 는 c를 16진수로 출력한다.

cout << oct << c ; 는 c를 8진수로 출력한다.

여기에서 주의할 점은 한번 16진수로 출력하면 그 다음에 오는 모든 출력이 16진수가 된다는 것이다. 따라서, 한번 16진수로 출력한 다음 다시 10진수로 출력하려면 cout << dec ; 를 출력해서 10진수 출력으로 바꾸어야 한다.

키보드에서 입력하는 모든 문자를 그대로 출력(표시)하는 프로그램을 작성해 보자.

프로그램 3-29 입력 문자 출력

```
#include<iostream.h>
main(){
    char c;
    while ( cin.get(c) )
        cout << c;
}
```

프로그램 3-29 실행 결과

프로그램 3-29 해설

4번 : while 문의 조건식 cin.get(c)는 키보드로 연결된 입력 스트림에서 문자를 하나 읽어 들여 변수 c에 저장한다. 이 식은 키보드로부터 입력이 성공적으로 이루어지면 0이 아닌 값이 되고, 입력 오류가 검출된다든지 읽기를 실패한 경우 0이 된다.

실행 결과에 대한 고찰

이 프로그램은 입력을 완료하고 Enter 키를 눌러야 입력한 문자가 출력된다.

실 행 결 과

```
Input String ↵
Input String
Output String ↵
Output String
[Ctrl] + [Z] ↵
```

입력을 전부 완료하고 프로그램을 완전히 종료하려면 [Ctrl]+[Z]를 누른 다음 [Enter↵] 키를 누른다. [Ctrl]+[Z]는 입력 종료를 의미하며, 대부분의 UNIX 환경에서는 [Ctrl] + [D]를 사용한다.

버퍼링

위의 프로그램에서는 문자를 읽은 직후 문자가 바로 출력되어야 하나 실행 결과를 보면 ↵를 누른 다음에 입력한 문자열 전체가 출력되고 있다.

C++ 스트림 입출력에서는 읽은 문자나 출력할 문자를 일단 버퍼에 저장한 다음, 버퍼의 용량이 부족할 경우나 줄 바꿈 문자를 입력한 경우에 실제의 입출력 동작이 이루어진다. 이와 같은 기능을 버퍼링이라고 한다.

프로그램 3-29의 프로그램을 개선하여 출력할 때에 입력 문자 끝에 입력하는 줄 바꿈 문자가 시각적으로 보일 수 있도록 각 행의 끝에 [RET]가 표시되도록 해 보자.

프로그램 3-30 [RET] 출력

```
1 #include<iostream.h>
2 main(){
3     char c ;
4     while ( cin.get(c) ){
5         if(c=='\n')
6             cout << "[RET]\n" ;
7         else cout << c ;
8     }
9 }
```

프로그램 3-30 실행 결과

```
"D:₩Work0₩강의교재₩2012 C++₩프로그램NEW₩Debug₩3-30 RET출력.exe"
Input String
Input String[RET]
Output String
Output String[RET]
^Z
Press any key to continue
```

프로그램 3-30 해설

5번 : if 문의 조건식 c=='\n'에서 입력한 문자가 줄 바꿈 문자이면 참이 되어 6번으로 이동하고, 아니면 7번으로 이동한다. 엔터키도 하나의 문자로 취급된다.

6번 : [RET]를 출력한다.

7번 : 입력 문자를 출력한다.

프로그램 3-30의 프로그램을 개선하여 입력받은 전체 문자의 개수와 문자열 중에 포함된 줄 바꿈 문자의 개수를 각각 카운트하여 표시하는 프로그램을 작성해 보자.

프로그램 3-31 입력 문자수 카운트

```
#include<iostream.h>
main(){
    char c;
    int ccount = 0, ncount = 0 ;
    while( cin.get(c) ){
        ccount++ ;
        if(c=='\n') ncount++ ;
    }
    cout << "문자 수 =     " << ccount << '\n' ;
    cout << "줄 바꿈 수 = " << ncount << '\n' ;
}
```

프로그램 3-31 실행 결과

```
Input string
character count
^Z
문자 수 =    29
줄 바꿈 수 = 2
Press any key to continue
```

프로그램 3-31 해설

4번 : ccount는 문자의 수를 저장할 변수이고, ncount는 줄 바꿈 문자의 수를 저장할 변수이다.

5번 : while 문의 범위는 6번에서 7번

6번 : 한 글자씩 입력할 때마다 ccount(문자의 수)에 1을 증가시킨다.

7번 : 입력 문자 c가 줄 바꿈이면 ncount(줄 바꿈 문자의 수)에 1을 증가시킨다.

9번 : 입력 문자의 수를 출력한다.

10번 : 입력한 줄 바꿈 문자의 수를 출력한다.

프로그램 3-31의 프로그램을 한 번 더 개선하여 입력받은 전체 문자의 개수와 문자열 중에 포함된 줄 바꿈 문자의 개수와 숫자 수를 각각 카운트하여 표시하는 프로그램을 작성해 보자.

프로그램 3-32 입력 문자와 숫자수 카운트

```
#include <iostream.h>
main(){
    char c ;
    int ccnt = 0, ncnt = 0, rcnt = 0 ;
    while( cin.get(c) ){
        if( c >='0' && c <= '9' ) ncnt++;
        else if( c == '\n' ) rcnt++ ;
        else ccnt++;
    }
    cout << "문자 수 = " << ccnt << '\n';
    cout << "숫자 수 = " << ncnt << '\n';
    cout << "개행 수 = " << rcnt << '\n';
}
```

프로그램 3-32 실행 결과

```
abcd
1234
ghij
^Z
문자 수 = 8
숫자 수 = 4
개행 수 = 3
Press any key to continue
```

프로그램 3-32 해설

4번 : 변수 ccnt(문자의 수), ncnt(숫자의 수), rcnt(줄 바꿈 문자의 수)를 모두 0으로 초기화

6번 : if 문을 이용하여 입력 문자가 0에서 9사이에 있으면, ncnt(숫자의 수)에 1을 증가한다.

7번 : 입력 문자가 줄 바꿈이면 rcnt(줄 바꿈 문자의 수)에 1을 증가시킨다.

8번 : 나머지는 문자로 간주하고 ccnt(문자의 수)에 1을 증가시킨다.

양의 정수를 읽어 들여 값이 0이 될 때까지 카운트다운 하는 프로그램을 작성해 보자. 예를 들어 5가 입력된 경우 5, 4, 3, 2, 1, 0과 같이 출력한다.

프로그램 3-33 카운트 다운

```
#include<iostream.h>
main(){
    int a ;
    cout << "양의 정수를 입력하시오 : " ; cin >> a ;
    while(a >= 0){
        cout << a << ' ' ;
        a-- ;
    }
    cout << '\n' ;
}
```

프로그램 3-33 실행 결과

```
양의 정수를 입력하시오 : 5
5 4 3 2 1 0
Press any key to continue
```

프로그램 3-33 해설

5번 : 정수 a의 값이 0보다 크거나 같으면 6번과 7번을 반복한다. 즉, a의 값이 0이 될 때까지 반복한다.

6번 : 정수 a를 출력하고 공백(' ')을 출력한다. 다음에 출력하는 숫자와 한 칸씩 띄어놓는 결과가 된다.

7번 : a의 값을 감소시킨다. 즉, a=a-1과 같다.

이번에는 정수를 읽어 들이고, 입력한 정수 값의 전체 자리수를 표시하는 프로그램을 작성해 본다. 예를 들어 123이 입력되었다면 3을 출력한다.

프로그램 3-34 전체 자리 수

```
1  #include<iostream.h>
2  main(){
3      int a, count = 0;
4      cout << "정수를 입력하시오 : " ;  cin >> a ;
5      while(a){
6          a = a/10 ;
7          count++ ;
8      }
9      cout << "자릿수는 " << count << "개입니다.\n" ;
10 }
```

프로그램 3-34 실행 결과

```
"D:\Work0\강의교재\2012 C++\프로그램NEW\Debug\3-34 자릿수-while.exe"
정수를 입력하시오 : 123
자릿수는 3개입니다.
Press any key to continue
```

프로그램 3-34 해설

3번 : 변수 a는 입력한 숫자를 저장. 변수 count는 자릿수를 카운트하기 위한 변수로서 0으로 초기화한다.

5번 : 변수 a의 숫자가 0이 될 때까지 while 문을 반복한다(6번~7번).

6번 : a를 10으로 나눈 몫을 a에 저장한다.

7번 : 자릿수 변수 count를 증가시킨다.

자리수의 계산

변수 a에 저장된 값이 123이라 할 때, 먼저 a=a/10에 의해 a가 10으로 나누어진 다음 a의 값은 12가 된다. 다음에 count가 1 증가하여 1이 된다. 따라서 아래에 표시하는 것과 같이 위의 작업을 a가 0이 될 때까지 반복 수행하면 자리수를 구할 수 있다

a	123 → 12 → 1 → 0	10으로 나누어 감
count	0 → 1 → 2 → 3	1씩 증가해 감

하나의 while 루프 전체를 while 문으로 다시 반복시킬 수 있다. 이와 같이 루프의 내부에 루프가 포함되어 있는 것을 다중 루프라고 한다. 다중 루프는 내부 루프가 종료되면 다시 외부 루프를 실행하는 형태이다. 다음 프로그램을 예로 살펴보자.

프로그램 3-35 다중 루프

```
#include<iostream.h>
main(){
    int i, j;
    i=0 ;
    while ( i<3 ){
        j=0 ;
        while ( j<4 ){
            cout << "i=" << i << " , j=" << j << endl ;
            j++ ;
        }
        i++;
    }
}
```

프로그램 3-35 실행 결과

```
i=0 , j=0
i=0 , j=1
i=0 , j=2
i=0 , j=3
i=1 , j=0
i=1 , j=1
i=1 , j=2
i=1 , j=3
i=2 , j=0
i=2 , j=1
i=2 , j=2
i=2 , j=3
Press any key to continue
```

프로그램 3-35 해설

이 프로그램은 i=0 상태에서 j를 0에서 3까지 출력하고, 다시 i=1 상태에서 j를

0에서 3까지 출력한다. 다시 i=2 상태에서 j를 0에서 3까지 출력한다.

5번 : 변수 i의 값이 0부터 2까지 6번~11번을 3회 반복한다.

6번 : 내부 while 문을 수행하기 전에 변수 j의 값을 0으로 초기화한다.

7번 : 변수 j의 값이 0부터 3까지 8번~9번을 4회 반복한다.

8번 : 변수 i와 j의 값을 출력한다.

9번 : 변수 j의 값을 증가시킨 다음 7번으로 가서 조건을 평가한다.

11번 : 변수 i의 값을 증가시킨 다음 5번으로 가서 조건을 평가한다.

프로그램의 흐름

위 프로그램은 7번에서부터 10번까지를 4회 반복하는 것을 3회 반복시키는 것이다. 프로그램의 흐름은 다음 그림을 살펴보면 충분히 이해할 수 있을 것이다.

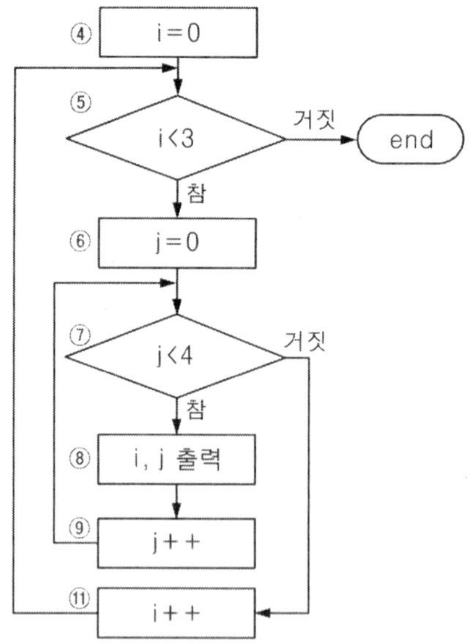

즉, i=0이면 5번의 조건식이 참이 되어 6번에서 j에 0을 대입한다.

7번의 조건식이 참이므로 8번에서 i의 값과 j의 값을 출력한다.

9번에서 j의 값을 증가시켜 j=1이 되면 7번으로 간다.

7번에서 조건식이 참이 되어 8번에서 i의 값과 j의 값을 출력한다.

9번에서 j의 값을 증가시켜 j=2가 되면 7번으로 간다.

계속해서 j값을 증가시키면서 7번, 8번, 9번을 반복한다(내부 루프 반복).

9번에서 j=4가 되면 7번에서 조건식이 거짓이 되어 루프가 끝나고 11번으로 간다. 11번에서 i값을 증가시켜 i=1이 되고 5번으로 돌아간다.

5번의 조건식이 참이 되어 6번에서 j에 0을 대입한다. 7번의 조건식이 참이므로 8번에서 i의 값과 j의 값을 출력한다. j의 값이 4가 될 때까지 앞에서와 동일하게 계속해서 j값을 증가시키면서 7번, 8번, 9번을 반복한다.

9번에서 j=4가 되면 7번에서 조건식이 거짓이 되어 루프가 끝나고 11번으로 간다. 11번에서 i값을 증가시켜 i=2가 되고 5번으로 돌아간다.

마찬가지로 11번에서 i값을 증가시켜 i=4가 될 때까지 5번~11번을 반복한다.

3.4 do ~ while 문

do~while 문은 먼저 do 문의 루프를 실행한 후에 조건식을 평가하여 결과가 참이면 do 루프를 반복 실행하고, 거짓이면 do 루프를 벗어나 다음 문장을 실행한다. while 문은 처음부터 조건식이 거짓이면 while 루프 내를 한 번도 실행하지 않는 경우가 있지만, do~while 문은 최소한 한 번은 do 루프를 실행한다.

do~while 문의 사용 형식

```
do {
        문장1 ;
        문장2 ;
        문장3 ;
} while (조건식) ;
```

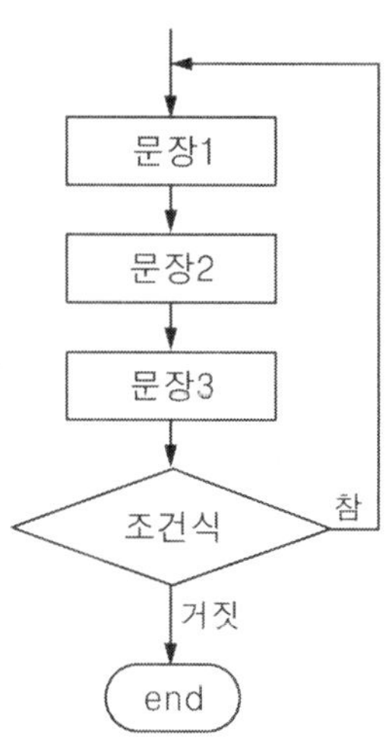

프로그램 3-34의 정수를 읽어 들이고 값의 전체 자리수를 표시하는 프로그램을 do~while 문으로 바꾸어서 작성해 보자.

프로그램 3-36 전체 자리수(do~while)

```
1  #include<iostream.h>
2  main(){
3      int a, count = 0;
4      cout << "정수를 입력하시오 : ";  cin >> a ;
5      do{
6          a=a/10;
7          count++;
8      } while(a) ;
9      cout << "자릿수는 "<< count << "개입니다.\n" ;
10 }
```

프로그램 3-36 실행 결과

```
"D:\Work0\강의교재\2012 C++\프로그램NEW\Debug\3-35 자릿수-dowhile.exe"
정수를 입력하시오 : 123
자릿수는 3개입니다.
Press any key to continue
```

프로그램 3-36 해설

5번 : do 문은 한번은 실행한다.

6번~7번 : do~while 문의 범위이다.

8번 : a가 0이 될 때까지 do 문을 반복한다.

정수를 읽어 들인 후 그 값이 양의 정수라면 역순으로 출력하는 프로그램을 작성해 보자. 예를 들어 12345가 입력되었다면 54321을 출력한다. 그러나 입력값이 0 이하이면 아무것도 출력하지 않도록 한다.

이 프로그램은 프로그램 3-34에서 정수의 마지막 자리를 표시하는 프로그램을 응용하면 된다.

프로그램 3-37 역순 출력

```
1  #include<iostream.h>
2  main(void){
3      int a;
4      cout << "정수를 입력하시오 : " ;  cin >> a ;
5      if( a>0 ){
6          do{
7              cout << a % 10 ;
8              a = a/10 ;
9          }while(a) ;
10         cout << '\n' ;
11     }
12 }
```

프로그램 3-37 실행 결과

```
"D:₩Work0₩강의교재₩2012 C++₩프로그램NEW₩Debug₩3-35 정수역순출력.exe"
정수를 입력하시오 : 12345
54321
Press any key to continue
```

프로그램 3-37 해설

5번 : 입력한 정수가 양의 수일 때에만 do~while 문을 수행한다.

7번 : 변수 a의 정수를 10으로 나눈 나머지를 출력한다.

8번 : 변수 a의 징수를 10으로 나눈 몫을 a에 서상한다.

9번 : 변수 a가 0이 될 때까지 do~while 문을 반복 수행한다.

역순 출력

a에 저장된 값이 12345라고 가정하자. 먼저 a % 10의 연산으로 값의 맨 마지막 자리인 5를 표시한다. 계속해서 a=a/10 ; 에 의해 a의 값이 1234가 된다. 이것을 10으로 나눈 나머지를 출력하면 4가 표시될 것이다. 이와 같은 처리를 a가 0이 될 때까지 반복함으로써 목적을 달성할 수 있다.

a값 12345 → 1234 → 123 → 12 → 1 → 0 10으로 나누어간다

a%10 5 4 3 2 1

출력 5 4 3 2 1

3.5 for 문

for 문은 먼저 초기값으로 조건식을 평가하여 참이면 블록 안의 문장을 순차적으로 실행한다. 그 다음 증감식을 연산한 다음 다시 조건식을 평가하면서 for 문의 루프를 반복한다. for 문의 흐름을 플로우차트로 표현하면 while 문의 경우와 똑같다. 그러므로 while 문으로 작성한 프로그램은 그대로 for 문으로 표현할 수 있다.

for 문의 사용 형식

```
for(초기값 ; 조건식 ; 증감식){
        문장1 ;
        문장2 ;
}
```

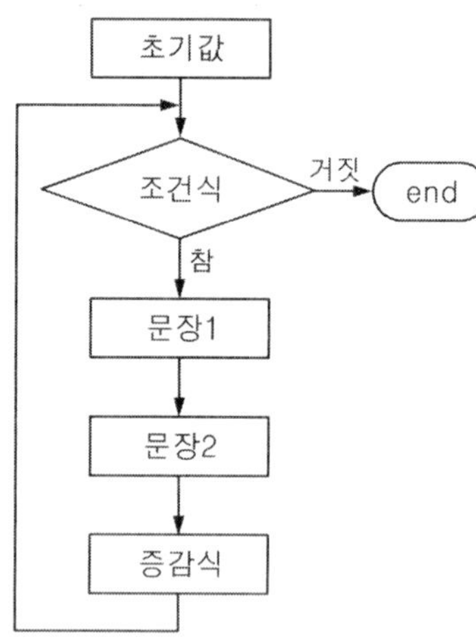

while 문과 for 문을 비교하여 보자.

while 문	for 문
int i=1 ;	
while (i<=10) {	for (i=1 ; i<=10 ; i++){
cout << i << '\n' ;	cout << i << '\n' ;
i++ ;	
}	}

for 문의 조건식은 한 개의 수식으로 작성되며, 이 수식이 참일 동안만 반복 수행하고, 초기값은 처음 한 번만 실행된다. 그리고 바로 조건식을 판별하여 참일 경우에 반복 수행한다. 그 다음으로 증감식을 수행한 다음 조건식을 판별한다.

다음과 같이 초기값, 조건식, 증감식을 모두 기술하지 않으면 무한 루프가 된다.

for (; ;)

for 문을 사용하여 1에서 10까지 정수를 카운트하는 프로그램을 작성해 보자.

프로그램 3-38 정수 카운트

```
1 #include<iostream.h>
2 main(){
3     int i ;
4     for ( i=1 ; i<=5 ; i++ )
5         cout << i << '\n' ;
6 }
```

프로그램 3-38 실행 결과

```
1
2
3
4
5
Press any key to continue
```

프로그램 3-38 해설

4번 : i=1에서부터 i의 값이 5가 될 때까지 다음 문장 5번을 반복한다.

5번 : 변수 i의 값을 출력

for 문을 이용하여 int형의 변수 i, j를 각각 동시에 0에서부터 4까지 증가시키면서, 그때의 값을 표시하는 프로그램을 작성해 보자. 초기값이나 증감식은 두 개 이상을 기술할 수 있으며 콤마로 분리한다.

프로그램 3-39 복수 초기값

```
#include <iostream.h>
main(){
    int  i , j ;
    for ( i=0, j=0 ; i<5 ; i++, j++ )
        cout << "i = " << i << "  j = " << j << '\n' ;
}
```

프로그램 3-39 실행 결과

```
i = 0  j = 0
i = 1  j = 1
i = 2  j = 2
i = 3  j = 3
i = 4  j = 4
Press any key to continue
```

프로그램 3-39 해설

4번 : 변수 i와 j의 초기값을 0으로 한다. i와 j를 함께 증가시키면서 i=5가 될 때까지 5번 문장을 반복한다.

콤마 연산자

다음은 콤마 연산자를 이용한 식이다.

op1 , op2

op1, op2를 평가하면, 식 op1과 op2가 순서대로 평가되어 최종적으로는 뒤에 있는 식의 형과 값으로 된다. for 문에서 보면, 콤마 연산자를 이용하여 하나의 식이 들어가야 할 자리에 두 개의 식이 놓여 있는데, 이것은 x + y라고 하는 "식 + 식"이 하나의 식으로 되는 것과 같이 "식 , 식"도 하나의 식으로 되는 것이다. 즉, 다음과 같이 2개의 식이 순서대로 평가되면서 최종적으로는 하나의 식이 있는 것과 같은 것이 된다.

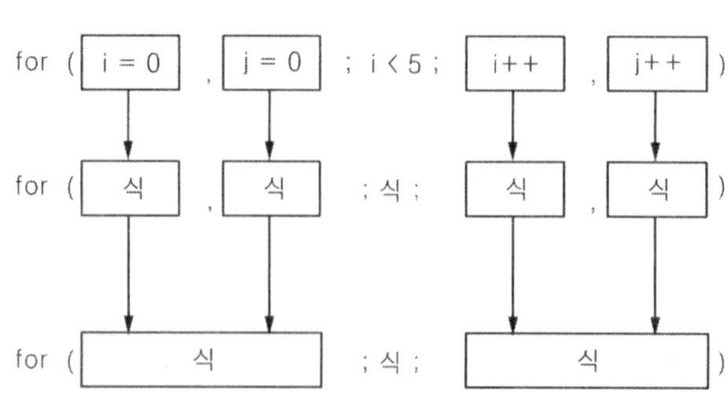

위 프로그램을 확장하여 조건식을 변형시켜 본다. 즉, i의 값이 5보다 작고, j의 값이 3보다 큰 경우에 반복하도록 프로그램을 수정하여 보자.

프로그램 3-40 조건식 수정

```
1 #include <iostream.h>
2  main(){
3      int i, j ;
4      for ( i=0, j=5 ; i<5 && j>3 ; i++ , j-- )
5          cout << "i = " << i << "   j = " << j << '\n';
6 }
```

프로그램 3-40 실행 결과

```
i = 0  j = 5
i = 1  j = 4
Press any key to continue
```

프로그램 3-40 해설

4번 : 초기값은 i=0, j=5이며, i 값은 증가하고 j 값은 감소한다. 조건식에서 i가 5보다 작고 j가 3보다 큰 경우에만 반복한다. 다음 표에서 보면 처음에 i=0, j=5는 조건식이 참이 되어 i, j 값을 출력한다. 2번째도 i=1, j=4로 조건식이 참이 되어 i, j 값을 출력한다. 그러나 3번째는 i=2, j=3이 되어 조건식이 거짓이 되고 루프를 끝낸다.

순서	i 값	j 값	i<5 && j>3
1	0	5	참
2	1	4	참
3	2	3	거짓

1+2+...+99+100의 답은 5050이라는 것은 아마도 누구나 알고 있을 것이다. 이러한 합계를 구하는 프로그램을 작성해 보자.

프로그램 3-41 합계 구하기

```
#include <iostream.h>
main(){
    int i, k, sum ;
    sum = 0 ;
    cout << "Input number for end " ;
    cin >> k ;
    for ( i=1 ; i<=k ; i++ )
            sum += i ;
    cout << "sum = " << sum << endl ;
}
```

프로그램 3-41 실행 결과

```
Input number for end 100
sum = 5050
Press any key to continue
```

프로그램 3-41 해설

4번 : 합계를 저장할 변수 sum을 0으로 초기화한다.

6번 : 변수 k는 합계할 끝 값이다. 즉 k=100이면 1부터 100까지 더하는 것이다.

7번 : i=1부터 k값까지 8번을 반복한다.

8번 : sum += i는 sum = sum + i의 의미이다. 이 식은 다음과 같이 변수 sum에 i의 값을 계속 더해 나간다. 즉,

i=1일 때, sum = sum + i = 0 + 1 = 1

i=2일 때, sum = sum + i = 1 + 2 = 3

i=3일 때, sum = sum + i = 3 + 3 = 6

i=4일 때, sum = sum + i = 6 + 4 = 10

::

i=99일 때, sum = sum + i = 4851 + 99 = 4950

i=100일 때, sum = sum + i = 4950 + 100 = 5050과 같이 된다.

프로그램 3-35에서 while 문으로 작성한 프로그램을 for 문으로 바꾸어서 작성해 보자.

프로그램 3-42 다중 루프

```
#include<iostream.h>
main(){
    int i, j;
    for (i=0 ; i<3 ; i++)
        for (j=0 ; j<4 ; j++)
            cout << "i=" << i << " , j=" << j << endl ;
}
```

프로그램 3-42 실행 결과

```
i=0 , j=0
i=0 , j=1
i=0 , j=2
i=0 , j=3
i=1 , j=0
i=1 , j=1
i=1 , j=2
i=1 , j=3
i=2 , j=0
i=2 , j=1
i=2 , j=2
i=2 , j=3
Press any key to continue
```

프로그램 3-42 해설

4번 : 초기값 i=0에서 i 값이 3이 될 때까시 5~6번을 반복한다.

5번 : 초기값 j=0에서 j 값이 4가 될 때까지 6번을 반복한다.

이 프로그램의 흐름은 프로그램 3-35에서 while 문으로 작성한 프로그램과 동일하다. 즉, i=0 상태에서 j를 0에서 3까지 출력하고, 다시 i=1 상태에서 j를 0에서 3까지 출력한나. 그리고 i=2 상대에서 j를 0에서 3까지 출력한다.

지금부터 양의 정수를 입력하여 그 단수만큼의 피라미드를 표시하는 프로그램을 작성해 보자. 예를 들어 입력된 수가 10이면 다음 그림과 같이 10줄의 피라미드를 출력한다.

```
라인수를 입력하시오 : 10
         *
        ***
       *****
      *******
     *********
    ***********
   *************
  ***************
 *****************
*******************
Press any key to continue
```

위 그림과 같이 출력하는 프로그램을 한 번에 설명할 수도 있지만, 모든 프로그램이 한 번에 완벽하게 작성되는 것은 아니다. 간단한 것부터 시작하여 조금씩 고쳐 가며 프로그램을 개선해 가는 것이 이해하기 쉽고 또한 프로그램을 쉽게 작성할 수 있을 것이라고 생각한다. 그래서 이 프로그램은 기본적인 것부터 작성하기 시작하여 조금씩 고쳐가며 완성시키는 방법으로 설명한다. 즉 다음 그림과 같이 조금씩 변형하여 완성시킨다.

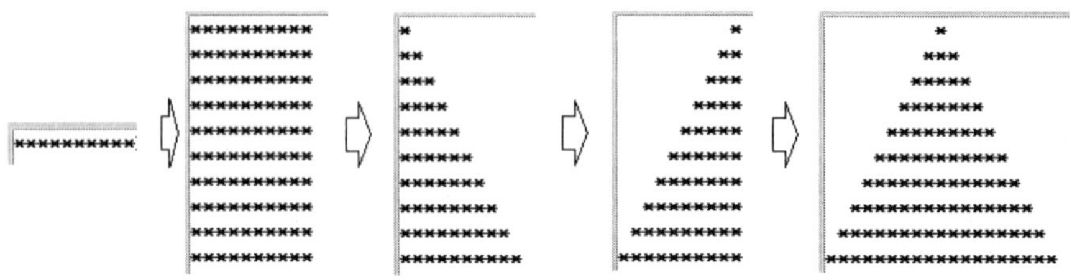

우선 한 줄을 출력시켜 보자.

프로그램 3-43 star1

```
1 #include <iostream.h>
2 main(){
3     int no ;
4     for ( no=1 ; no<=10 ; no++ ){
5         cout << '*' ;
6     }
7     cout << endl;
8 }
```

프로그램 3-43 실행 결과

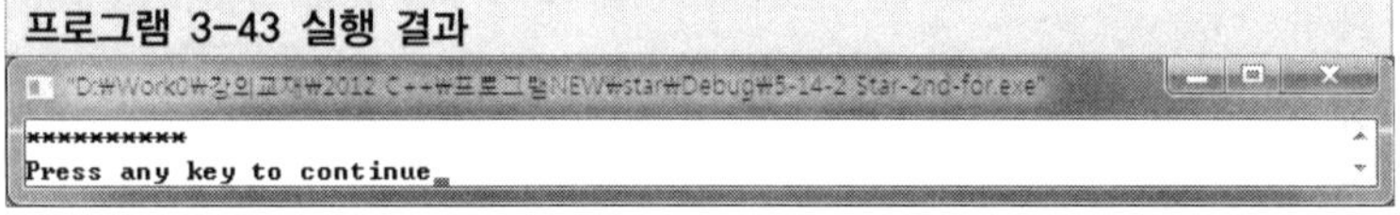

프로그램 3-43 해설

4번 : no의 값이 1부터 10이 될 때까지 5번을 10번 반복하여 별을 10개 출력한다. 조건식 no<=10의 숫자 10은 한 줄에 출력하는 별의 개수가 된다. no<=5이면 별을 5개 출력한다.

7번 : 한 줄을 출력하고 다음 행으로 출력 위치를 변경한다.

다중 루프를 이용해서 별을 10개씩 출력하는 루프를 10번 반복해서 사각형을 만든다. 즉, 프로그램 3-43의 4~7번을 10번 반복하도록 한다.

프로그램 3-44 star2

```
1 #include <iostream.h>
2 main(){
3     int no, line ;
4     for ( line=1 ; line<=10 ; line++ ){
5         for ( no=1 ; no<=10 ; no++ ) {
6             cout << '*' ;
7         }
8         cout << endl ;
9     }
10 }
```

프로그램 3-44 실행 결과

```
**********
**********
**********
**********
**********
**********
**********
**********
**********
**********
Press any key to continue
```

프로그램 3-44 해설

4번 : 한 줄을 출력하는 루프 5~8번을 10회 반복하면 10개씩 10줄이 되어 사각형이 된다. 변수 line은 줄 번호를 담당하고, 조건식 line<=10의 정수 10은 줄의 개수를 의미한다. 즉 line<=5이면 5줄을 출력할 것이다.

5~7번 : 한 줄에 별 10개를 출력한다.

8번 : 한 줄을 출력한 다음 출력 위치를 다음 줄로 이동시킨다.

계속해서 삼각형을 만든다. 첫 번째 줄에는 별 하나, 두 번째 줄에는 별 둘, 세 번째 줄에는 별 셋을 출력하면 삼각형이 된다.

프로그램 3-45 star3

```
#include <iostream.h>
main(){
    int no, line ;
    for ( line=1 ; line<=10 ; line++ ){
        for ( no=1 ; no<=line ; no++ ) {
            cout << '*' ;
        }
        cout << endl ;
    }
}
```

프로그램 3-45 실행 결과

프로그램 3-45 해설

5번 : 조건식 no<=10에서 10은 별의 개수이다. 그러므로, 조건식이 첫 번째 줄에는 no<=1, 두 번째 줄에는 no<=2, 세 번째 줄에는 no<=3, 네 번째 줄에는 no<=4가 되어야 한다. 이때, 별의 개수와 줄 번호가 일치하므로 조건식 no<=10을 no<=line으로 바꾼다.

줄번호	별개수	조건식
1	1	no<=1
2	2	no<=2
3	3	no<=3
4	4	no<=4
5	5	no<=5
6	6	no<=6
7	7	no<=7
8	8	no<=8
9	9	no<=9
10	10	no<=10

삼각형 좌측에 공백을 삽입하면 삼각형이 오른쪽으로 정렬된다. 즉, 별을 출력하기 전에 공백을 먼저 출력하도록 한다. 이때 공백의 개수는 첫 번째 줄에 9개, 두 번째 줄에 8개, 세 번째 줄에 7개로서 줄 수가 증가함에 따라 공백의 개수는 감소한다.

프로그램 3-46 star4

```
 1 #include <iostream.h>
 2 main(){
 3     int no, line, sp ;
 4     for ( line=1 ; line<=10 ; line++ ){
 5         for ( sp=1 ; sp<=10-line ; sp++ ){
 6             cout << " " ;
 7         }
 8         for ( no=1 ; no<=line ; no++ ) {
 9             cout << '*' ;
10         }
11         cout << endl ;
12     }
13 }
```

프로그램 3-46 실행 결과

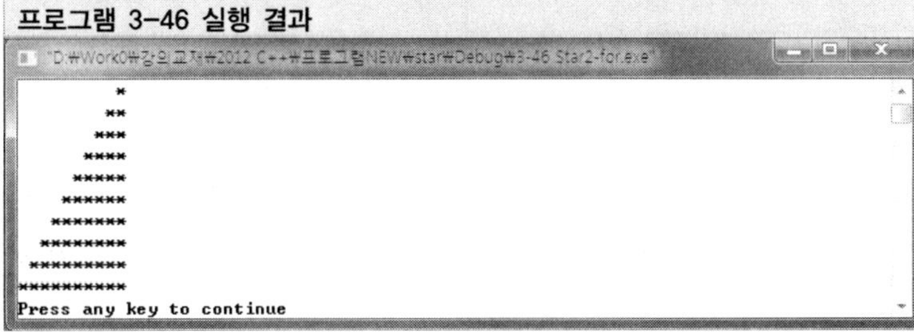

프로그램 3-46 해설

4번 : 줄 수를 결정한다. 5번~11번을 반복하면서 공백, 별, 공백, 별,... 순으로 출력한다.

5~7번 : 별을 출력하기 전에 공백을 먼저 출력한다. 그런데 공백은 9, 8, 7, ...로 감소해야 한다. 전체 줄 수가 10줄이라고 가정할 때 공백의 개수는 10-1, 10-2, 10-3과 같다. 따라서 공백의 개수는 10-line이면 된다.

줄번호	공백의 수	별의 개수	
1	10-1	1	□□□□□□□□□*
2	10-2	2	□□□□□□□□**
3	10-3	3	□□□□□□□***
4	10-4	4	□□□□□□****
5	10-5	5	□□□□□*****
6	10-6	6	□□□□******
7	10-7	7	□□□*******
8	10-8	8	□□********
9	10-9	9	□*********
10	10-10	10	**********

이제는 줄 번호에 따라 별의 개수만 조절하면 된다. 즉, 첫 번째 줄에는 별 하나, 두 번째 줄에는 별 셋, 세 번째 줄에는 별 다섯을 출력한다. 즉, 줄 번호 1, 2, 3 에 따라 별의 개수가 1, 3, 5, 7이 되도록 한다.

프로그램 3-47 star5

```
#include <iostream.h>
main(){
    int no, line, sp ;
    for ( line=1 ; line<=10 ; line++ ){
        for( sp=1 ; sp<=10-line ; sp++ ){
            cout << " " ;
        }
        for ( no=1 ; no<=2*line-1 ; no++ ) {
            cout << '*' ;
        }
        cout << endl ;
    }
}
```

프로그램 3-47 실행 결과

```
         *
        ***
       *****
      *******
     *********
    ***********
   *************
  ***************
 *****************
*******************
Press any key to continue
```

프로그램 3-47 해설

8번 : 별의 개수를 결정하는 조건식 no<=line을 no<=2*line-1로 수정한다. 줄번호가 1, 2, 3, 4로 증가함에 따라 별의 개수가 1, 3, 5, 7로 증가한다.

지금까지는 줄 수가 10이라고 가정하고 프로그램을 작성해 왔다. 줄 수를 입력받아 수행할 수 있도록 변경한다.

프로그램 3-48 star6

```
1  #include <iostream.h>
2  main(){
3      int no, line, sp, n ;
4      cout << "라인수를 입력하시오 : " ; cin >> n ;
5      for ( line=1 ; line<=n ; line++ ){
6          for( sp=1 ; sp<=n-line ; sp++ ){
7              cout << " " ;
8          }
9          for ( no=1 ; no<=2*line-1 ; no++ ) {
10             cout << '*' ;
11         }
12         cout << endl ;
13     }
14 }
```

프로그램 3-48 실행 결과

```
라인수를 입력하시오 : 10
         *
        ***
       *****
      *******
     *********
    ***********
   *************
  ***************
 *****************
*******************
Press any key to continue
```

프로그램 3-48 해설

4번 : 라인 수를 입력받아 변수 n에 저장한다.

5~6번 : 정수 10으로 고정했던 줄 수를 변수 n으로 변경한다.

5번 : line<=10을 line<=n으로 바꾼다.

6번 : sp<=10-line을 sp<=n-line으로 바꾼다.

앞에서 작성한 피라미드의 아래에 또 하나의 피라미드를 뒤집어서 연결하면 마름모 형태가 된다. 프로그램을 변경하여 보자. 이 프로그램은 두 개의 루틴으로 이루어진다. 즉, 피라미드의 출력 루틴과 역 피라미드의 출력 루틴이다.

프로그램 3-49 star7

```
1  #include <iostream.h>
2  main(){
3      int no, line, sp, n ;
4      cout << "라인수를 입력하시오 : " ;
5      cin >> n ;
6      for ( line=1 ; line<=n ; line++ ){
7          for ( sp=1 ; sp<=n-line ; sp++ ) cout << " " ;
8          for ( no=1 ; no<=2*line-1; no++ ) cout << '*' ;
9          cout << endl ;
10     }
11     for ( line=n-1 ; line>0 ; line-- ){
12         for ( sp=1 ; sp<=n-line ; sp++ ) cout << " " ;
13         for ( no=1 ; no<=2*line-1; no++ ) cout << '*' ;
14         cout << endl ;
15     }
16 }
```

프로그램 3-49 실행 결과

```
"D:₩Work0₩강의교재₩2012 C++₩프로그램NEW₩3장 제어문₩Debug₩3-49 Star7.exe"
라인수를 입력하시오 : 10
         *
        ***
       *****
      *******
     *********
    ***********
   *************
  ***************
 *****************
*******************
 *****************
  ***************
   *************
    ***********
     *********
      *******
       *****
        ***
         *
Press any key to continue
```

프로그램 3-49 해설

6~10번 : 피라미드를 출력하는 루틴으로 프로그램 3-48과 동일하다.

11~15번 : 역 피라미드를 출력한다.

12~13번 : 공백과 별을 교대로 출력하는 루틴으로 프로그램 3-48과 동일하다.

11번 : 줄 번호를 감소시키면서 반복한다. 줄 번호는 라인수-1부터 시작한다.

피라미드는 줄 번호가 증가함에 따라 별의 개수가 증가하면서 공백의 개수가 감소하였다. 그런데 역 피라미드를 출력하기 위해서는 앞에서와 반대로 별의 개수를 감소시키면서 공백의 개수를 증가시킨다.

따라서 줄 번호를 감소시키면 앞에서와는 반대로 별의 개수가 감소하고 공백의 개수가 증가한다.

줄번호	공백수	별 개수	
1	10-1	1	□□□□□□□□□ *
2	10-2	3	□□□□□□□□ * *
3	10-3	5	□□□□□□□ * * *
4	10-4	7	□□□□□□ * * * *
5	10-5	9	□□□□□ * * * * *
6	10-6	11	□□□□ * * * * * *
7	10-7	13	□□□ * * * * * * *
8	10-8	15	□□ * * * * * * * *
9	10-9	17	□ * * * * * * * * *
10	10-10	19	* * * * * * * * * *
9	10-9	17	□ * * * * * * * * *
8	10-8	15	□□ * * * * * * * *
7	10-7	13	□□□ * * * * * * *
6	10-6	11	□□□□ * * * * * *
5	10-5	9	□□□□□ * * * * *
4	10-4	7	□□□□□□ * * * *
3	10-3	5	□□□□□□□ * * *
2	10-2	3	□□□□□□□□ * *
1	10-1	1	□□□□□□□□□ *

이번에는 구구단을 출력시켜 보자. 먼저 2단부터 5단까지를 출력하고, 그 아래로 6단부터 9단까지를 출력한다.

알고리즘 3-50

표에서 보면 출력된 구구단에는 일정한 규칙이 있음을 알 수 있다.

규칙 1 : A×B=AB의 패턴이 반복된다.

규칙 2 : A×B=AB의 패턴이 한 줄에 4개씩 출력되면서 A가 2, 3, 4, 5로 증가한다. 이때, B는 변화가 없다.

규칙 3 : 규칙 2로 출력한 줄이 8번 출력되면서 이번에는 B가 2, 3, ..., 8, 9로 증가한다. 이때, A는 변화가 없다.

규칙 4 : 첫 번째 그룹은 2단부터 시작하고, 두 번째 그룹은 6단부터 시작한다.

2×2= 4	3×2= 6	4×2= 8	5×2=10
2×3= 6	3×3= 9	4×3=12	5×3=15
2×4= 8	3×4=12	4×4=16	5×4=20
2×5=10	3×5=15	4x5=20	5×5=25
2×6=12	3×6=18	4×6=24	5×6=30
2×7=14	3×7=21	4×7=28	5×7=35
2×8=16	3×8=24	4×8=32	5×8=40
2×9=18	3×9=27	4×9=36	5×9=45
6×2=12	7×2=14	8×2=16	9×2=18
6×3=18	7×3=21	8×3=24	9×3=27
6×4=24	7×4=28	8×4=32	9×4=36
6×5=30	7×5=35	8×5=40	9×5=45
6×6=36	7×6=42	8×6=48	9×6=54
6×7=42	7×7=49	8×7=56	9×7=63
6×8=48	7×8=56	8×8=64	9×8=72
6×9=54	7×9=63	8×9=72	9×9=81

프로그램 3-50 구구단

```
#include <iostream.h>
void main(){
    int i, j, k, n ;
    n = 2 ;
    for ( k = 1 ; k <= 2 ; k++ ) {
        for ( j = 2 ; j <= 9 ; j++ ) {
            for ( i = n ; i <= n + 3 ; i++){
                cout << i << 'x' << j << '=' ;
                cout.width(2) ;
                cout << i*j << ' ' ;
            }
            cout << '\n' ;
        }
        cout << '\n' ;
        n = n + 4 ;
    }
}
```

프로그램 3-50 실행 결과

"D:₩Work0₩강의교재₩2012 C++₩프로그램NEW₩3장 제어문₩Debug₩3-50 99.exe"

```
2x2= 4 3x2= 6 4x2= 8 5x2=10
2x3= 6 3x3= 9 4x3=12 5x3=15
2x4= 8 3x4=12 4x4=16 5x4=20
2x5=10 3x5=15 4x5=20 5x5=25
2x6=12 3x6=18 4x6=24 5x6=30
2x7=14 3x7=21 4x7=28 5x7=35
2x8=16 3x8=24 4x8=32 5x8=40
2x9=18 3x9=27 4x9=36 5x9=45

6x2=12 7x2=14 8x2=16 9x2=18
6x3=18 7x3=21 8x3=24 9x3=27
6x4=24 7x4=28 8x4=32 9x4=36
6x5=30 7x5=35 8x5=40 9x5=45
6x6=36 7x6=42 8x6=48 9x6=54
6x7=42 7x7=49 8x7=56 9x7=63
6x8=48 7x8=56 8x8=64 9x8=72
6x9=54 7x9=63 8x9=72 9x9=81

Press any key to continue
```

프로그램 3-50 해설

8~10번 : 기본 패턴 A×B=AB를 출력한다.

9번 : 필드 폭을 2로 하여 계산 결과 값의 필드 폭을 일정하게 한다.

7번 : 기본 패턴을 한 줄에 4개씩 출력한다. 처음에는 n=2이므로 2단부터 출력한다. 조건은 i<=2+3이 되어 5단까지 출력된다. 만약 n=6이면 6단부터 9단까지 출력된다.

6번 : 기본 패턴 한 줄을 8줄로 출력한다. 이때 B를 2부터 9까지 증가시킨다.

5번 : 6번~13번까지 그룹을 두 번 반복하여 출력한다.

15번 : 첫 번째 그룹을 출력하고 난 다음에 두 번째 그룹을 출력하기 전에 n을 6으로 바꾼다. 그러면 7번에서 6단부터 출력하게 된다.

3.6 break 문

break 문은 switch 문의 블록이나 for 문, while 문, do~while 문의 루프를 강제적으로 탈출하고자 할 때 사용한다. break 문은 자신이 포함되어 있는 루프만 탈출하기 때문에 여러 개의 중첩된 루프를 탈출하려면 중첩된 각 루프 내에 break 문을 사용하여야 한다.

다음 프로그램으로 break 문의 동작을 살펴보자. break의 동작을 살펴보기 위하여 루프가 끝난 다음에 변수 i의 값을 출력시켰다.

프로그램 3-51 break

```
1 #include <iostream.h>
2 main(){
3     for( int i=0 ; i<10 ; i++) {
4         cout << "i=" << i << endl ;
5         if ( i==5 ) break ;
6     }
7     cout << "i2=" << i << endl ;
8 }
```

프로그램 3-51 실행 결과

```
i=0
i=1
i=2
i=3
i=4
i=5
i2=5
Press any key to continue
```

프로그램 3-51 해설

3번 : for 문에 의해서 i=0에서 i=10이 될 때까지 4~5번을 반복한다.

4번 : i의 값을 출력한다.

5번 : i의 값이 5이면 for 문을 끝내고 7번을 수행한다.

7번 : for 문과 상관없이 항상 i 값을 출력한다. 여기에서 출력하는 i 값은 for 문이 종료되었을 때의 i의 값이다.

실행 결과를 살펴보면 i=0에서 i=5까지 출력하고 i2=5를 출력하였다. 결국 i=4까지는 for 문을 반복하였으나, i=5가 되자 5번에서 break 문에 의해 루프를 빠져 나왔음을 알 수 있다.

3.7 continue 문

continue 문은 for 문, while 문, do~while 문의 루프 내에서 명령의 수행 위치를 강제적으로 바꾸고자 할 때 사용한다. break 문은 자신이 포함되어 있는 루프를 완전히 벗어나지만 continue 문은 continue 문 이하의 문장은 실행되지 않고 다시 조건식을 평가한 후에 루프를 실행한다. 즉, 루프를 탈출하는 것이 아니라 조건식으로 돌아가는 것이다.

다음 프로그램으로 continue 문의 동작을 살펴보자. continue의 동작을 보기 위하여 루프가 끝난 다음에 변수 i의 값을 출력시켰다.

프로그램 3-52 continue

```
1 #include <iostream.h>
2 main(){
3     for( int i=0 ; i<10 ; i++) {
4         if ( i > 5 ) continue ;
5         cout << "i=" << i << endl ;
6     }
7     cout << "i2=" << i << endl ;
8 }
```

프로그램 3-52 실행 결과

```
i=0
i=1
i=2
i=3
i=4
i=5
i2=10
Press any key to continue
```

프로그램 3-52 해설

3번 : for 문에 의해서 i=0에서 i=10이 될 때까지 4~5번을 반복한다.

4번 : i의 값이 5이면 5번을 수행하지 않고 3번으로 가서 조건을 평가한다.

7번 : for 문과 상관없이 항상 i 값을 출력한다. 여기에서 출력하는 i 값은 for 문이 종료되었을 때의 i의 값이다.

실행 결과를 살펴보면 i=0에서 i=5까지 출력하고 i2=10을 출력하였다. 결국 i=5까지는 5번을 수행하였으나, i=6부터는 5번을 수행하지 않았음을 알 수 있다. 결국 5번을 건너뛰면서 루프를 실행하였다는 의미가 된다.

3장 실습문제

01. 다음 그림과 같이 정수를 입력하면, 입력한 정수를 10진수, 16진수, 8진수로 출력하는 프로그램을 작성하시오.

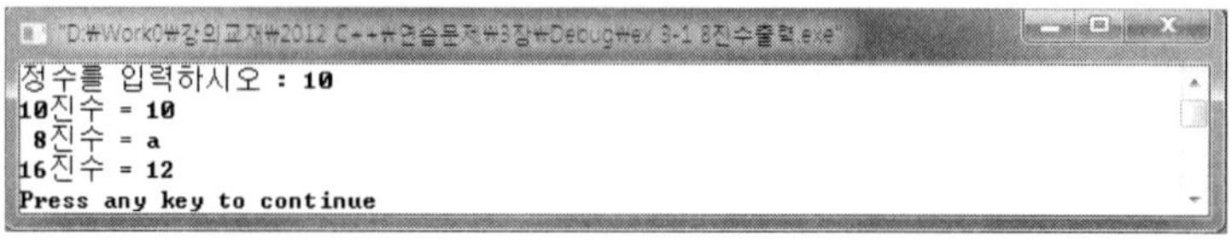

02. 다음 그림과 같이 양수나 음수의 구별없이 정수를 입력하면 역순으로 출력하는 프로그램을 작성하시오.

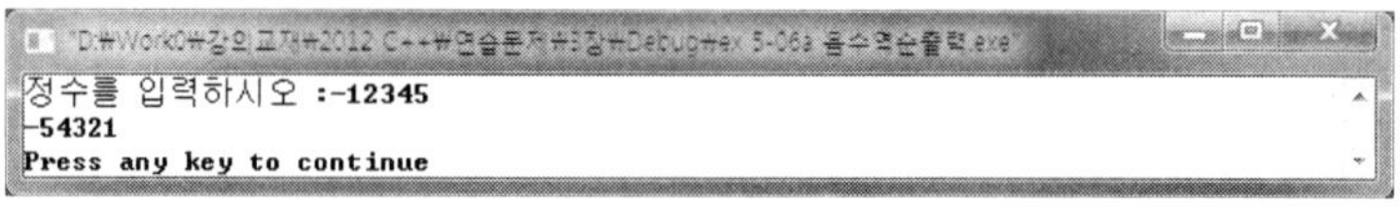

03. 1+2+...+99+100의 합계를 짝수 합과 홀수 합으로 나누어서 구하는 프로그램을 작성하시오.

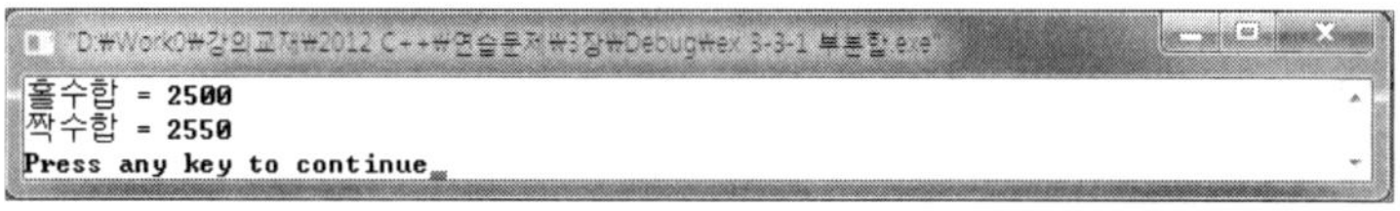

04. 입력한 정수의 각 자리 숫자의 합을 구하는 프로그램을 작성하시오. 12345를 입력하면, 1+2+3+4+5=15가 된다.

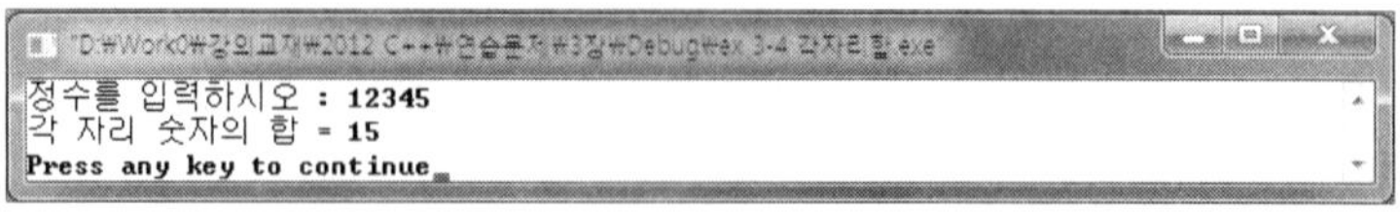

05. 부분합을 구하는 프로그램을 작성하시오. 예를 들어, 10과 15를 입력하면 10+11+12+13+14+15=75가 된다.

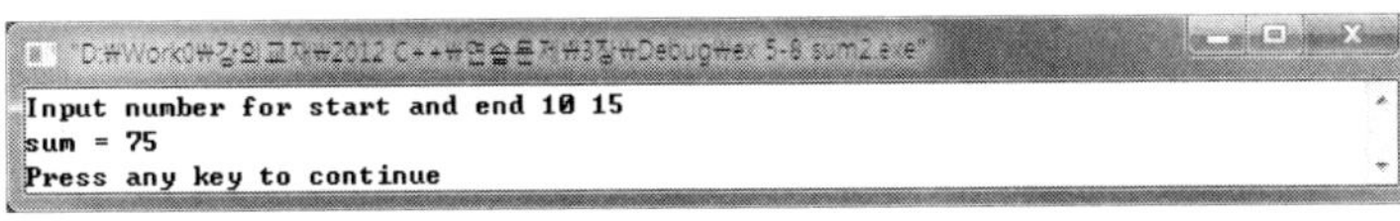

06. 다음 그림과 같이 출력되는 프로그램을 작성하시오.

07. 다음 그림과 같이 출력되는 프로그램을 작성하시오.

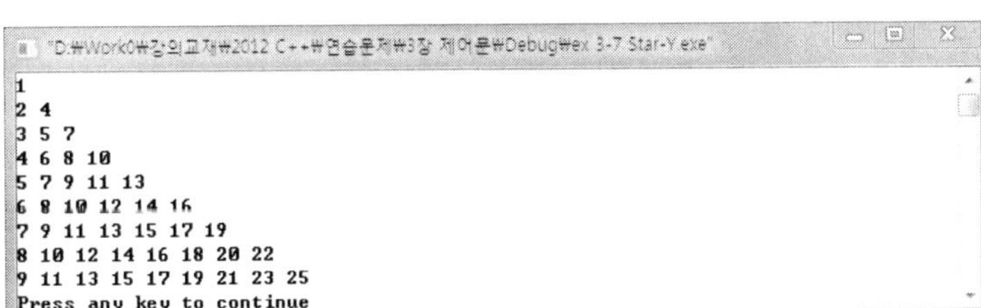

08. 다음 그림과 같이 10,000 미만인 2의 배수를 출력하되, 한 행에 4개씩 나열되도록 하시오.

C.H.A.P.T.E.R

04

배 열

배열이란 동일한 형태의 데이터를 갖는 변수들을 하나의 대표 변수명으로 선언해 사용하는 것이다.

일반적으로 변수를 사용해서 데이터를 저장하는 경우, 각 변수에는 하나의 데이터 값만을 저장할 수 있다. 그런데 학생수가 1000명인 학생들의 성적을 데이터 값으로 입력받아 학생들의 평균 점수나 성적 순위를 계산하는 프로그램을 작성하려면 데이터 값을 저장하기 위한 변수가 1000개 이상 필요하게 된다. 그러나 변수의 수가 많아지면 변수를 전부 선언하고 초기화하는 것은 매우 불편하며 프로그램이 길어지고 복잡하게 된다. 이때 편리하게 사용할 수 있도록 만든 것이 배열이다.

4.1 1차원 배열

배열은 대괄호([ ])를 사용하여 나타낸다. 배열도 일종의 변수이기 때문에 사용하기 전에 반드시 선언해 주어야 하며, 배열명도 변수명의 작성 규칙에 따라 작성해야 한다. 배열명 뒤에 [ ]가 하나이면 1차원 배열, 2개이면 2차원 배열, 3개이면 3차원 배열이라고 한다.

【표 4-1】 1차원 배열의 선언

사용 형식	자료형 변수명 [첨자] ;
사용 예	int a [5] ; a[0]=10; a[1]=20; a[2]=30; a[3]=40; a[4]=50;
의 미	배열의 크기가 5인 정수형 배열 a의 선언

[ ]안의 첨자는 배열의 크기를 지정하는 것으로 배열을 구성하는 요소의 개수를 나타내며, 첨자는 양의 정수 값으로 설정되어야 한다. 배열의 크기가 n이면 배열 요소는 0부터 n-1까지이다. 표 4-1의 경우를 예로 들면 배열 요소는 a[0], a[1], a[2], a[3], a[4]가 되며, 정수형 변수 5개를 선언한 것과 같다. 배열 요소에

데이터를 저장할 때에는 배열 요소 번호를 지정해서 저장해야 한다.

데이터 형은 각 배열 요소에 저장할 데이터 값의 형태를 지정하는 것으로 모두 동일한 데이터 형을 갖는다.

배열도 변수와 마찬가지로 초기화가 선언과 동시에 이루어질 수 있다. 초기화와 선언이 동시에 이루어지는 경우에는 중괄호를 이용해서 일괄적으로 데이터를 저장시킬 수 있는데, 중괄호 안에 각 배열 요소에 기억시킬 데이터를 차례로 열거하고, 데이터 값 사이는 콤마(,)로 구분한다.

【표 4-2】 1차원 배열의 초기화

사용 형식	자료형 변수명[첨자]={초기값1,초기값2,초기값3, ...};
사용 예	① int a [5] = { 10, 20, 30, 40, 50 } ; ② int a [ ] = { 10, 20, 30, 40, 50 } ; ③ char b [3] = { 'A', 'B', 'C' } ;
의 미	① 배열의 크기가 5이고, 초기값이 10, 20, 30, 40, 50인 정수형 배열 a의 선언 ② 이때 배열 크기는 생략 가능하다. ③ 배열의 크기가 3이고, 초기값이 'A', 'B', 'C'인 문자형 배열 b의 선언 초기 값의 개수가 배열 크기보다 많으면 안 된다.

표 4-2에서 초기화한 배열은 다음 그림과 같이 메모리 영역을 차지하게 된다.

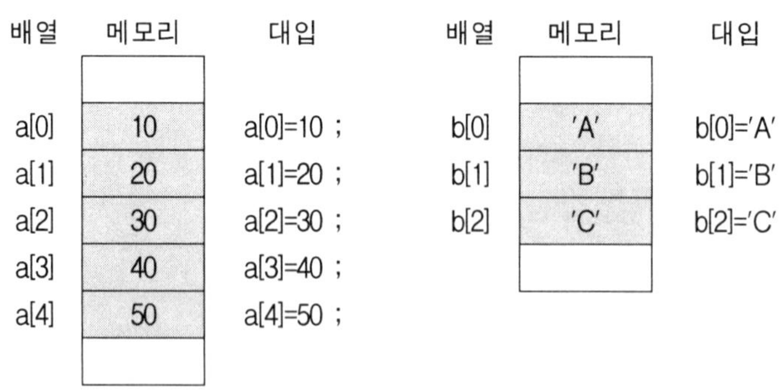

배열 a의 10개 요소 전부를 0으로 초기화하기 위해서는

```
int cnt [10] = {0, 0, 0, 0, 0, 0, 0, 0, 0, 0} ;
```

로 선언한다.

그런데, 초기화 값의 개수가 배열 요소의 개수보다 작을 경우는 초기화 값을 배당받지 못하는 요소의 값이 자동으로 0이 된다. 따라서 모든 요소를 0으로 초기화하기 위해서는

int cnt [10] = {0} ;

라고 선언하여도 무방하다.

초기화 값이 배당되지 않은 2번째 이후의 요소는 자동적으로 0값이 저장되게 된다.

또한 아래와 같이 배열 요소수를 부여하지 않고 선언하는 경우,

int ary [ ] = {1, 2, 5} ;

이때, 배열의 요소수는 초기화 값의 개수로 규정된다.

즉 아래와 같은 선언과 동일하게 된다.

int ary [3] = {1, 2, 5} ;

그리고, 아래의 예와 같이 초기화 값의 개수가 배열의 요소수를 초과한 경우는 에러가 발생하게 된다.

int ary [2] = {1, 2, 5} ;

배열을 초기화하고 배열의 값을 출력해 보사.

프로그램 4-1 배열

```
#include<iostream.h>
main (){
    int i ;
    int a[5] ;
    int b[] = { 10, 20, 30, 40, 50 } ;
    for( i=0 ; i<5 ; i++){
        cout << "b[" << i << "]=" << b[i] << '\n' ;
    }
    cout << endl ;
    for( i=0 ; i<5 ; i++ ){
        a[i] = i+1 ;
        cout << "a[" << i << "]=" << a[i] << '\n' ;
    }
}
```

프로그램 4-1 실행 결과

```
b[0]=10
b[1]=20
b[2]=30
b[3]=40
b[4]=50

a[0]=1
a[1]=2
a[2]=3
a[3]=4
a[4]=5
Press any key to continue
```

프로그램 4-1 해설

4번 : 크기가 5인 정수형 배열 a의 선언. 초기값이 주어지지 않았으므로 메모리 영역만 확보한다.

5번 : 초기값이 10, 20, 30, 40, 50인 정수형 배열 b를 선언. 이때, 초기값이 5개이므로 배열의 크기는 자동으로 5가 된다.

6~7번 : b[0], b[1], b[2], b[3], b[4]의 데이터 값을 출력한다.

11번 : a[0]에서 a[4]까지에 데이터 값을 대입한다. 즉,

i=0이면 a[0] = 0+1 = 1 ,
i=1이면 a[1] = 1+1 = 2 ,
i=2이면 a[2] = 2+1 = 3 ,
i=3이면 a[3] = 3+1 = 4 ,
i=4이면 a[4] = 4+1 = 5 ,

12번 : a[0]에서 a[4]까지의 데이터 값을 출력한다.

배열에 저장되어 있는 정수 중에서 최대값과 최소값을 찾는 프로그램을 작성하여 보자.

알고리즘 4-2

먼저 첫 번째 배열의 값을 최대값으로 정해둔다. 두 번째 배열값과 현재의 최대값을 비교하여 두 번째 배열 값이 최대값보다 크면 두 번째 배열값을 최대값으로 바꾼다. 다음에 세 번째 배열값과 최대값을 비교하여 세 번째 배열 값이 최대값보다 크면 세 번째 배열값을 최대값으로 바꾼다. 계속해서 마지막 배열

값까지 비교해 나간다. 최소값도 똑같은 방법으로 한다.

프로그램 4-2 최대값과 최소값

```
1  #include<iostream.h>
2  main(){
3      int  i, max, min ;
4      int a[10] = {40,20,30,10,25,60,70,80,90,99} ;
5      max = a[0] , min = a[0] ;
6      for(i=0; i< 10; i++)
7          cout << "a[" << i <<"]=" << a[i] << '\n';
8      for ( i=1;  i<10 ; i++ ){
9          if ( max < a[i] ) max = a[i] ;
10         if ( min > a[i] ) min = a[i] ;
11     }
12     cout << "max = " << max << endl ;
13     cout << "min = " << min << endl ;
14 }
```

프로그램 4-2 실행 결과

```
a[0]=40
a[1]=20
a[2]=30
a[3]=10
a[4]=25
a[5]=60
a[6]=70
a[7]=80
a[8]=90
a[9]=99
max = 99
min = 10
Press any key to continue
```

프로그램 4-2 해설

3번 : max는 최대값, min은 최소값을 저장하기 위한 변수

4번 : 정수형 배열 a를 10개의 초기값으로 초기화한다.

5번 : 처음에는 최대값과 초기값은 모두 a[0]의 값으로 한다.

6~7번 : 배열 a[0]에서 a[9]까지의 데이터값을 출력한다.

9번 : 현재의 최대값이 배열값보다 작으면 최대값을 배열값으로 대치

10번 : 현재의 최소값이 배열값보다 크면 최소값을 배열값으로 대치

임의의 숫자를 키보드로부터 문자열 형태로 입력받고, '1', '2', '3', … 등의 수를 나타내는 문자가 각각 몇 개씩 문자열에 포함되어 있는지 표시하는 프로그램을 작성해 보자.

알고리즘 4-3

숫자의 개수를 카운트할 변수로 배열을 사용하는데, 체크할 숫자는 0에서 9가지 10개이므로 배열의 크기를 10으로 만든다. 다음에 숫자 0의 개수는 cnt[0]에 저장하고, 숫자 1의 개수는 cnt[1]에 저장한다.

프로그램 4-3 숫자수 카운트 1

```
1  #include<iostream.h>
2  main(){
3      char c ;
4      int cnt[10] = {0} ;
5      cout << "숫자를 입력하세요 : " ;
6      while(cin.get(c)){
7          if(c=='0') cnt[0]++ ;
8          else if(c=='1') cnt[1]++ ;
9          else if(c=='2') cnt[2]++ ;
10         else if(c=='3') cnt[3]++ ;
11         else if(c=='4') cnt[4]++ ;
12         else if(c=='5') cnt[5]++ ;
13         else if(c=='6') cnt[6]++ ;
14         else if(c=='7') cnt[7]++ ;
15         else if(c=='8') cnt[8]++ ;
16         else if(c=='9') cnt[9]++ ;
17     }
18     for(int i=0 ; i<10 ; i++)
19         cout << i <<"의 출현 횟수 : "<< cnt[i] << '\n' ;
20 }
```

프로그램 4-3 실행 결과

```
숫자를 입력하세요 : 1233564899561231805156 4
^Z
0의 출현 횟수 : 1
1의 출현 횟수 : 4
2의 출현 횟수 : 2
3의 출현 횟수 : 3
4의 출현 횟수 : 2
5의 출현 횟수 : 4
6의 출현 횟수 : 3
7의 출현 횟수 : 0
8의 출현 횟수 : 2
9의 출현 횟수 : 2
Press any key to continue
```

프로그램 4-3 해설

3번 : 숫자를 문자열로 입력하므로 문자형으로 선언한다.

4번 : 숫자를 카운트할 배열의 크기는 10으로 하고 초기값은 0으로 한다.

6번 : 문자를 입력하면서 카운트할 수 있도록 7번에서 17번까지 루프를 반복한다. 이때 숫자 0에서 9까지만 카운트하므로 숫자이외의 다른 문자는 무시

된다.

7번 : 입력한 숫자가 0이면 배열 cnt[0]의 값을 증가시킨다. 초기값이 0이었으므로 한 번이면 cnt[0]=1이 되고, 두 번이면 cnt[0]=2가 된다. 입력한 숫자는 문자이므로 c=='0'와 같이 따옴표로 묶어 주어야 한다.

8~16번 : 입력한 숫자가 1~9이면 배열 cnt[1]~cnt[9]의 값을 증가시킨다.

18~19번 : cnt[0]에서 cnt[9]까지 출력한다.

위 프로그램은 else if를 사용하여 작성하기는 쉽다. 그러나 프로그램이 조금 길게 느껴질 것이다. 위 프로그램을 압축하여 간단하게 만들어 보자.

프로그램 4-4 숫자수 카운트 2

```
1  #include<iostream.h>
2  main(){
3      char c ;
4      int cnt[10] = {0} ;
5      cout << "숫자를 입력하세요 : " ;
6      while(cin.get(c)){
7          if( c>='0' && c<='9' )
8              cnt [c-'0']++ ;
9      }
10     for(int i=0 ; i<10 ; i++)
11         cout << i << "의 출현 횟수: "<< cnt[i] << '\n' ;
12 }
```

프로그램 4-4 실행 결과

```
숫자를 입력하세요 : 12335648995612318051564
^Z
0의 출현 횟수 : 1
1의 출현 횟수 : 4
2의 출현 횟수 : 2
3의 출현 횟수 : 3
4의 출현 횟수 : 2
5의 출현 횟수 : 4
6의 출현 횟수 : 3
7의 출현 횟수 : 0
8의 출현 횟수 : 2
9의 출현 횟수 : 2
Press any key to continue
```

프로그램 4-3 해설

7번 : 입력한 숫자가 0에서 9까지만 카운트하도록 한다. 여기에서 입력한 숫자는 문자이므로 조건식에 c>='0' && c<='9'와 같이 쓴다. 이것은 입력한 숫자가 문자 0보다 크거나 같고 문자 9보다 작거나 같은 의미이다.

8번 : 입력이 0이면 c='0'이므로, cnt [c-'0']는 cnt ['0'-'0'] = cnt [0]가 된다. 따라서 앞에서와 마찬가지로 입력이 0이면 cnt[0]를 증가시킨다. 마찬가지로 하여 입력이 1이면 c='1'이므로, cnt [c-'0']는 cnt ['1'-'0'] = cnt [1]이 된다. 따라서 앞에서와 마찬가지로 입력이 1이면 cnt[1]을 증가시킨다.

이번에는 영문자열을 입력받고 문자열 내에 각 영문자가 몇 개씩 존재하는지 표시하는 프로그램을 작성해 보자. 대문자와 소문자를 모두 입력할 수 있으며 각각에 대해 카운트한다.

프로그램 4-5 문자수 카운트

```
#include<iostream.h>
main(){
    char c ;
    int upp[26] = {0} ;
    int low[26] = {0} ;
    cout << "문자를 입력하세요 : " ;
    while(cin.get(c)){
        if( c>='A' && c<='Z' ) upp[c-'A']++ ;
        if( c>='a' && c<='z' ) low[c-'a']++ ;
    }
    c = 'A' ;
    char s = 'a' ;
    for(int i=0 ; i<26 ; i++)
        cout << c++ << " : " << upp[i] << "   "
             << s++ << " : " << low[i] << '\n' ;
}
```

프로그램 4-5 실행 결과

```
"D:\Work0\강의교재\2012 C++\프로그램NEW\4장 배열\Debug\4-5 문자수카운트.exe"
문자를 입력하세요 : qwqewrreptpotruypkaljasd;fdkljgxcm,vnJBKGDBFKJSBNJKHWU
^Z
A : 0  a : 2
B : 3  b : 0
C : 0  c : 1
D : 1  d : 2
E : 0  e : 2
F : 1  f : 1
G : 1  g : 1
H : 1  h : 0
I : 0  i : 0
J : 3  j : 2
K : 3  k : 2
L : 0  l : 2
M : 0  m : 1
N : 1  n : 1
O : 0  o : 1
P : 0  p : 3
Q : 0  q : 2
R : 0  r : 3
S : 1  s : 1
T : 0  t : 2
U : 1  u : 1
V : 0  v : 1
W : 1  w : 2
X : 0  x : 1
Y : 0  y : 1
Z : 0  z : 0
Press any key to continue
```

프로그램 4-5 해설

4번 : 영문 알파벳 대문자를 카운트하기 위한 배열 upp를 크기 26, 초기값 0으로 초기화 한다.

5번 : 영문 알파벳 소문자를 카운트하기 위한 배열 low를 크기 26, 초기값 0으로 초기화 한다.

8번 : 대문자는 배열 upp에 저장한다. 입력 문자가 대문자 'A'이면 upp[0]에, 'B'는 upp[1]에 카운트 수를 저장한다.

9번 : 소문자는 배열 low에 저장한다. 입력 문자가 소문자 'a'이면 low[0]에, 'b'는 low[1]에 카운트 수를 저장한다.

11번 : 문자를 출력하기 위해 변수 c에 'A'를 대입한다.

12번 : 문자를 출력하기 위해 변수 s에 'a'를 대입한다.

13번~15번 : 대문자 26자와 소문자 26자를 함께 출력한다.

14번 : 대문자와 대문자 수를 출력. 처음에는 c='A'이므로 'A'를 출력한 다음에 c='B'가 된다.

15번 : 소문자와 소문자 수를 출력. 처음에는 c='a'이므로 'a'를 출력한 다음에 c='b'가 된다.

위 프로그램을 조금 발전시켜 보자.

위 프로그램을 기본으로 하여, 입력에 나타나는 숫자를 카운트하고 결과를 가로 방향 그래프로 표시하는 프로그램을 작성해 보자.

알고리즘 4-6

숫자를 카운트하는 알고리즘은 위 프로그램과 같으므로 여기에서는 출력하는 부분만 생각하면 된다.

만약 0의 개수가 5개이면 cnt[0]=5가 되고, 별을 5개 출력하면 된다. 이것은 프로그램 3-43에서 별을 출력하는 방법을 그대로 생각하면 된다. 즉, 별 하나를 출력하는 cout << '*'을 cnt[0]의 값만큼 반복하면 된다.

프로그램 4-6 숫자수 그래프 1

```
1  #include<iostream.h>
2  main(){
3      char c ;
4      int i ;
5      int cnt[10] = {0} ;
6      cout << "숫자를 입력하세요 : " ;
7      while(cin.get(c)){
8          if(c>='0'&& c<='9') cnt[c-'0']++ ;
9      }
10     cout << "각 숫자의 출현 횟수\n" ;
11     for(i= 0; i<10; i++){
12         cout << i << " : " ;
13         for(int j=0 ; j<cnt[i] ; j++) cout << '*' ;
14         cout << '\n' ;
15     }
16 }
```

프로그램 4-6 실행 결과

```
"D:₩Work0₩강의교재₩2012 C++₩프로그램NEW₩4장 배열₩Debug₩4-6 숫자수그래프1.exe"
숫자를 입력하세요 : 216549878946584321684681635465
^Z
각 숫자의 출현 횟수
0 :
1 : ***
2 : **
3 : **
4 : *****
5 : ****
6 : ******
7 : *
8 : *****
9 : **
Press any key to continue
```

프로그램 4-6 해설

11~15번 : 0부터 9까지 숫자의 개수만큼 별을 출력한다.

12번 : 각각 해당 숫자 출력

13번 : 별을 출력한다. 배열 cnt에 있는 값만큼 '*'을 반복시키면서 출력한다. 예를 들어 cnt[0]=5라고 하면 조건식은 j<5가 되어 5번 반복하므로 별이 5개 출력된다.

이번에는 위 프로그램을 기본으로 하여 입력에 출현한 숫자를 카운트하고 결과를 세로방향 그래프로 표시하는 프로그램을 작성해 보자.

알고리즘 4-7

결과를 화면에 출력할 때는 위에서 아래로, 왼쪽에서 오른쪽으로 출력한다. 즉, 첫 번째 줄을 출력하고 다음 줄로 내려가면 더 이상 다시 위로 올라가서 출력할 수 없게 된다. 따라서 첫 번째 줄부터 각 항목마다 별을 출력할 것인지 안 할 것인지를 정해 두어야 한다.

다음 그림을 예로 살펴보자. 0의 개수는 6개, 1의 개수는 5개, 2의 개수는 7개이다. 첫 번째 줄은 "공백 공백 별 공백 ..."과 같이 출력하여야 하고, 두 번째 줄은 "별 공백 별 공백 ..."과 같이 출력하여야 한다.

7			*							
6	*		*						*	
5	*	*	*		*		*		*	
4	*	*	*	*	*		*		*	
3	*	*	*	*	*		*	*	*	
2	*	*	*	*	*	*	*	*	*	*
1	*	*	*	*	*	*	*	*	*	*
	0	1	2	3	4	5	6	7	8	9

즉, 첫 번째 줄에 별을 출력하는 경우는 숫자 개수가 7 이상인 경우이고,

두 번째 줄에 별을 출력하는 경우는 숫자 개수가 6 이상인 경우이고,

세 번째 줄에 별을 출력하는 경우는 숫자 개수가 5 이상인 경우이다.

즉, 첫 번째 줄은 7개 이상인 숫자 2에서만 별을 출력하고, 두 번째 줄은 6개 이상인 숫자 0, 2, 8에서만 별을 출력하고 세 번째 줄은 5개 이상인 숫자 0, 1, 2, 4, 6, 8에만 별을 출력한다.

따라서, 배열 중에서 숫자 개수의 최대값을 구하여 각 배열의 값이 최대값보다 크거나 같으면 별을 출력하고 아니면 별을 출력하지 않는다. 다음 줄은 최대값을 1감소하여 똑같이 출력한다. 이와 같이 한 줄을 출력할 때마다 최대값을 감소시킨다.

프로그램 4-7 숫자수 그래프 2

```
1  #include<iostream.h>
2  main(){
3      char c ;
4      int i ;
5      int cnt[10] = {0};
6      cout << "숫자를 입력하세요 : " ;
7      while(cin.get(c)){
8          if(c>='0'&& c<='9') cnt[c-'0']++ ;
9      }
10     int max = cnt[0] ;
11     for(i= 0; i<10; i++)
12         if(max < cnt[i]) max = cnt[i] ;
13     for( i=max ; i>0 ; i-- ){
14         for(int j=0 ; j<10 ; j++){
15             if( cnt[j]>=i ) cout << "* " ;
16             else cout << "  " ;
17         }
18         cout << '\n' ;
19     }
20     for(i=0; i<10; i++)
21         cout << i<<' ' ;
22     cout << '\n' ;
23 }
```

프로그램 4-7 실행 결과

```
숫자를 입력하세요 : 3215465479800131854153468788913
^Z
  *                 *
  *     *  *  *     *
  *     *  *  *     *
*  *     *  *  *  *  *  *  *
*  *  *  *  *  *  *  *  *  *
0 1 2 3 4 5 6 7 8 9
Press any key to continue
```

프로그램 4-7 해설

7~9번 : 숫자를 입력하여 숫자의 개수를 각각의 배열에 저장한다.

10~12번 : 숫자의 개수 중에 최대값을 변수 max에 저장한다.

13~19번 : 숫자의 출현 횟수만큼 별을 출력한다.

13번 : 최대값 max가 출력할 줄 수가 된다. 다음 줄로 넘어갈 때마다 max를 감소시킨다.

14번 : 변수 j는 숫자 0~9가 된다. 즉, j=0이면 cnt[0]가 되어 0의 개수가 된다.

15~16번 : 별이나 공백을 출력한다. cnt[0]에서 cnt[9]까지 최대값보다 크거나 같으면 별을 출력하고 아니면 공백을 출력한다.

20~21번 : 0~9 숫자 출력

이번에는 배열에 임의의 정수를 저장하고 크기순으로 정렬하는 프로그램을 작성해 보자.

알고리즘 4-8

정렬은 2단계로 나누어서 진행한다.

Step1

a[0]와 a[1]을 비교하여 a[0]가 a[1]보다 크면 a[0]와 a[1]의 값을 서로 바꾼다. 다시 a[1]과 a[2]를 비교하여 a[1]이 a[2]보다 크면 a[1]와 a[2]의 값을 서로 바꾸고, 아니면 그대로 둔다. 또 다시 a[2]와 a[3]을 비교하여 a[2]가 a[3]보다 크면 a[2]와 a[3]의 값을 서로 바꾼다. 계속 같은 방법으로 끝까지 진행한다. 만약, 배열 요소수가 10개이면 9번을 반복하면 된다.

	a[0]	a[1]	a[2]	a[3]	a[4]	a[5]	a[6]	a[7]	a[8]	a[9]
a[ ]=	32	56	24	84	34	88	94	12	76	5
1	32	56	24	84	34	88	94	12	76	5
2	32	24	56	84	34	88	94	12	76	5
3	32	24	56	84	34	88	94	12	76	5
4	32	24	56	34	84	88	94	12	76	5
5	32	24	56	34	84	88	94	12	76	5
6	32	24	56	34	84	88	12	94	76	5
7	32	24	56	34	84	88	12	94	76	5
8	32	24	56	34	84	88	12	76	94	5
9	32	24	56	34	84	88	12	76	5	94

아직 정렬이 끝난 것이 아니다. 가장 뒤에 있는 가장 작은 수가 제일 앞으로 가야 정렬이 완성되는 것이다.

Step2

Step1을 9번 반복하면 가장 뒤에 있는 가장 작은 수가 맨 앞으로 가게 된다. 여기에서 9회는 숫자의 개수 10에서 1을 뺀 수이다.

정렬전	a[]=	32	56	24	84	34	88	94	12	76	5
1번째	a[]=	32	24	56	34	84	88	12	76	5	94
2번째	a[]=	24	32	34	56	84	12	76	5	88	94
3번째	a[]=	24	32	34	56	12	76	5	84	88	94
4번째	a[]=	24	32	34	12	56	5	76	84	88	94
5번째	a[]=	24	32	12	34	5	56	76	84	88	94
6번째	a[]=	24	12	32	5	34	56	76	84	88	94
7번째	a[]=	12	24	5	32	34	56	76	84	88	94
8번째	a[]=	12	5	24	32	34	56	76	84	88	94
9번째	a[]=	5	12	24	32	34	56	76	84	88	94

프로그램 4-8 정렬

```
#include <iostream.h>
main(){
    int i, j, tmp ;
    int a[10] = {32,56,24,84,34,88,94,12,76,5} ;

    cout << "정렬전 a[ ]= " ;
    for( i=0 ; i<10 ; i++ ) cout << a[i] << " ";
    cout << '\n' ;

    for(j=0; j<9; j++){
        for(i=0; i<9; i++)
            if(a[i]>a[i+1]){
                tmp=a[i+1]; a[i+1]=a[i]; a[i]=tmp;
            }
    }

    cout << "정렬후 a[ ]= " ;
    for(i=0; i<10; i++) cout << a[i] << " " ;
    cout << '\n' ;
}
```

프로그램 4-8 실행 결과

```
"D:₩Work0₩강의교재₩2012 C++₩프로그램NEW₩4장 배열₩Debug₩4-8 정렬.exe"
정렬전 a[ ]= 32 56 24 84 34 88 94 12 76 5
정렬후 a[ ]= 5 12 24 32 34 56 76 84 88 94
Press any key to continue
```

프로그램 4-8 해설

6번 : 정렬하기 전에 배열의 값을 출력한다.

11번 : 두 개의 배열 요소의 수를 서로 맞바꾼다.

10~12번 : 두 수를 비교하여 앞의 수가 크면 서로 맞바꾼다.

9번 : 10~12번의 두 수를 비교하여 앞의 수가 크면 서로 바꾸는 것을 배열 번호를 하나씩 증가하며 9회 반복한다.

8번 : a[0]에서 a[9]까지 한번 정렬한 것을 9회 반복한다.

15번 : 정렬한 배열의 값을 출력한다.

이번에는 10진수 정수를 입력하면 입력한 정수를 2진수로 변환하는 프로그램을 작성해 보자.

알고리즘 4-9

일반적인 10진수를 2진수로 변환하는 방법은 10진수 숫자를 2로 나누면서 발생하는 나머지와 마지막에 남은 1을 역순으로 만들면 2진수가 된다.

```
2 ) 10  -  0
2 ) 5   -  1
2 ) 2   -  0
    1
```

즉, 10을 2로 나누었을 때의 나머지는 0, 다시 5를 2로 나누었을 때의 나머지는 1, 다시 2를 2로 나누었을 때의 나머지는 0이고, 몫은 1이다. 이때 나머지의 발생한 순서와 마지막에 1을 합하면 0101이 된다.

배열에는 다음과 같이 저장된다.

0	1	0	1	0	0	0	0

이것을 역순으로 하면 1010이 된다.

0	0	0	0	1	0	1	0

프로그램에서는 나머지가 발생할 때마다 배열에 저장하고, 이를 역순으로 출력하면 된다. 여기에서는 편의상 2진수를 8비트로 표현한다.

프로그램 4-9 10진수에서 2진수로 변환

```
1  #include<iostream.h>
2  main(){
3      int i, j, num, a[8]={0} ;
4      cout << "Input Digit Number => " ;
5      cin >> num ;
6      cout << num << " ==>> " ;
7      if(num==0 || num==1){
8          cout << num << endl ;
9          return ;
10     }
11     i=0 ;
12     do{
13         a[i] = num % 2 ;
14         num = num / 2 ;
15         i++ ;
16     }while(num != 1) ;
17     a[i] = num ;
18     for (j=7; j>=0; j--) cout << a[j] ;
19     cout << endl ;
20 }
```

프로그램 4-9 실행 결과

```
Input Digit Number => 10
10 ==>> 00001010
Press any key to continue
```

프로그램 4-9 해설

3번 : 2진수를 저장할 배열 a는 크기 8, 초기값 0으로 초기화한다.

7번 : 입력한 숫자가 0이나 1이면 변환할 필요없이 그대로 출력하면 된다.

9번 : return은 현재의 함수를 끝내고 현재의 함수를 호출한 함수로 돌아가라는 명령이다. 현재 함수는 main 함수이므로 프로그램을 종료하게 된다. 즉, 입력 숫자가 0이나 1이면 입력한 숫자를 그대로 출력하고 프로그램을 종료한다.

12~17번 : 입력한 10진수를 2진수로 변환한다.

13번 : i=0이면 입력 숫자를 2로 나눈 나머지를 a[0]에 저장한다.

14번 : 입력 숫자를 2로 나눈 몫으로 바꾼다.

15번 : 저장할 배열 번호를 증가시킨다.

16번 : 입력 숫자가 1이 될 때까지 나누어간다. 마지막에 입력 숫자가 1이 되면 더 이상 나누기를 하지 않고 while 문을 끝낸다.

17번 : 그리고 마지막에 남은 입력 숫자 1을 다음 배열 요소에 저장한다.

18번 : 변환한 2진수를 출력한다. 역순으로 출력해야 하므로 배열 뒤에서부터 출력한다.

이번에는 2진수를 입력하면 10진수로 변환하는 프로그램을 작성해 보자.

알고리즘 4-10

일반적인 2진수를 10진수로 변환하는 방법은 다음과 같다.

2진수 1010 = $1 \times 2^3 + 0 \times 2^2 + 1 \times 2^1 + 0 \times 2^0 = 10$

프로그램에서는 입력한 2진수를 배열에 저장한 다음

a[0]	a[1]	a[2]	a[3]
1	0	1	0

배열의 마지막 요소 a[3]부터 다음과 같은 계산을 한다.

relt = relt + a[3] * 1 = 0 + 0 * 1 = 0
relt = relt + a[2] * 2 = 0 + 1 * 2 = 2
relt = relt + a[1] * 4 = 2 + 0 * 4 = 2
relt = relt + a[0] * 8 = 2 + 1 * 8 = 10

프로그램 4-10 2진수에서 10진수로 변환

```
#include <iostream.h>
main(){
    char a[20] ;
    int i=0, j, m=1, relt=0 ;
    cout << "Input Binary Number = " ;  cin >> a ;
    j=0 ;
    while(a[j]) j++ ;
    j-- ;
    while(j>=0){
        relt = relt + (a[j]-'0') * m ;
        m = m * 2 ;
        j-- ;
    }
    cout << a << " ==> " << relt << endl ;
}
```

프로그램 4-10 실행 결과

```
"D:₩Work0₩강의교재₩2012 C++₩프로그램NEW₩4장 배열₩Debug₩4-10 bin2dec.exe"
Input Binary Number = 1011
1011 ==> 11
Press any key to continue
```

프로그램 4-10 해설

3번 : 입력한 2진수를 저장하기 위한 배열을 선언

4번 : 변수 m은 2진수에 곱할 수 1, 2, 4, 8이 될 것이므로 초기값은 1로 한다. 변수 relt는 변환된 10진수 숫자를 저장한다.

5번 : cin>>a는 cin>>&a[0]와 같다. 즉, 배열 a[0]의 주소를 알려주면 a[0]에서부터 입력한 문자열이 순서대로 저장되고 마지막에 '\0'이 삽입된다.

7번 : 입력할 2진수의 길이는 일정하지 않다. 그러므로, 마지막 배열 요소를 찾기 위해서 배열 a[0]에서부터 배열 a[j]가 '\0'이 될 때까지 a[1], a[2],...로 증가시킨다.

8번 : 7번에서 마지막 배열 요소를 찾고 끝났을 때 변수 j의 값은 문자열 끝에 있는 '\0'의 위치이므로 j값을 1 감소시켜야만 실제로 마지막 문자열을 가리키게 된다.

9~13번 : 2진수 변환 루틴

9번 : 배열의 뒤에서부터 앞으로 진행하게 되므로 배열 번호가 0이 될 때까지 변수 j를 감소하면서 반복하도록 한다.

10번 : 입력한 2진수 1010은 문자이므로 '0'를 빼서 숫자로 바꾸어야 한다.

2진수 1010 = $1\times2^3 + 0\times2^2 + 1\times2^1 + 0\times2^0 = 10$은 다음과 같이 계산된다.

relt = relt + a[3] * 1 = 0 + 0 * 1 = 0

relt = relt + a[2] * 2 = 0 + 1 * 2 = 2

relt = relt + a[1] * 4 = 2 + 0 * 4 = 2

relt = relt + a[0] * 8 = 2 + 1 * 8 = 10

11번 : 변수 m의 값을 1, 2, 4, 8이 되도록 한다.

4.2 2차원 배열

2차원 배열은 첨자가 2개인 배열로 행렬(matrix) 형태의 평면 구조를 갖는다.

【표 4-3】 2차원 배열의 선언

사용 형식	자료형 변수명[첨자][첨자] ;
사용 예	int a [2][3] ; a[0][0]=10; a[0][1]=20; a[0][2]=30; a[1][0]=40; a[1][1]=50; a[1][2]=60;
의 미	배열의 크기가 2행 3열인 정수형 2차원 배열 a의 선언

2차원 배열을 int a[2][3]과 같이 선언한 것은 2행 3열의 행렬 형태로 선언한 것과 같으며

배열	메모리	대입
a[0][0]	10	a[0][0]=10
a[0][1]	20	a[0][1]=20
a[0][2]	30	a[0][2]=30
a[1][0]	40	a[1][0]=40
a[1][1]	50	a[1][1]=50
a[1][2]	60	a[1][2]=60

	0열	1열	2열
0행	a[0][0]	a[0][1]	a[0][2]
1행	a[1][0]	a[1][1]	a[1][2]

표 4-3에서 선언한 배열은 그림과 같이 메모리 영역을 차지하게 된다.

2차원 배열의 각 배열 요소가 메모리에 배치되는 순서는 행을 우선으로 하기 때문에 실제로 메모리상에 구현될 때는 일차원적으로 배치된다.

그러므로 배열의 선언과 동시에 값을 초기화시키려면 그에 알맞은 형태로 초기값들을 차례대로 열거해야 한다.

【표 4-4】 2차원 배열의 초기화

사용 형식	자료형 변수명[첨자][첨자] = {초기값1,초기값2,초기값3, ...};
사용 예	① int a [2][3] = { 10, 20, 30, 40, 50, 60 } ; ② int a [ ][3] = { 10, 20, 30, 40, 50, 60 } ; ③ int a [ ][3] = { {10, 20, 30}, {40, 50, 60} } ; ④ char c [ ][5] = { {'I','B','M','P','C'}, {'K','O','R','E','A'} }
의 미	① 배열의 크기가 2행 3열이고, 초기값이 10, 20, 30, 40, 50, 60인 정수형 2차원 배열 a의 선언 ② 행의 개수를 나타내는 첨자는 생략해도 되지만 열의 개수를 나타내는 첨자는 반드시 지정해야 한다. ③ 행 단위로 그룹화시켜서 초기화할 수도 있다. ④ 배열의 크기가 2행 5열인 문자형 2차원 배열 c의 초기화 초기 값의 개수가 배열 크기보다 많으면 안 된다.

프로그램 4-11 2차원 배열

```
1  #include<iostream.h>
2  main(){
3      int i, j ;
4      int a[5][5] ;
5      int b[2][3]={10,20,30,40,50,60} ;
6      for(i=0; i<5; i++){
7          for(j=0; j<5; j++){
8              a[i][j] = j+1;
9          }
10     }
11     for(i=0; i<5; i++){
12         for(j=0; j<5; j++){
13             cout <<"a["<< i <<"]["<< j <<"]="<< a[i][j] << ", " ;
14         }
15         cout << endl ;
16     }
17     cout << endl ;
18     for(i=0; i<2; i++)
19         for(j=0; j<3; j++)
20             cout <<"b["<< i <<"]["<< j <<"]="<< b[i][j] << '\n' ;
21 }
```

프로그램 4-11 실행 결과

```
"D:\Work0\강의교재\2012 C++프로그램NEW\4장 배열\Debug\4-8 2차원배열.exe"
a[0][0]=1, a[0][1]=2, a[0][2]=3, a[0][3]=4, a[0][4]=5,
a[1][0]=1, a[1][1]=2, a[1][2]=3, a[1][3]=4, a[1][4]=5,
a[2][0]=1, a[2][1]=2, a[2][2]=3, a[2][3]=4, a[2][4]=5,
a[3][0]=1, a[3][1]=2, a[3][2]=3, a[3][3]=4, a[3][4]=5,
a[4][0]=1, a[4][1]=2, a[4][2]=3, a[4][3]=4, a[4][4]=5,

b[0][0]=10
b[0][1]=20
b[0][2]=30
b[1][0]=40
b[1][1]=50
b[1][2]=60
Press any key to continue
```

프로그램 4-11 해설

4번 : 5행5열의 정수형 2차원 배열 a의 선언

5번 : 2행3열의 정수형 2차원 배열 b의 초기화

6~10번 : 배열 a에 j값을 대입한다.

i=0에서 a[0][0], a[0][1], a[0][2], a[0][3], a[0][4] 순으로 대입한다.

i=1에서 a[1][0], a[1][1], a[1][2], a[1][3], a[1][4] 순으로 대입한다.

같은 방법으로 a[4]까지 데이터 값을 대입한다.

12~14번 : i=0에서 a[0][0]부터 a[0][4]까지 값을 출력하고,

15번 : 다음 줄로 개행한다.

11~17번 : i=0에서 i=4까지 12~15번을 반복하면서 a[0][0]에서 a[4][4]까지 출력

한다.

18~20번 : 배열 b의 값을 출력한다.

다음에 표시하는 2개의 행렬 x, y의 합을 구하는 프로그램을 작성해 보자.

$$x = \begin{bmatrix} 1\,2\,3 \\ 4\,5\,6 \end{bmatrix} \quad , \qquad y = \begin{bmatrix} 1\,5\,8 \\ 5\,3\,1 \end{bmatrix}$$

알고리즘 4-12

행렬을 2차원 배열 형태로 바꾸어 쓰면 다음과 같다.

$$\begin{bmatrix} x[0][0] & x[0][1] & x[0][2] \\ x[1][0] & x[1][1] & x[1][2] \end{bmatrix} + \begin{bmatrix} y[0][0] & y[0][1] & y[0][2] \\ y[1][0] & y[1][1] & y[1][2] \end{bmatrix}$$

또한 행렬의 합은 다음과 같이 구한다.

$$\begin{bmatrix} x[0][0]+y[0][0] & x[0][1]+y[0][1] & x[0][2]+y[0][2] \\ x[1][0]+y[1][0] & x[1][1]+y[1][1] & x[1][2]+y[1][2] \end{bmatrix}$$

프로그램 4-12 행렬 합 구하기

```
#include<iostream.h>
main(){
    int i ;
    int x[2][3] = { {1,2,3},{4,5,6} } ;
    int y[2][3] = { {1,5,8},{5,3,1} } ;
    int z[2][3] = { {0,0,0},{0,0,0} } ;
    for(i=0; i<2; i++)
        for(int j=0; j<3; j++)
            z[i][j]= x[i][j]+y[i][j];
    for(i=0; i<2; i++){
        for(int j=0; j<3; j++)
            cout << z[i][j] << ' ' ;
        cout << '\n';
    }
}
```

프로그램 4-12 실행 결과

```
2 7 11
9 8 7
Press any key to continue
```

프로그램 4-12 해설

4번 : 2차원 배열 x의 초기화

5번 : 2차원 배열 y의 초기화

6번 : 결과를 대입할 2차원 배열 z를 0으로 초기화한다.

7~9번 : 행렬의 합을 구한다. 즉,

z[0][0]=x[0][0]+y[0][0], z[0][1]=x[0][1]+y[0][1],

z[0][2]=x[0][2]+y[0][2], z[1][0]=x[1][0]+y[1][0], ... 순으로 구한다.

10~14번 : 2차원 배열 z의 값을 출력한다.

4.3 문자열 배열

C++에는 문자형 변수는 있지만, 문자열형 변수는 존재하지 않으며, 문자열형 배열도 없다. 컴퓨터는 한 문자를 1바이트로 처리하는데, 변수를 char형으로 선언하면 변수에는 1바이트 메모리만 할당되므로 선언된 변수에는 하나의 문자만 저장할 수 있다. 따라서 C++에서는 문자열을 저장하기 위해서 char형 배열을 사용한다.

【표 4-5】 문자열 배열의 초기화

사용 예	① char a [6] = { "Hello" } ; ② char b [6] = { 'H', 'e', 'l', 'l', 'o' } ; ③ char c [3][6] = { "Hello", "unix", "IBMPC" } ;
의 미	① 배열의 크기가 6인 문자형 배열에 문자열 "Hello"를 초기화. 문자열의 마지막에 '\0'문자가 자동으로 삽입된다. 그러므로 문자열의 길이보다 하나 더 많게 선언해야 한다. ② 배열의 크기가 6인 문자형 배열에 문자 'H', 'e', 'l', 'l', 'o'를 초기화. 이 때는 문자열의 마지막에 '\0'문자가 삽입되지 않는다. ③ 행 단위로 그룹화시켜서 초기화할 수도 있다. ④ 배열의 크기가 3행6열인 문자형 2차원 배열에 문자열 "Hello", "unix", "IBMPC"를 초기화한다. 각각의 문자열의 마지막에 '\0'문자가 자동으로 삽입된다.

char a [6] = { "Hello" } ;와 같이 선언할 경우와

char b [6] = { 'H', 'e', 'l', 'l', 'o' } ;로 선언할 경우에 어떻게 다른지 그림으로 살펴보자.

배열	메모리		배열	메모리
a[0]	H		b[0]	H
a[1]	e		b[1]	e
a[2]	l		b[2]	l
a[3]	l		b[3]	l
a[4]	o		b[4]	o
a[5]	\0		b[5]	

배열 a의 경우에는 문자열의 마지막에 \0 문자가 삽입되어 있지만 배열 b의 경우에는 없다.

문자열 마지막에 \0 문자가 없으면 문자열 출력 시에 문제가 발생한다. 그러므로 문자 단위로 배열을 초기화하거나 대입할 때에는 반드시 문자열 마지막에 \0 문자를 삽입하여야 한다.

프로그램 4-13 문자열 배열

```
#include <iostream.h>
main(){
    int i, j ;
    char a[ ][10]={"unix", "computer", "IBMPC"} ;
    for(i=0; i<3; i++){
        j = 0 ;
        while(a[i][j]){
            cout << a[i][j] ;
            j++ ;
        }
        cout << '\n' ;
    }
    cout << '\n' ;
    for(i=0; i<3; i++)
        cout << a[i] << '\n' ;
}
```

프로그램 4-13 실행 결과

```
unix
computer
IBMPC

unix
computer
IBMPC
Press any key to continue
```

프로그램 4-13 해설

4번 : 2차원 문자형 배열에 3개의 문자열을 초기화시킨다. 행 번호는 생략 가능하며 초기화할 문자열이 3개이므로 행 번호는 자동으로 3이 된다.

5번~12번 : 문자를 하나씩 출력시킨다.

14번~15번 : 문자열 단위로 출력한다. 문자열 단위로 출력할 때에는 배열의 행 번호만 지정하면 된다. 즉, cout << a[0]는 첫 번째 문자열을 의미하는데, a[0][0]부터 '\0' 문자까지 출력하라는 의미이다.
cout<<a[1]는 두 번째 문자열을 의미하는데, a[1][0]부터 '\0' 문자까지 출력하라는 의미이다.

입력의 경우도 마찬가지로 cin>>a[0]는 배열 a[0][0]에서부터 입력한 문자열을 대입하고, cin>>a[1]은 배열 a[1][0]에서부터 입력한 문자열을 대입한다.

입력한 문자열을 다른 배열로 복사하는 프로그램을 작성해 보자.

알고리즘 4-13

a배열의 내용을 b배열로 복사하기 위해서는 각각의 배열 요소를 하나씩 복사하여야 한다.

	a배열	복사		b배열	
a[0]	H	→	b[0]		b[0] = a[0]
a[1]	a	→	b[1]		b[1] = a[1]
a[2]	p	→	b[2]		b[2] = a[2]
a[3]	p	→	b[3]		b[3] = a[3]
a[4]	y	→	b[4]		b[4] = a[4]
a[5]	\0	→	b[5]		b[5] = a[5]

즉, a배열이 '\0'이 될 때까지 b[0]=a[0], b[1]=a[1],...을 수행한다.

프로그램 4-14 문자열 복사

```
1  #include <iostream.h>
2  main(){
3      int i=0 ;
4      char a[20], b[20] ;
5      cout << "Input string : " ; cin >> a ;
6      while (a[i]){
7          b[i] = a[i];
8          i++ ;
9      }
10     b[i]='\0';
11     cout << "a[] = " << a << '\n' ;
12     cout << "b[] = " << b << '\n' ;
13 }
```

프로그램 4-14 실행 결과

```
Input string : abcdefghij
a[] = abcdefghij
b[] = abcdefghij
Press any key to continue
```

프로그램 4-14 해설

4번 : 문자열을 저장할 배열을 선언

5번 : cin>>a는 a[0]에서부터 입력한 문자열이 순서대로 저장되고 마지막에 '\0'이 삽입된다.

6~9번 : a 배열에 '\0'이 나올 때까지 복사를 반복한다.

10번 : 위 그림을 살펴보면 복사는 b[4]=a[4]에서 끝난다. 결국 b 배열의 문자열 끝에는 '\0' 문자가 없는 상태에서 복사가 끝나는 경우가 된다. 그러므로 b 배열의 문자열 끝에 '\0' 문자를 삽입한다.

11번 : cout<<a는 a[0]에서부터 '\0' 문자가 나올 때까지 문자열을 출력한다.

4장 실습문제

01. 프로그램 4-4와 프로그램 4-5를 통합하여 임의의 숫자나 문자를 키보드로부터 문자열 형태로 입력받고, 숫자나 문자가 각각 몇 개씩 문자열에 포함되어 있는지 표시하는 프로그램을 작성해 보자.

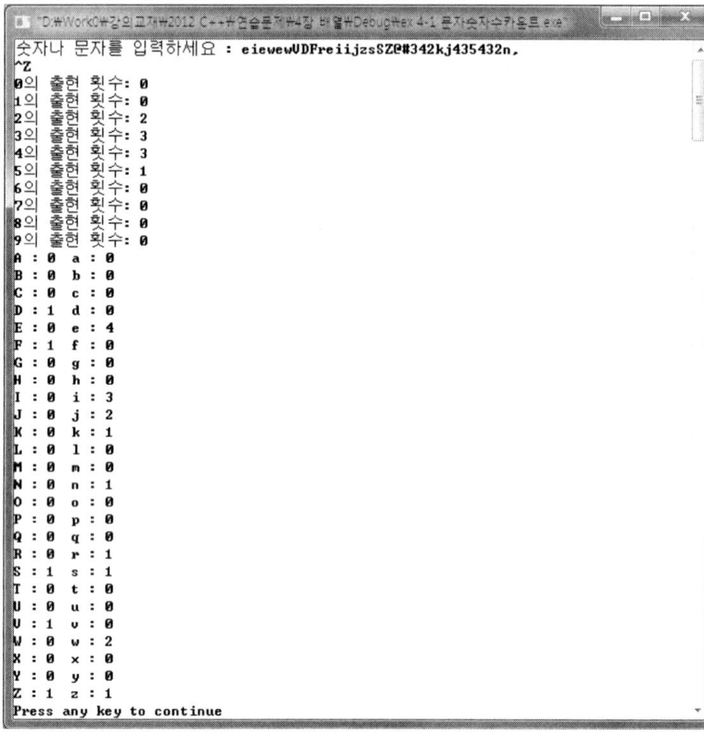

02. 프로그램 4-7을 기본으로 하여 입력에 출현한 숫자를 카운트하고 결과를 세로방향 그래프를 아래방향으로 표시하는 프로그램을 작성해 보자. 각 숫자의 출현 개수도 함께 출력한다.

```
"D:\Work0\강의교재\2012 C++\연습문제\4장 배열\Debug\ex 4-2 숫자개수아래표시.exe"
숫자를 입력하세요 : 12321564987890231845З1
^Z
0 1 2 3 4 5 6 7 8 9
1 4 3 3 2 2 1 1 3 2
* * * * * * * * * *
  * * * * *     * *
  * * *         *
  *
Press any key to continue
```

03. 10진수 정수를 입력하면 2진수로 출력하는 프로그램을 작성하시오. 단, 입력 숫자를 변환 출력한 다음 계속해서 다른 숫자를 입력할 수 있도록 하여야 한다. 0을 입력하면 프로그램을 종료한다.

```
"D:\Work0\강의교재\2012 C++\연습문제\4장 배열\Debug\ex 4-3 Dec2Bin2.exe"
int= 4 byte
ENTER NUMBER 10 digit (0 for quit) = 11
11 ==>>  0000 0000 0000 0000 0000 0000 0000 1011
ENTER NUMBER 10 digit (0 for quit) = 10
10 ==>>  0000 0000 0000 0000 0000 0000 0000 1010
ENTER NUMBER 10 digit (0 for quit) = 0
bye.
Press any key to continue
```

04. 문자열을 입력하면 문자열을 역순으로 복사하고 결과를 출력하는 프로그램을 작성하시오.

```
"D:\Work0\강의교재\2012 C++\연습문제\4장 배열\Debug\ex 4-4 문자열역순복사.exe"
Input string : abcdefg
a[ ] = abcdefg
b[ ] = gfedcba
Press any key to continue
```

C.H.A.P.T.E.R

05

함 수

C++로 작성된 1개의 프로그램에는 최소한 1개 이상이 함수가 존재하게 된다. 지금까지는 단 1개의 함수만이 존재하는 경우, 즉 main이라는 명칭의 함수만 있는 경우를 설명해왔으나, 지금부터는 복수개의 함수가 존재하는 경우에 대하여 살펴보기로 하자.

C++에서의 가장 기본은 함수다. 함수란 특정한 작업을 수행하도록 설계된 독립적인 단위의 프로그램을 말한다. C++ 프로그램을 구성하는 기본적인 함수의 이름이 main() 함수이며, 아무리 많은 함수를 사용하여 프로그램을 작성한다 하여도 반드시 한 개의 main() 함수가 프로그램 내에 작성되이 있어야만 한다. 그리고 C++ 프로그램은 반드시 이 main() 함수로부터 시작된다. main함수와 다른 함수와의 관계는 main() 함수 밖에서 새로운 함수를 정의하고, main() 함수 내에서 그 함수를 호출하는 방법을 이용한다. 물론 함수들 사이에서도 동일한 방법으로 다른 함수를 호출할 수 있다.

함수는 라이브러리 함수와 사용자 정의 함수로 나누어진다.

라이브러리 함수는 헤더 파일 내에 이미 정의되어 있는 함수로서 strcpy(), strcmp() 등과 같이 바로 사용할 수 있는 함수이다.

사용자 정의 함수는 사용자가 직접 정의하여 사용하는 함수를 말한다. 프로그램이 커지고 복잡해지면 main 함수 내에 모든 코드를 작성하는 것은 프로그램을 작성하거나 수정, 컴파일에 시간이 많이 걸리게 된다. 따라서 프로그램을 의미있는 단위인 함수로 나누어서 작성하는 것이 편리하다.

함수 정의(function definition)

함수는 함수 헤더(function header)와 함수 본체(function body)로 구성된다.

1) 함수 헤더

함수 헤더는 그 함수의 개요를 나타내는 부분이다. 그림에서 살펴보면 맨 앞의 자료형 int는 이 함수의 결과를 int형으로 모 함수에 되돌려 준다는 것을 나타내며, return 다음의 결과 값과 자료형이 일치하여야 한다. 만일 리턴형을 지정하지 않으면 컴파일러는 이 함수가 정수 결과를 리턴하는 것으로 가정한다.

만약 리턴할 값이 없으면 “자료형”은 void로 지정되고, 다음에 함수의 이름인 maxof가 기술되고 있다. 마지막의 ( )내에서는 이 함수가 모함수로부터 가져올 인수를 선언하고 있다. “인수의 선언”은 없는 경우 괄호만 쓰거나 void를 쓴다.

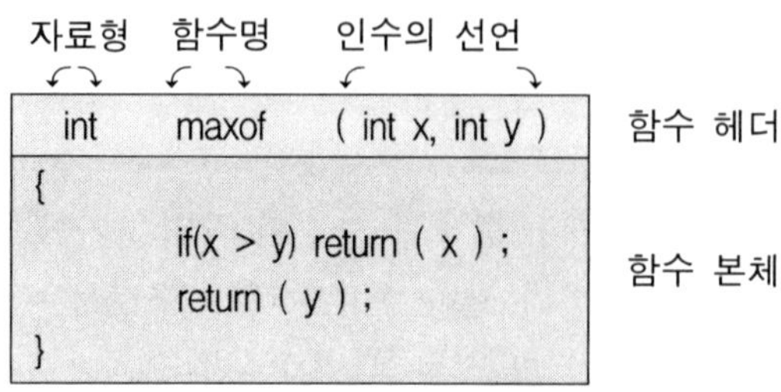

2) 함수 본체

함수의 본체는 전체가 블록으로 구성된다. 즉 “{” 에서부터 “}” 까지의 내부에 함수 내에서 이용하는 변수의 선언이나 실제 실행해야 할 내용을 기술한다.

5.1 함수 호출

함수를 호출하였을 경우, 호출받은 서브 함수가 종료되면 호출한 모 함수로 되돌아가게 되는데, 이때, 서브 함수가 종료되면서 모 함수로 계산 결과 값을 돌려 줄 수도, 돌려주지 않을 수도 있다. 또한 서브 함수를 호출하면서 서브 함수에서 사용할 데이터 값을 전달해 줄 수도 있다.

5.1.1 인수와 리턴 값이 없는 함수

기본적인 함수의 사용법에 대하여 살펴보기 위하여 인수와 리턴 값이 없는 함수의 작성과 호출에 대해 살펴본다.

다음 프로그램에서 실제의 동작을 살펴보기로 하자. 이 프로그램은 main() 함수 외에 a(), b() 2개의 서브 함수가 존재한다. 함수 a()는 main() 함수의 서브 함수이고, 함수 b()는 함수 a()의 서브 함수이다.

main() 함수에서 프로그램이 개시되면 먼저 main() 함수 내의 서브 함수 a()가 호출되어진다. 서브 함수 a()에서는 다시 서브 함수 b()가 호출된다. 함수가 호출되면 프로그램은 호출된 함수로 이동하여 함수의 실행문을 수행하고, 호출된 함수의 실행이 모두 끝나면 호출한 함수로 되돌아가게 된다.

프로그램 5-1 함수 호출

```
#include <iostream.h>
b(){
    cout << "sub 함수 b" << endl ;
}

a(){
    cout << "sub 함수 a 시작" << endl ;
    b() ;
    cout << "sub 함수 a 끝" << endl ;
}

main(){
    cout << "main 함수 시작" << endl ;
    a() ;
    cout << "main 함수 끝" << endl ;
}
```

프로그램 5-1 실행 결과

```
main 함수 시작
sub 함수 a 시작
sub 함수 b
sub 함수 a 끝
main 함수 끝
Press any key to continue
```

프로그램 5-1 해설

이 프로그램은 다음 그림과 같이 실행된다.

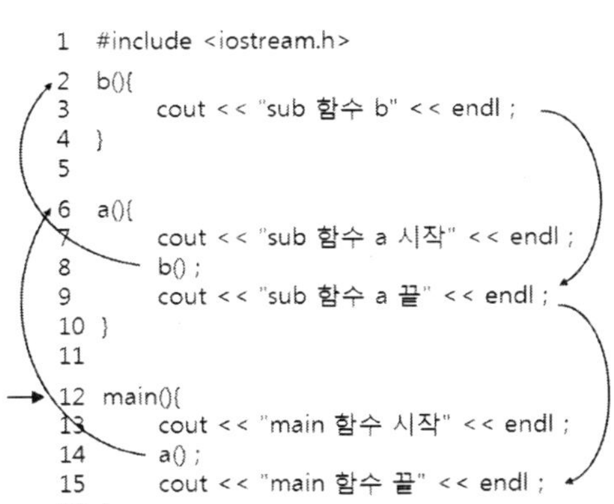

12번 : 모든 프로그램은 main() 함수부터 시작한다.

14번 : 서브 함수 a()를 호출한다.

6번 : 서브 함수 a()가 호출되어 7번에서 출력한다.

8번 : 서브 함수 b()를 호출한다.

2번 : 서브 함수 b()가 호출되어 3번에서 출력한다.

4번 : 서브 함수 b()가 종료되면 서브 함수 b()를 호출한 다음 줄인 9번으로 돌아간다.

10번 : 서브 함수 a()가 종료되면 서브 함수 a()를 호출한 다음 줄인 15번으로 돌아간다.

위 프로그램에서 main(), a(), b() 함수와 같이 인수와 리턴 값이 없는 경우, 다음과 같이 함수명 앞의 자료형에 void를 표기할 수 있다.

```
void main ( void )
void a ( void )
void b ( void )
```

5.1.2 리턴 값이 있는 함수

기본적인 함수의 사용법에서 호출한 함수에 결과 값을 돌려주는 리턴에 대해 살펴본다. 호출된 함수에서 값을 돌려주고자 할 때에는 return 명령을 사용한다. return 명령의 사용법은 다음과 같다.

```
return ( 1 ) ;
return 1 ;
```

함수가 끝나고 모함수로 돌아 갈 때 return 다음에 오는 데이터 1을 가지고 간다. return 다음에 식이 있으면 식을 계산한 결과값을 리턴한다.

또한 함수에서 값을 반환하고자 할 때에는 함수 선언시 함수명 앞에 자료형을 명기한다. 이 자료형은 리턴값과 일치해야 한다.

함수 선언	int sub(){	double sub(){	char sub(){
리턴 값	return 1 ;	return 1.5	return 'A'

즉, 리턴값이 문자형이면 함수 자료형도 문자형으로 선언되어야 한다.

다음 프로그램에서는 덧셈하는 서브루틴 plus() 함수를 작성하였다. plus() 함수는 두 수를 더하여 모함수로 돌려준다.

프로그램 5-2 함수 리턴

```
1  #include <iostream.h>
2  int plus(void){
3      int x=1, y=2, z ;
4      z = x + y ;
5      return (z) ;
6  }
7
8  void main(void){
9      int x ;
10     x = plus() ;
11     cout << "1 + 2 = " << x << endl ;
12 }
```

프로그램 5-2 실행 결과

```
1 + 2 = 3
Press any key to continue
```

프로그램 5-2 해설

2번 : plus() 함수는 함수가 끝날 때 호출한 함수로 값을 리턴해 준다.
이때 plus() 함수의 리턴 값은 int형이므로 함수명 앞에 int 자료형을 명시한다. 만약 double plus(void)와 같이 기술하면 에러가 된다.

3번 : 변수 x, y, z는 plus() 함수 내에서만 사용하는 변수로서 main() 함수에서 선언한 변수 x와는 전혀 별개의 변수다.

5번 : return(z);는 plus() 함수가 끝나고 main() 함수로 돌아 갈 때 z의 값을 돌려주라는 의미이며, 괄호를 생략해도 된다.
즉, return z ;와 같이 기술해도 무방하다.

8번 : main() 함수는 전달받을 인수가 없기 때문에 괄호 안에 void를 기술하였다. void의 의미는 이 함수는 인수가 없다는 의미이며, 함수명 앞에 void를 기술한 것은 이 함수는 리턴 값이 없다는 의미이다. 그런데 void는 생략해도 무방한데 다음과 같은 경우에는 에러가 된다.

```
void main(){
    return 1 ;
}
```

9번 : main() 함수와 plus() 함수에 똑같이 변수 x를 선언하였다. 그런데 이때의 변수 x는 서로 다른 지역 변수로서 sub() 함수에서 선언한 변수 x는 sub() 함수 내에서만 사용하는 변수이고, main() 함수에서 선언한 변수 x는 main() 함수 내에서만 사용하는 변수이다.

10번 : x=plus()는 plus() 함수의 리턴 값을 x에 대입하라는 의미이다. plus() 함수의 리턴 값이란 plus() 함수의 마지막에 기술한 return (z);에서 변수 z의 값을 의미한다.

5.2 함수 인수 전달

C++ 프로그램에서 함수를 호출할 때 넘겨주는 값을 실인수, 피호출 함수에서 이를 받는 인수를 가인수라고 한다. 함수 호출 시 데이터의 전달은 피호출 함수의 가인수를 통해 값을 전달받는 것이다. 실인수와 가인수는 함수들 간의 데이터를 전달하는 매개 변수이므로 데이터의 형이나 개수, 순서가 동일해야 한다.

일반적으로 함수의 인수 전달 방법에는 값 전달 방법과 참조 전달 방법 두 가지가 있다. 참조 전달 방법은 다시 Call by reference, by address, by location으로 나누어진다.

5.2.1 값 전달(Call by Value)

함수 호출시 사용되는 기본적 데이터 전달 방식으로 실인수와 가인수가 별도의 기억 공간을 가지며 실인수의 값이 가인수에 복사된다. 실인수와 가인수는 별도의 기억 공간을 가지므로 서로 독립적이며 영향을 끼치지 않는다. 또한 실인수와 가인수의 변수명이 똑같아도 이들은 서로 다른 변수로 인식된다.

함수를 호출할 때에는 함수명(데이터);의 형태로 기술한다. 데이터가 여러 개이면 콤마로 구분하여 적으며, 데이터 값 대신에 변수를 적으면 변수의 값을 전달하게 된다. 이때 호출 함수의 인수 a, b를 실인수라고 한다.

```
void main ( void ){
    plus ( a, b ) ;
}
```

호출되는 함수는 함수 선언 시에 인수를 선언하는데 함수 내에서 변수 선언하는 것과 동일하게 한다. 인수가 여러 개일 경우에는 콤마로 구분하여 적는다. 이때, 호출된 함수의 인수를 가인수라고 한다.

```
int plus ( int x, int y ){
}
```

이번에는 plus() 함수에 두 수를 전달해 주고, plus() 함수에서는 전달받은 값을 더하여 그 결과를 호출한 함수로 돌려주는 경우이다.

프로그램 5-3 값 전달

```
1  #include <iostream.h>
2  int plus(int x, int y){
3      int z ;
4      z = x + y ;
5      return ( z ) ;
6  }
7
8  void main(void){
9      int a=10, b=20, c ;
10     c =  plus( a, b ) ;
11     cout << a << " + " << b << " = " << c << endl ;
12 }
```

프로그램 5-3 실행 결과

```
10 + 20 = 30
Press any key to continue
```

프로그램 5-3 해설

2번 : plus() 함수는 두 수를 전달받아서 더한 다음 계산 결과를 돌려주는 함수이다. plus() 함수에서 사용할 변수를 선언하는데, 일반적인 변수 선언과 같다. 이때의 변수 x, y는 지역 변수로서 plus() 함수 안에서만 사용하는 변수이다.

3번 : 지역 변수 z 역시 지역 변수로서 plus() 함수 안에서만 사용하는 변수이다.

5번 : 결과 값 z를 리턴한다.

8번 : main() 함수는 인수를 전달받지도 않고, 결과를 리턴하지도 않는다는 의미이다.

9번 : 변수 a, b, c는 지역 변수로서 main() 함수 안에서만 사용하는 변수이다.

10번 : plus() 함수를 호출하면서 데이터 값으로 변수 a, b의 값을 전달한다. 변수 a는 plus() 함수의 x, b는 y에 대응한다. 따라서 plus() 함수의 x, y는 10, 20이 된다.

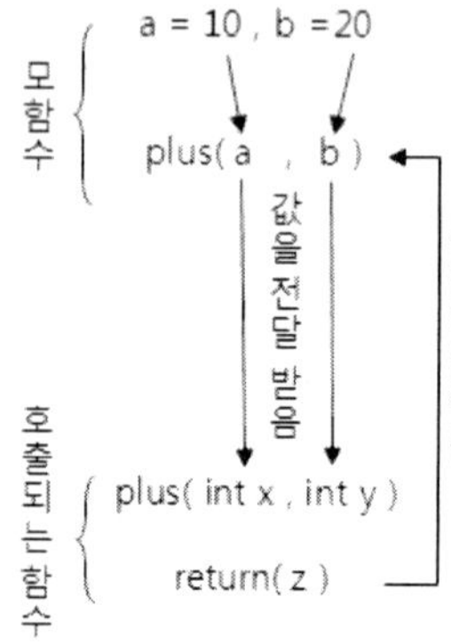

그리고 plus() 함수의 리턴 값 z가 plus 함수()의 값이므로 변수 c에 z값 30을 대입한다.

일반적으로 호출받는 함수가 호출하는 함수보다 앞에 기술되어 있어야만 한다. 그런데 프로그램 작성 초기에 함수의 선언을 먼저 기술해 두면, 호출하는 함수보다 뒤에 기술하여도 무방하다. 즉 다음 프로그램과 같이 함수 헤더를 프로그램의 초기에 기술한다.

프로그램 5-4 함수 선언

```
#include <iostream.h>
int plus(int x, int y);

void main(void){
    int a=10, b=20, c ;
    c =  plus( a, b ) ;
    cout << a << " + " << b << " = " << c << endl ;
}

int plus(int x, int y){
    int z ;
    z = x + y ;
    return ( z ) ;
}
```

만약, 2번 함수 선언이 없다면 컴파일러는 6번에서 plus() 함수를 인지하지 못하므로 에러가 발생한다. 그러나 2번에서 미리 함수 선언을 해 두면 컴파일러는 plus() 함수를 인지하게 되어 정상적인 컴파일이 진행된다.

2개의 정수형 데이터를 전달받아 두 수에서 큰 값을 반환하는 함수를 작성해 보자.

프로그램 5-5 maxof

```
1  #include <iostream.h>
2  int maxof(int x, int y){
3      if (x > y) return (x) ;
4      return (y) ;
5  }
6
7  void main(void){
8      int a, b ;
9
10     cout << "정수를 입력하시오 : " ; cin >> a ;
11     cout << "정수를 입력하시오 : " ; cin >> b ;
12     cout << "큰 값은 " << maxof(a, b) << "입니다.\n" ;
13 }
```

프로그램 5-5 실행 결과

```
정수를 입력하시오 : 5
정수를 입력하시오 : 3
큰 값은 5입니다.
Press any key to continue
```

프로그램 5-5 해설

2번 : 두 개의 정수를 전달받아야 하므로 가인수 2개를 선언한다. 모함수에 돌려줄 값이 정수이므로 서브 함수의 반환형도 int로 선언한다.

3번 : x가 y보다 크면 x를 돌려준다.

4번 : 아니면 y를 돌려준다.

12번 : maxof 함수의 리턴 값은 두 개의 정수 중에 큰 값이 된다.

2개의 정수형 데이터를 전달받아 두 수의 평균값을 반환하는 함수를 작성해 보자.

프로그램 5-6 aveof

```
1  #include <iostream.h>
2  double aveof(int x, int y){
3      return ( double (x + y) / 2 ) ;
4  }
5
6  void main(void){
7      int a, b ;
8
9      cout << "정수를 입력하시오: "; cin >> a ;
10     cout << "정수를 입력하시오: "; cin >> b ;
11     cout << "평균 값은 " << aveof(a, b) << "입니다.\n";
12 }
```

프로그램 5-6 실행 결과

```
정수를 입력하시오: 5
정수를 입력하시오: 6
평균 값은 5.5입니다.
Press any key to continue
```

프로그램 5-6 해설

2번 : 정수형 데이터의 평균값은 실수형이 된다. 따라서 서브 함수의 반환형은 double형으로 선언해야 된다.

3번 : 정수를 실수로 변환한 다음 나눗셈을 해야만 실수 데이터가 얻어진다.

5.2.2 참조 전달(Call by Reference)

값 전달 방식이 데이터 값을 전달하는 것이라면, 참조 전달 방식은 데이터가 들어 있는 변수의 주소를 전달하는 방식이다.

변수의 주소

메모리는 데이터를 기억하기 위한 장소로서 주소라는 개념을 사용한다. 즉 함수에서 변수를 선언하면 해당 변수에 대한 기억 공간은 메모리에 물리적인 주소를 갖게 된다. 이때 변수명 앞에 '&'기호를 붙여 쓰면 변수의 주소를 알 수 있다.

프로그램 5-7 변수의 주소

```
#include <iostream.h>
void main(void){
    int a, b ;
    cout << "변수 a의 주소 : " << &a << endl ;
    cout << "변수 b의 주소 : " << &b << endl ;
}
```

프로그램 5-7 실행 결과

```
"D:\Work0\강의교재\2012 C++\프로그램NEW\5장 함수\Debug\5-7 변수주소.exe"
변수 a의 주소 : 0x0012FF44
변수 b의 주소 : 0x0012FF40
Press any key to continue
```

참조형 오브젝트(변수)

주소 전달을 이해하기 위해서는 참조(reference)에 관하여 이해해야 한다.

```
int abc ;
int & ref = abc ;
```

위와 같이 &를 붙여 선언함으로써 ref는 일반 오브젝트가 아닌 참조형 오브젝트가 된다. 즉 ref는 abc를 참조하는 오브젝트인 것이다.

참조형 오브젝트는 자신의 저장 공간을 가지지 못하며 다른 오브젝트의 저장 공간에 자신의 이름을 붙여 그 저장 공간을 사용하는 오브젝트이다. 따라서 abc와 ref는 저장 공간을 공유하게 되므로 abc와 ref는 동일한 값을 표현하세 된다. 이것을 다르게 말하면 변수 abc는 ref라는 별명을 가지고 있다고 생각해도 좋을 것이다.

그러므로

```
ref = 5 ;
```

와 같이 ref에 5를 대입하는 것은 abc에 5를 대입하는 것과 같은 의미이므로 abc가 5의 값을 가진다.

여기서 참조 오브젝트에서 주의해야 할 점은 선언 시에 반드시 참조형 오브젝트에 대한 초기화가 필요하다는 것이다.

인수 x, y의 값을 교환하는 함수

void swap(int x, int y) { /* …… */ }

를 작성해 보자.

프로그램 5-8 swap

```
1  #include <iostream.h>
2  void swap(int & x, int & y){
3      int temp = x ;
4      x = y ;
5      y = temp ;
6  }
7
8  void main(void){
9      int a, b ;
10     cout << "정수 a의 값을 입력하시오 : "; cin >> a ;
11     cout << "정수 b의 값을 입력하시오 : "; cin >> b ;
12     cout << "a의 값은 " << a << "입니다.\n";
13     cout << "b의 값은 " << b << "입니다.\n";
14     swap(a, b);
15     cout << "정수 a와 b를 서로 교환하였습니다.\n";
16     cout << "a의 값은 " << a << "입니다.\n";
17     cout << "b의 값은 " << b << "입니다.\n";
18 }
```

프로그램 5-8 실행 결과

```
정수 a의 값을 입력하시오 : 3
정수 b의 값을 입력하시오 : 7
a의 값은 3입니다.
b의 값은 7입니다.
정수 a와 b를 서로 교환하였습니다.
a의 값은 7입니다.
b의 값은 3입니다.
Press any key to continue
```

프로그램 5-8 해설

2번 : int &x=a, int &y=b로 선언한 것과 같다.

3~5번 : 변수 x와 y의 내용을 서로 바꾸는 것은 main() 함수의 변수 a와 b의 내용을 바꾸는 것과 같다.

참조형 오브젝트 전달

인수의 전달 방식이 위의 프로그램은 아래의 그림과 같이 이루어진다. 함수 swap의 가인수 x, y에 대하여 전달되는 실인수는 a, b이므로 이것은

```
int & x = a ;
int & y = b ;
```

와 동일하게 초기화되어 x는 a의 별칭이 되고, y도 b의 별칭이 되는 것이다.

따라서 swap 함수의 x, y의 값을 교환하는 것은 main 함수의 a, b 값을 서로 교환하는 것을 의미하게 되므로 목적하는 결과를 얻을 수 있다.

이와 같은 전달 방법을 참조에 의한 전달(pass by reference)라고 한다.

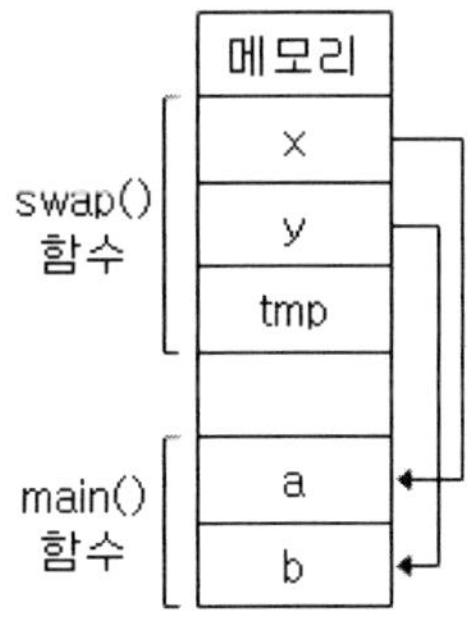

5.2.3 배열 전달(Call by Address)

인수로 배열을 전달하기 위해서는 가인수의 선언에서

```
int sub ( int x[] ){     }
```

와 같이 배열 선언을 한다. 이때 배열의 크기는 기술하지 않는다.

함수를 호출할 때에는

```
void main ( void ){
  sub ( a ) ;
}
```

와 같이 실인수에 배열명만 기술하면 된다.

배열명 a만 기술한 것은 &a[0]의 의미로서 배열 a의 선두 주소 즉, 배열 a가 시작하는 위치를 전달하는 것과 같다.

요소수가 n인 int형 배열 x의 최소값을 반환하는 함수

int minof (int x[ ] , int n)

을 작성해 보자.

main() 함수에서 5개의 정수를 입력받아 배열에 저장한 다음 배열을 서브 함수에 전달한다. 서브 함수에서는 5개의 정수 중에서 최소값을 main() 함수로 돌려준다.

프로그램 5-9 minof

```
 1 #include <iostream.h>
 2 int minof(int x[], int n){
 3     int min = x[0] ;
 4     for (int i=1 ; i<n ; i++)
 5         if (x[i]<min) min=x[i] ;
 6     return (min) ;
 7 }
 8 
 9 void main(void){
10     const int max=5 ;
11     int a[max] ;
12     for (int i=0 ; i<max ; i++ ) {
13         cout << "a[" << i << "] = " ; cin >> a[i] ;
14     }
15     cout << "최소값 : " << minof(a, max) << '\n' ;
16 }
```

프로그램 5-9 실행 결과

```
"D:\Work0\강의교재\2012 C++\프로그램NEW\5장 함수\Debug\5-9 minof.exe"
a[0] = 25
a[1] = 49
a[2] = 22
a[3] = 10
a[4] = 6
최소값 : 6
Press any key to continue
```

프로그램 5-9 해설

2번 : main() 함수의 배열 a[]를 배열 x[]로 전달받는다. 변수 n은 배열의 크기이다.

10번 : const는 상수식으로 배열 요소수는 5이다.

11번 : max는 상수 5이므로 int a[5]와 같이 선언한 것과 같다.

12~14번 : max=5이므로 5개의 정수만 입력받는다.

15번 : 배열 a[]와 배열의 크기 max를 서브 함수에 전달한다.

상수 식(const 변수)

const를 붙여 선언된 상수 오브젝트는 상수식(constant expression)으로 취급된다. 따라서 상수 5에 대하여 max라는 이름을 부여한 것이 되며, 변수를 사용할 수 없는 배열의 요소수 지정에도 이용될 수 있다.

만약 배열 요소수를 바꾸고 싶다면 위의 선언부를

```
const int max = 10 ;
```

로 변경하면 될 것이다. 만약 이와 같은 상수식을 사용하지 않는다면, 배열 요소수를 변경할 곳이 많을 경우 곤란하게 될 것이다. 상수로 지정되어 있는 배열의 요소수를 일일이 모두 고쳐야 하기 때문이다. 그리고 정수에 이름이 있으므로 프로그램 이해에도 도움이 될 수 있다.

상수식을 사용하지 않고 다음과 같이 전처리기를 이용해도 같은 결과를 얻을 수 있다.

```
#define max 10
```

n개의 요소를 가지는 int형 배열 y의 모든 요소를 배열 x에 복사하는 함수

```
void icopy (int x[ ], int y[ ], int n) { /* …… */ }
```

를 작성해 보자.

프로그램 5-10 배열 복사

```
1  #include <iostream.h>
2  void icopy(int x[], int y[], int n){
3      for (int i=0 ; i<n ; i++)
4          x[i] = y[i] ;
5  }
6
7  void main(void){
8      const int n=5 ;
9      int i;
10     int a[n] = {0} ;
11     int b[n] = {1, 2, 3, 4, 5} ;
12
13     for (i = 0; i < n; i++)
14         cout << "a[" << i << "] = " << a[i] << " : "
15              << "b[" << i << "] = " << b[i] << '\n' ;
16     icopy(a, b, n) ;
17     cout << "배열 b를 모두 복사하였습니다.\n";
18     for (i = 0; i < n; i++)
19         cout << "a[" << i << "] = " << a[i] << " : "
20              << "b[" << i << "] = " << b[i] << '\n' ;
21 }
```

프로그램 5-10 실행 결과

```
a[0] = 0 : b[0] = 1
a[1] = 0 : b[1] = 2
a[2] = 0 : b[2] = 3
a[3] = 0 : b[3] = 4
a[4] = 0 : b[4] = 5
배열 b를 모두 복사하였습니다.
a[0] = 1 : b[0] = 1
a[1] = 2 : b[1] = 2
a[2] = 3 : b[2] = 3
a[3] = 4 : b[3] = 4
a[4] = 5 : b[4] = 5
Press any key to continue
```

프로그램 5-10 해설

2번 : 배열 x와 y를 선언하고, 배열의 크기를 n으로 선언한다. 서브 함수의 배열 x[]는 main() 함수의 배열 a[]에, 서브 함수의 배열 y[]는 main() 함수의 배열 b[]에 대응한다.

3~4번 : y[0]에서 y[4]까지의 내용을 배열 x[0]에서 x[4]까지에 복사한다.

13~15번 : 배열을 복사하기 전에 배열 a[]와 b[]를 출력한다.

16번 : 서브 함수 icopy에 배열 a[]와 b[], 배열 크기 n을 전달한다.

18~20번 : 복사한 다음의 배열 a[]와 b[]를 출력한다.

char형 배열 y[]의 문자열을 배열 x[]에 복사하는 함수

void strcpy (char x[ ], char y[ ]) { /* …… */ }

를 작성해 보자.

프로그램 5-11 문자열 복사

```
1  #include <iostream.h>
2  void strcpy(char x[], char y[]){
3      int i=0 ;
4      while (x[i]){
5          y[i] = x[i] ;
6          i++ ;
7      }
8      y[i]='\0';
9  }
10
11 main(void){
12     char a[10] = "abcde" ;
13     char b[10] ;
14     strcpy ( a , b );
15     cout << "a=" << a << '\n' ;
16     cout << "b=" << b << '\n' ;
17 }
```

프로그램 5-11 실행 결과

```
a=abcde
b=abcde
Press any key to continue
```

프로그램 5-11 해설

2번 : 배열 x[]와 y[]는 main() 함수의 배열 a[]와 b[]에 대응한다.

4~7번 : 배열 x[]의 문자열 마지막에 있는 '\0' 문자가 나올 때까지 배열 x[]에서 배열 y[]로 복사한다.

8번 : 배열 y[]에는 '\0' 문자가 복사되지 않으므로 배열 y[]의 마지막에 '\0' 문자를 대입한다.

n개의 요소를 가지는 int형 배열 x에서 값이 k인 요소의 첨자번호를 반환하는 함수

void search (int x[ ], int n, int k) { /* …… */ }

를 작성해 보자.

프로그램 5-12 첨자번호반환

```
1  #include <iostream.h>
2  int search(int x[], int n, int k){
3      for (int i = 0; i < n; i++)
4          if (x[i] == k) return (i) ;
5      return (-1) ;
6  }
7
8  main(void){
9      const int n = 5;
10     int a, x[n] ;
11
12     cout << "배열 x의 각 요소 값을 입력하시오.\n" ;
13     for (int i = 0;  i < n; i++) {
14         cout << "x[" << i << "] = " ;
15         cin >> x[i] ;
16     }
17     cout << "검색하고자하는 값은 ? " ; cin >> a ;
18     int pos = search(x, n, a) ;
19     if (pos == -1) cout << "검색 값은 배열 요소에 없습니다.\n" ;
20     else cout <<"검색 값은 x["<< pos <<"]에 저장되어 있습니다.\n" ;
21 }
```

프로그램 5-12 실행 결과

```
배열 x의 각 요소 값을 입력하시오.
x[0] = 55
x[1] = 29
x[2] = 84
x[3] = 39
x[4] = 21
검색하고자하는 값은 ? 84
검색 값은 x[2]에 저장되어 있습니다.
Press any key to continue
```

프로그램 5-12 해설

2번 : 배열 x[]로 입력한 정수를 전달받는다. 검색값은 변수 k에 저장한다.

3~4번 : x[0]에서 x[n]까지 검색 값과 비교하여 배열의 정수가 일치하면 그때의 배열 번호를 리턴한다.

5번 : for 문 처리가 마지막까지 실행되었을 때는 검색값이 배열에 없다는 것이므로 -1을 반환한다.

13~16번 : 입력한 정수를 배열에 저장한다.

18번 : 서브 함수 search()의 반환값을 변수 pos에 저장한다.

19~20번 : 반환값이 -1이면 일치하는 검색값이 없다는 것이 되므로 검색값이

없다는 메시지를 출력하고, 아니면 pos를 출력한다. 이때의 pos는 검색값이 있는 배열 번호가 된다.

앞 장에서 작성하였던 정렬 프로그램을 서브 함수로 나누어서 작성해 보자. 서브 프로그램을 한 가지 기능을 가질 수 있도록 작게 나누게 되면 한번 작성한 서브 프로그램을 다른 프로그램에서 그대로 사용할 수 있게 된다.

프로그램 5-13 숫자 정렬

```
#include <iostream.h>
void swap(int& x, int& y){
    int temp=x ; x=y ; y=temp ;
}
void sort(int w[]){
    int i, j ;
    for(j=0; j<9; j++){
        for(i=0; i<9; i++)
            if(w[i]>w[i+1]) swap(w[i], w[i+1]) ;
    }
}
void inp(int s[]){
    for(int i=0; i<10; i++){
        cout << "a[" << i << "] = " ;
        cin >> s[i] ;
    }
}
void outp(int s[]){
    for(int i=0; i<10; i++) cout << s[i]  << " " ;
    cout << '\n' ;
}
void main(void){
    int i ;
    int a[10]={0} ;

    inp(a);
    cout << "정렬전 a[ ]= " ; outp(a) ;
    sort(a) ;
    cout << "정렬후 a[ ]= " ; outp(a);
}
```

프로그램 5-13 실행 결과

```
a[0] = 20
a[1] = 15
a[2] = 54
a[3] = 94
a[4] = 66
a[5] = 49
a[6] = 38
a[7] = 44
a[8] = 1
a[9] = 25
정렬전 a[ ]= 20 15 54 94 66 49 38 44 1 25
정렬후 a[ ]= 1 15 20 25 38 44 49 54 66 94
Press any key to continue
```

프로그램 5-13 해설

2번 : swap() 함수는 2개의 변수의 내용을 서로 바꾼다.

5번 : sort(0 함수는 정수 배열의 숫자를 크기순으로 정렬한다.

12번 : inp() 함수는 정수를 입력하여 배열에 저장한다.

18번 : outp() 함수는 배열의 내용을 출력한다.

22번 : main() 함수에서는 서브 함수를 호출하여 프로그램의 흐름을 조정한다.

2개의 문자열을 한 개의 문자열로 연결하는 프로그램을 작성해 보자. 즉, x[] 배열과 y[] 배열의 문자열을 z[] 배열에 복사한다.

알고리즘 5-14

① z[i]=x[i]를 이용하여 x[] 배열을 z[]배열에 복사한다. 이때 i 값은 똑같이 증가시킨다.

② y[] 배열을 z[] 배열에 복사한다. y[]배열은 y[0]부터 시작하고, z[]배열은 앞에서 끝난 번호 z[3]부터 계속한다.

x[0]	'A'	→	'A'	z[0]
x[1]	'B'	→	'B'	z[1]
x[2]	'C'	→	'C'	z[2]
y[0]	'D'	→	'D'	z[3]
y[1]	'E'	→	'E'	z[4]
y[2]	'F'	→	'F'	z[5]
y[3]	'\0'	→	'\0'	z[6]

프로그램 5-14 문자열 연결

```
1  #include <iostream.h>
2  void strcat(char x[], char y[], char z[]){
3      int i=0, j=0 ;
4      while (x[i]){ z[i]=x[i]; i++; }
5      while (y[j]){ z[i]=y[j]; i++; j++; }
6      z[i]='\0';
7  }
8
9  void main(void){
10     char a[10] = "abcde" ;
11     char b[10] = "fghij" ;
12     char c[20] ;
13     strcat(a, b, c) ;
14     int i = 0 ;
15     while (a[i]){ cout << a[i] ; i++; } cout << '\n' ;
16     i = 0 ;
17     while (b[i]){ cout << b[i] ; i++; } cout << '\n' ;
18     i = 0 ;
19     while (c[i]){ cout << c[i] ; i++; } cout << '\n' ;
20 }
```

프로그램 5-14 실행 결과

```
abcde
fghij
abcdefghij
Press any key to continue
```

프로그램 5-14 해설

12번 : 배열 c[]에는 배열 a[]와 배열 b[]를 연결해서 저장한다.

4번 : 배열 x[]의 '\0' 문자가 나올 때까지 배열 x[]의 문자열을 배열 z[]에 복사한다.

5번 : 배열 y[]의 '\0' 문자가 나올 때까지 배열 y[]의 문자열을 배열 z[]에 복사한다. 배열 x[]의 복사가 끝났을 때의 i 값은 배열 z[]의 마지막 문자 다음을 가리킨다. 그러므로 배열 y[]는 j=0로 문자열의 처음부터 시작하고 배열 z[]는 i 값으로 끝에서부터 시작한다.

문자열의 길이를 구하는 프로그램을 작성해 보자.

알고리즘 5-15

배열 x[]를 '\0' 문자가 나올 때까지 증가시켰을 때, '\0' 문자의 첨자 번호는 3이 되고 문자열의 길이는 3이 된다. 따라서, 문자열의 길이는 '\0' 문자의 첨자 번호를 구하면 된다.

x[0]	'A'	
x[1]	'B'	
x[2]	'C'	
x[3]	'\0'	←

프로그램 5-15 문자열 길이

```
1  #include <iostream.h>
2  int len(char x[]){
3      int i = 0 ;
4      while (x[i]) i++ ;
5      return (i);
6  }
7  
8  void main(void){
9      char a[] = "computer" ;
10     int n ;
11     n = len(a);
12     cout << "문자열 = " << a << '\n' ;
13     cout << "문자열길이 = " << n << '\n' ;
14 }
```

프로그램 5-15 실행 결과

```
문자열 = computer
문자열길이 = 8
Press any key to continue
```

프로그램 5-15 해설

4번 : 변수 i 값은 0부터 시작해서 문자열의 끝에 있는 '\0' 문자에서 끝난다. 예를 들어 다섯 글자인 문자열에서 '\0' 문자의 첨자는 5가 된다. 따라서 '\0' 문자의 위치가 문자열의 길이가 된다.

입력한 두 개의 문자열이 같은지 비교하는 프로그램을 작성해 보자.

알고리즘 5-16

문자열의 비교는 3가지 경우를 생각해서 작성한다.

① 2개의 문자열의 길이가 다른 경우다. 문자열의 길이가 다르다는 것은 2개의 문자열은 서로 다르다는 것이다. 따라서 문자열의 길이를 비교하여 길이가 서로 다르면 두 개의 문자열이 다르다고 판단한다.

	x		y	
x[0]	'A'	↔	'A'	y[0]
x[1]	'B'	↔	'B'	y[1]
x[2]	'C'	↔	'C'	y[2]
x[3]	'\0'		'D'	y[3]
			'\0'	y[4]

② 문자열의 길이가 같으면서 문사가 다른 경우다. x[i]와 y[i]를 비교하다가 하나라도 다르면 두 개의 문자열이 다르다고 판단한다.

	x		y	
x[0]	'A'	=	'A'	y[0]
x[1]	'B'	=	'B'	y[1]
x[2]	'C'	≠	'D'	y[2]
x[3]	'\0'		'\0'	y[3]

③ ①과 ②가 아닌 경우는 2개의 문자열이 같다는 의미가 된다.

	x		y	
x[0]	'A'	=	'A'	y[0]
x[1]	'B'	=	'B'	y[1]
x[2]	'C'	=	'C'	y[2]
x[3]	'\0'		'\0'	y[3]

문자열의 길이를 구하는 루틴은 앞에서 작성한 함수를 그대로 사용하면 될 것이다.

프로그램 5-16 문자열 비교

```
#include <iostream.h>
int len(char x[]){
    int i=0 ;
    while (x[i]) i++ ;
    return(i) ;
}

int cmp(char x[], char y[]){
    int i=0 ;
    if(len(x) != len(y)) return(0) ;
    while(x[i]!='\0'){
        if (x[i]!=y[i]) return(0) ;
        i++ ;
    }
    return(1) ;
}

int inp (char s[]){
    int i=0 ;
    while (cin.get(s[i]))
        if (s[i]=='\n'){ s[i]='\0'; return(i); }
        else i++ ;
    return(0);
}

void main(void){
    char a[10], b[10] ;
    int k ;
    cout << "첫번째 문자열을 입력하시오. " ; inp(a) ;
    cout << "두번째 문자열을 입력하시오. " ; inp(b) ;
    k = cmp(a, b);
    if(k==0) cout << "not equal\n" ;
    else cout << "equal\n" ;
}
```

프로그램 5-16 실행 결과 1

```
"D:\Work0\강의교재\2012 C++\프로그램NEW\5장 함수\Debug\5-16 cmp.exe"
첫번째 문자열을 입력하시오. unix
두번째 문자열을 입력하시오. unixc
not equal
Press any key to continue
```

프로그램 5-16 실행 결과 2

```
"D:\Work0\강의교재\2012 C++\프로그램NEW\5장 함수\Debug\5-16 cmp.exe"
첫번째 문자열을 입력하시오. unix
두번째 문자열을 입력하시오. unix
equal
Press any key to continue
```

프로그램 5-16 해설

2번 : 함수 len()은 문자열의 길이를 구한다.

8번 : 함수 cmp()는 2개의 문자열을 비교하여 같으면 1, 다르면 0을 반환한다.

10번 : 2개의 문자열의 길이가 서로 다르면 문자열이 같지 않은 것이 된다. 따라서 0을 반환하면서 함수를 끝낸다.

11~14번 : 문자열의 끝까지 2개의 문자열을 순서대로 서로 비교한다. 만약 다른 것이 있으면 0을 반환하면서 함수를 끝낸다.

15번 : while 문이 그대로 종료가 되는 것은 2개의 문자열이 같은 것을 의미한다. 따라서 1을 반환하면서 함수를 끝낸다.

18번 : 함수 inp()는 문자열을 입력받아 배열에 저장하고, 문자열의 길이를 반환한다.

29번 : 문자열 입력 함수 inp()에 배열 a[]를 전달하면 입력한 문자열이 배열 a[]에 저장된다.

30번 : 문자열 입력 함수 inp()에 배열 b[]를 전달하면 입력한 문자열이 배열 b[]에 저장된다.

입력한 문자열을 배열에 저장되어 있는 문자열에서 찾아 문자열의 위치를 출력하는 프로그램을 작성해 보자.

알고리즘 5-17

다음 그림과 같이 a[] 배열에 4개의 문자열이 저장되어 있고, 검색어를 “IBMPC”로 하였을 경우, 검색어를 저장된 문자열과 하나씩 비교한다. 문자열 비교는 앞에서 작성한 문자열 비교 프로그램을 이용하면 될 것이다.

즉, i=0에서는 str[] 배열의 “IBMPC”와 a[0] 배열의 “unix”와 비교한다. 문자열이 서로 다르면, i=1에서 “computer”와, i=2에서 “이동석”과 비교한다. i=3에서 문자열이 같으므로 cmp() 함수는 1을 반환하게 되고, 그때의 i=3이 문자열의 위치가 된다.

검색어	str[]	"IBMPC"
저장 문자열	a[0]	"unix"
	a[1]	"computer"
	a[2]	"이동석“
	a[3]	"IBMPC"

프로그램 5-17 문자열 검색

```
1  #include <iostream.h>
2  int len (char x[]){
3      int i=0 ;
4      while(x[i]) i++ ;
5      return(i) ;
6  }
7
8  int cmp (char x[], char y[]){
9      int i=0 ;
10     if( len(x) != len(y) ) return(0) ;
11     while(x[i]!='\0'){
12         if (x[i]!=y[i]) return(0) ;
13         i++ ;
14     }
15     return(1) ;
16 }
17
18 int main(void){
19     int i, j ;
20     char a[][10]={"unix", "computer", "이동석", "IBMPC"} ;
21     char str[10] ;
22     cout << "Input name is " ; cin >> str ;
23     for(i=0; i<4; i++){
24         j = cmp(str, a[i]) ;
25         if(j==1){ cout << "Found in No." << i << '\n'; return(1);
26         }
27     }
28     cout << "Not Found" << '\n' ;
29     return(1) ;
30 }
```

프로그램 5-17 실행 결과

```
"D:₩Work0₩강의교재₩2012 C++₩프로그램NEW₩5장 함수₩Debug₩5-17 문자열검색.exe"
Input name is IBMPC
Found in No.3
Press any key to continue
```

프로그램 5-17 해설

20번 : 2차원 문자형 배열 a[]에 4개의 문자열을 저장

21번 : 배열 str[]은 검색할 문자열을 저장할 배열이다.

23~27번 : 검색할 문자열을 저장된 문자열에서 찾는다.

24번 : 검색어 "IBMPC"와 저장된 문자열을 하나씩 비교한다. 즉, i=0에서는 "unix"와 비교하고, i=1에서는 "computer"와 비교한다. i=3에서 문자열이 같으므로 cmp() 함수는 1을 반환하고, 그때의 i=3이 문자열의 위치가 된다.

25번 : 문자열의 위치를 출력하고 함수를 끝낸다.

28번 : for 문을 종료하면 찾지 못했음을 출력하고 함수를 끝낸다.

2차원 배열의 전달

다음과 같이 2차원 배열이 선언되어 있을 때,

char s[ ][6] = {"March", "iz" ,"EK11"};

다음과 같이 인수를 전달한다.

함수를 호출할 때	print (s) ;
함수를 선언할 때	void print (char x[ ] [6])

이 프로그램에서의 2차원 배열은, s[0], s[1], s[2]의 3개의 요소로 구성되어 있는 배열로 생각할 수 있다. 따라서, 함수의 인수로서 전달할 배열의 선두요소를 가리키는 주소는 6개의 문자 요소로 이루어진 배열인 s[0]의 주소가 된다.

문자열 배열 x의 n-1번째의 문자열을 표시하는 함수를 작성해 보자.

프로그램 5-18 2차원 배열의 전달

```
#include <iostream.h>
const int smax = 3 ;
const int slen = 6 ;
void print ( char x[][slen], int n){
    if ( n>=0 && n<smax )
        cout << x[n] << '\n' ;
}

void main(void){
    char s[ ][slen] = {"March", "iz" ,"EK11"} ;
    for (int i=0 ; i<smax ; i++)
        print(s,i);
}
```

프로그램 5-18 실행 결과

```
March
iz
EK11
Press any key to continue
```

프로그램 5-18 해설

4번 : 2차원 배열을 전달받으면서, 출력할 문자열의 요소를 n에 전달받는다.

6번 : x[0], x[1], x[2] 순으로 문자열을 출력한다.

12번 : 2차원 배열의 문자열을 전달한다.

5.2.4 디폴트 인수(묵시적 인수)

C++에서는 함수 호출 시에 실제 인수를 생략했을 경우, 그 함수에 전달되는 기본 값을 함수 정의 또는 프로토타입 선언에서 설정할 수 있다. 이와 같은 함수를 호출하였을 때는 생략된 인수에 대해 자동적으로 기본 인수(묵시적 인수) 값이 전달되게 된다. 즉,

```
sub ( int x=0 ){ ... }
```

으로 선언한 다음

```
sub ( ) ;
```

와 같이 호출하면 sub(0)로 호출한 것이 된다.

다음 프로그램 예로 디폴트인수에 대해 살펴보자.

다음 프로그램의 함수 maxof()에서는 3번째, 4번째 인수의 기본 값을 0으로 지정하였다. 따라서 호출 시에 이들 인수의 값을 생략하게 되면, 가인수 c와 d에는 0이 입력(0으로 초기화)되게 된다.

묵시적 인수 값을 설정할 때는 뒤쪽의 인수들부터 차례로 설정하여야 한다. maxof() 함수를 예로 들면 d, c, b, a의 순서로 설정하여야 하며, 뒤쪽 인수를 묵시적 인수로 설정하지 않고 앞쪽 인수들만을 설정하면 구문 에러가 발생하게

된다.

프로그램 5-19 디폴트 인수

```
1  #include <iostream.h>
2  unsigned maxof(unsigned a, unsigned b, unsigned c=0, unsigned d=0){
3      unsigned max = a ;
4      if (b > max) max = b ;
5      if (c > max) max = c ;
6      if (d > max) max = d ;
7      return (max) ;
8  }
9
10 void main(void){
11     unsigned a, b, c, d ;
12     cout << "양의 정수를 입력하시오: \n" ;
13     cout << "a = " ; cin >> a ; cout << "b = " ; cin >> b ;
14     cout << "c = " ; cin >> c ; cout << "d = " ; cin >> d ;
15     cout << "maxof(a, b)        = " << maxof(a, b)       << '\n' ;
16     cout << "maxof(a, b, c)     = " << maxof(a, b, c)    << '\n' ;
17     cout << "maxof(a, b, c, d)  = " << maxof(a, b, c, d) << '\n' ;
18 }
```

프로그램 5-19 실행 결과

```
양의 정수를 입력하시오:
a = 10
b = 20
c = 30
d = 40
maxof(a, b)        = 20
maxof(a, b, c)     = 30
maxof(a, b, c, d)  = 40
Press any key to continue
```

프로그램 5-19 해설

2번 : 가인수 c와 d는 묵시적 인수로서 0으로 초기화된다.

3번 : unsigned형은 0과 양의 정수 값을 표현하는 자료형이다.

15번 : maxof(a, b)에서 c와 d가 생략되었으므로 서브함수 maxof()에서는 c와 d가 0으로 초기화된다.

16번 : maxof(a, b, c)에서 d가 생략되었으므로 서브함수 maxof()에서는 d가 0으로 초기화되며, a, b, c는 전달값이 적용된다.

17번 : maxof(a, b, c, d)에서 4개의 변수값이 모두 전달되므로 a, b, c, d의 값은 전달값이 적용된다.

5.3 함수 오버로딩

C++에서는 같은 이름을 가진 함수들을 중첩시켜 만들 수 있다. 이를 함수 중첩 혹은 함수 오버로딩이라고 한다. 함수 오버로딩은 매개 변수의 개수가 다르거나 매개 변수의 형이 다른 동일한 이름의 함수를 여러 개 정의하는 것이다.

예를 들어 다음과 같이 정의하는 것이다.

```
int func ( int, int ) ;
int func ( double, double ) ;
int func ( double ) ;
```

C++ 컴파일러는 함수의 이름뿐만 아니라 매개변수의 정보를 가지고 함수를 호출하기 때문에 같은 이름의 정의가 가능하다.

함수 오버로딩의 기본 조건은 다음과 같다.

① 함수의 이름이 같아야 한다.

② 리턴형은 같아도 되고 달라도 된다.

③ 매개 변수의 개수나 형이 달라야 한다.

올바른 사용	잘못된 사용
int func (int x) ; int func (double x) ;	int func (int x) ; double func (int y) ;

위에서 잘못된 사용은 매개 변수의 개수와 형이 같은 것이다.

프로그램 5-20 함수 오버로딩

```
#include <iostream.h>
int      func ( ){ return 10 ; }
char     func ( char c ){ return c ; }
int      func ( int a ){ return a*2 ; }
int      func ( int a , int b ){ return a*b ; }
double   func ( double a , double b ){ return a+b ; }
double   func ( int a , double b ) { return a/b ; }

void main(void) {
    cout << "1. " << func ( ) << endl ;
    cout << "2. " << func ( 'k' ) << endl ;
    cout << "3. " << func ( 4 ) << endl ;
    cout << "4. " << func ( 2 , 3 ) << endl ;
    cout << "5. " << func ( 2.5, 3.0 ) << endl ;
    cout << "6. " << func ( 2, 3.0 ) << endl ;
}
```

프로그램 5-20 실행 결과

```
1. 10
2. k
3. 8
4. 6
5. 5.5
6. 0.666667
Press any key to continue
```

프로그램 5-20 해설

10번 : 인수 전달없이 호출하였으므로 2번의 함수가 호출된다.

11번 : 문자형 데이터를 인수로 호출하였으므로 3번의 함수가 호출된다.

12번 : 한 개의 정수형 데이터를 인수로 호출하였으므로 4번의 함수가 호출된다.

13번 : 두 개의 정수형 데이터를 인수로 호출하였으므로 5번의 함수가 호출된다.

14번 : 두 개의 실수형 데이터를 인수로 호출하였으므로 6번의 함수가 호출된다.

15번 : 한 개의 정수형 데이터와 한 개의 실수형 데이터를 인수로 호출하였으므로 7번의 함수가 호출된다.

5.4 참조 영역

일반적으로 하나의 프로그램이 실행되면 컴퓨터 메모리를 프로그램 영역, 데이터 영역, 스택 영역의 3가지 영역으로 나누어서 사용한다. 프로그램 영역에는 프로그램 소스 코드가 저장되며, 데이터 영역에는 프로그램에서 사용하는 데이터가 저장되고, 스택 영역은 스택으로 사용된다.

그런데 함수를 호출하면, 함수에서 선언한 변수는 지역 변수로서 변수를 선언할 때 스택에 저장하여 함수가 활성일 때에만 사용되고(자동변수), 함수가 종료되면 자동으로 소멸된다. 그러나 변수를 메모리의 데이터 영역에 저장하게 되면 함수의 호출/종료와 상관없이 변수는 프로그램이 완전히 종료할 때까지 존재하게 된다(정적 변수). 변수가 생성에서 소멸 될 때까지를 변수의 기억 수명이라고 한다.

자동 기억 수명

함수 내부에서 선언한 변수는 프로그램의 흐름이 그 선언을 통과할 때에 작성되고, 그 선언을 둘러 싼 블록의 마지막에 있는 "}"를 통과할 때 소멸된다. 이와 같은 성질을 가진 오브젝트의 기억 수명을 자동 기억 수명(automatic storage duration)이라 한다.

자동 기억 수명을 갖는 오브젝트는 프로그램의 흐름이 선언을 통과할 때 생성됨과 동시에 초기화 된다.

따라서 함수가 호출될 때마다, 지역 변수는 0으로 초기화되는 것이다.

정적 기억 수명

오브젝트에 static을 붙여 선언하면 프로그램 실행 시작 시에, 구체적으로는 main 함수가 실행되기 전인 준비 단계에서 생성되고, 프로그램이 완전히 끝날 때까지 존재한다. 이와 같은 성질을 갖는 오브젝트의 기억 수명을 정적 기억 수명(static storage duration)이라 한다.

정적 기억 수명을 갖는 오브젝트는 main 함수를 실행하기 전 준비단계에서 초기화되므로 프로그램의 흐름이 그 선언을 통과한다고 할지라도 다시 초기화 되는 일은 없이 그 값이 유지된다.

오브젝트의 초기화 타이밍을 정리하면 다음과 같다.

① 자동 기억 수명을 갖는 오브젝트 : 프로그램의 흐름이 그 선언을 통과할 때 초기화 된다.

② 정적 기억 수명을 갖는 오브젝트 : 프로그램의 흐름과 무관하게, 최초 준비단계(main 함수 실행개시 전)에서 초기화 된다.

이들 초기화에 있어서 초기화 값이 주어지지 않으면 어떻게 될까?

이 경우 자동 기억 수명을 갖는 오브젝트의 초기화에 관해서는 임의의 값이 할당되고, 정적 기억 수명을 갖는 오브젝트의 초기화는 0으로 초기화 된다.

즉, 다음과 같은 두 가지 선언은 똑같은 의미를 갖는다.

```
static int sx = 0;
static int sx;
```

프로그램 5-21 자동 기억 수명

```
#include <iostream.h>
void func(void){
    int ax=0 ;
    static int sx=0 ;
    cout << "ax : " << ax << "  sx : " << sx << '\n' ;
    ax++ ;  sx++ ;
}

void main(void){
    for (int i=0 ; i<5 ; i++ ) func() ;
}
```

프로그램 5-21 실행 결과

```
ax : 0  sx : 0
ax : 0  sx : 1
ax : 0  sx : 2
ax : 0  sx : 3
ax : 0  sx : 4
Press any key to continue
```

프로그램 5-21 해설

변수 ax는 자동 기억 수명을 갖는 오브젝트로서 함수가 호출될 때마다 초기값이 0으로 초기화된다.

변수 sx는 정적 기억 수명을 갖는 오브젝트로서 main 함수를 실행하기 전 준비 단계에서 초기화 되므로 프로그램의 흐름이 그 선언을 통과한다고 할지라도 다시 초기화 되는 일은 없이 그 값이 유지된다.

전역 변수

변수는 변수의 선언 위치에 따라 지역 변수와 전역 변수로 나누어진다. 즉, 함수 내부에서 선언한 변수는 지역 변수로서 선언한 함수의 블록 내에서만 사용할 수 있는 변수이고, 전역 변수는 함수 외부에서 선언하여 모든 함수에서 공용으로 사용할 수 있는 변수이다. 지역 변수와 전역 변수는 변수 이름을 똑같이 하여 선언할 수 있으며, 함수에서 사용할 경우에는 지역 변수가 전역 변수보다 우선한다.

프로그램 5-22 전역 변수

```
1  #include <iostream.h>
2  int x = 555 ;
3  void print_x (void){
4      x = 9 ;
5      cout << " print_x : x => " << x << '\n' ;
6      int x = 456   ;
7      cout << " print_x : x :: " << x << '\n' ;
8  }
9  void print_2 (void){
10     int x = 123 ;
11     cout << " print2 : x : " << x << '\n' ;
12 }
13 void print_1 (void){
14     cout << " print_1 : x = " << x << '\n' ;
15 }
16
17 void main(void){
18     cout << " main : x = " << x << '\n' ;
19     print_1() ;
20     int x = 333 ;
21     cout << " main : x -> " << x << '\n' ;
22     print_2() ;
23     print_x() ;
24 }
```

프로그램 5-22 실행 결과

```
main : x = 555
print_1 : x = 555
main : x -> 333
print2 : x : 123
print_x : x => 9
print_x : x :: 456
Press any key to continue
```

프로그램 5-22 해설

2번 : 함수 외부에서 전역 변수 x를 초기값 555로 초기화한다.

18번 : 변수 x는 전역변수로서 555를 출력한다.

19번→13번 : 함수 print_1()에서는 새로운 변수 선언이 없으므로 변수 x는 전역 변수이다. 따라서 555를 출력한다.

20번 : main() 함수의 지역 변수 x를 선언하고 초기값을 333으로 한다.

21번 : 이때의 x는 main() 함수의 지역 변수이므로 20번의 333을 출력한다.

22번→9번 : 함수 print_2()에서 지역 변수 x를 초기값 123으로 초기화한다.

11번 : 이때의 변수 x는 함수 print_2()의 지역 변수이므로 10번의 123을 출력한다.

23번→4번 : 함수 print_x()에서 새로운 변수 선언없이 전역 변수 x에 9를 대입하였다. 전역 변수의 값이 9로 바뀌었다.

5번 : x는 전역 변수인데 4번에서 x의 내용이 바뀌어서 9를 출력한다.

6번 : 함수 print_x()에서 새로운 지역 변수 x를 초기값 456으로 초기화한다.

7번 : x는 함수 print_x()의 지역 변수이므로 456을 출력한다.

파일 스코프(scope), 참조 영역

함수의 밖에서 선언된 변수는 그 위치에서 파일의 마지막까지 유효하고 이와 같은 스코프(식별자가 통용되는 유효범위)를 파일 스코프(file scope)라 한다.

블록 스코프

함수 안에서 선언된 이름은 그 선언을 둘러싸고 있는 블록의 끝인 "}"까지 유효하고, 이 범위를 블록 스코프(block scope)라 한다.

다음 프로그램을 예로 참조 영역을 살펴보자.

다음 프로그램에서는 9번과 12번에서 선언된 변수 x가 블록 스코프를 가지고 있다.

◁ 파일 스코프와 블록 스코프를 갖는 같은 이름의 변수들이 존재하는 경우 블록 스코프가 우선권을 가진다. 10번에서 출력된 것은 9번의 x 값이다.

◁ 블록 스코프를 갖는 같은 이름의 변수가 여러 개 존재하는 경우는 가장 내부에 있는 블록이 우선권을 가진다. 따라서 13번에서 출력된 것은 12번의 변수 x의 값이다. 15번에서 출력된 것은 9번의 변수 x의 값이다.

프로그램 5-23 참조 영역

```
1  #include <iostream.h>
2  int x = 555 ;
3  void print_x(void){
4      cout << " x => " << x << '\n' ;
5  }
6
7  void main(void){
8      cout << " x = " << x << '\n' ;
9      int x = 333 ;
10     cout << " x -> " << x << '\n' ;
11     for (int i=0; i < 5; i++) {
12         int x = i * 100 ;
13         cout << " x : " << x << '\n' ;
14     }
15     cout << " x -> " << x << '\n' ;
16     cout << " ::x = " << ::x << '\n' ;
17     print_x() ;
18 }
```

프로그램 5-23 실행 결과

```
x = 555
x -> 333
x : 0
x : 100
x : 200
x : 300
x : 400
x -> 333
::x = 555
x => 555
Press any key to continue
```

프로그램 5-23 해설

8번 : 전역 변수의 내용 555를 출력한다.

10번 : 9번에서 선언한 지역 변수의 값 333을 출력한다.

12번 : for 문 안에서 선언한 변수 x는 for문 안에서만 유효한 변수다.

15번 : 9번에서 선언한 변수 x가 되므로 333을 출력한다.

16번 : "::x"는 함수 밖에서 호출한 변수를 의미한다. 즉, ::x와 같이 오브젝트의 이름 앞에 영역 결정 연산자(scope resolution operator)를 붙이면, 함수의 밖에서 선언된 x를 의미하게 된다. 그러므로 전역 변수 x의 값 555를 출력한다.

5.5 재귀 호출

재귀 호출(recursive call)이란 자신을 호출하는 것을 의미한다.

예를 들어, 다음 예와 같이 sub() 함수에서 다시 sub() 함수 자신을 호출하는 것이다.

```
sub(){
  sub();
}
```

그런데, 재귀 호출의 사용을 자제하여야 한다. 왜냐하면 재귀 호출 한번 할 때마다 스택이 늘어나므로 메모리에 부담이 될 수 있다.

다음 프로그램 예로 재귀 호출을 살펴보자.

프로그램 5-24 재귀 호출

```
#include <iostream.h>
int sub (int x){
    if(x==0){
        cout << "The End of Recursive Call \n" ;
        return(0);
    }
    cout << "x=" << x << endl ;
    return( sub(x-1) ) ;
}

void main(void){
    int x=5 ;
    sub(x) ;
}
```

프로그램 5-24 실행 결과

```
x=5
x=4
x=3
x=2
x=1
The End of Recursive Call
Press any key to continue
```

프로그램 5-24 해설

13번 : x=5이므로 sub(5)를 호출한다.

3번 : sub() 함수에서 x=0이 아니므로 if 문은 거짓이 되어 7번으로 간다.

7번 : x 값을 출력한다.

8번 : sub(x-1) 즉, sub(4)를 호출하여 3번으로 간다.

3~7번 : x=0이 될 때까지 sub(3), sub(2), sub(1)을 호출하며 3번, 7번, 8번을 계속 반복한다.

3번 : x=0이 되면 if 문이 참이 되고 5번에서 리턴한다.

8번 : sub() 함수를 마지막으로 호출한 곳이 8번이므로 8번으로 가서 sub(x-1)은 0이 되고, 결국 return(0)이 된다. 호출한 순서의 반대로 sub(1), sub(2) 순으로 리턴한다.

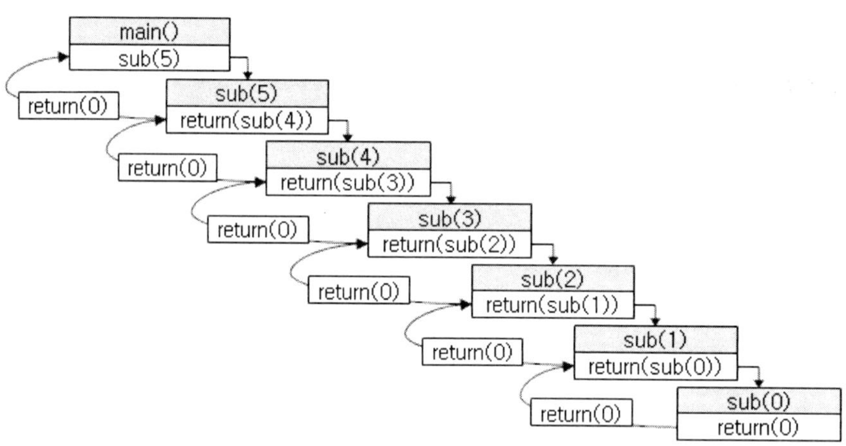

5.6 매크로 함수

매크로 함수는 전처리기 #define을 이용하여 만든 기호이며 마치 다른 함수처럼 인수를 가진다.

사용 형식	#define 매크로 함수이름(인수1, 인수2,...)
사용 예	#define PRN(x) cout << x << endl #define MAX(x, y) ((x)>(y) ? (x) : (y)) #define SQUARE(x) ((x) * (x))

일반 함수의 경우 프로그램이 실행 중 함수를 호출하는 곳으로 제어가 분기된다. 그러나 매크로 함수는 프로그램이 컴파일하기 전에 매크로 함수가 호출된 곳마다 전처리기가 원래의 코드로 대체시키기 때문에 제어가 분기되지 않고 실행된다.

매크로 함수에서는 괄호의 적절한 사용이 필요하다. 다음 프로그램 예를 이용하여 자세히 살펴보자. 3번은 x*x로 괄호를 사용하지 않았으며, 4번은 (x)*(x)로 괄호를 사용하였다. 두 개의 결과는 어떻게 될까?

프로그램 5-25 매크로 함수

```
1  #include <iostream.h>
2  #define PRN(x) cout << x << endl
3  #define SQR(x)   x * x
4  #define SQR2(x)   ((x) * (x))
5  #define add(x, y)  x + y
6
7  void main(void){
8      int a=4 ;
9      cout << "PRN(5)      : " ;  PRN(a) ;
10     cout << "SQR(a)      : " << SQR(a) << endl ;
11     cout << "SQR(a+2)    : " << SQR(a+2) << endl ;
12     cout << "SQR2(a+2)   : " << SQR2(a+2) << endl ;
13     cout << "add(2, 4)   : " << add(2, 4) << endl ;
14 }
```

프로그램 5-25 실행 결과

```
PRN(5)    : 4
SQR(a)    : 16
SQR(a+2)  : 14
SQR2(a+2) : 36
add(2, 4) : 6
Press any key to continue
```

프로그램 5-25 해설

10번 : SQR(a)는 a * a = 4 * 4 = 16이 된다.

11번 : SQR(a+2)는 x * x = a + 2 * a + 2 = 4 + 2 * 4 + 2 = 14가 된다.

12번 : SQR2(a+2)는 (x) * (x) = (a+2) * (a+2) = (4+2) * (4+2) = 36이 된다.

5.7 인라인 함수

함수 호출이 행해질 때는, 그 호출 작업, 인수나 반환 값의 송수신이 이루어지므로 약간이긴 하지만, 프로그램의 실행 속도가 저하되고, 일시적으로 메모리가 낭비될 수 있다.

이와 같은 결점을 가지고 있지 않은 함수가 인라인 함수(inline function)이다. 함수 정의에 inline이라 붙이는 것만으로 위와 같은 문제점을 해결한 함수가 생성된다.

인라인 함수는 매크로 함수와 유사하여 인라인 함수가 호출되면 컴파일시 호출 부분에 인라인 함수를 대치한다. 사용 형식은 일반 함수와 같으며 함수 자료형 앞에 inline이라는 키워드만 기술하면 된다.

다음 프로그램 예로 인라인 함수에 대해 살펴보자.

프로그램 5-26 인라인 함수

```
#include <iostream.h>
inline double square(double x){
    return (x * x) ;
}

inline double cube(double x){
    return (x * x * x) ;
}

void main(void){
    double a ;
    cout << "실수를 입력하시오: "; cin >> a ;
    cout << a << "의 제곱승은 " << square(a) << "입니다.\n" ;
    cout << a << "의 3제곱승은 " << cube(a) << "입니다.\n" ;
}
```

프로그램 5-26 실행 결과

```
실수를 입력하시오: 5
5의 제곱승은 25입니다.
5의 3제곱승은 125입니다.
Press any key to continue
```

프로그램 5-26 해설

13번 : 함수 square를 호출하는

```
cout << a << "의 제곱승은" << square(a) << "입니다.\n";
```

은, 실질적으로 다음과 같은 문장이 된다.

```
cout << a << "의 제곱승은" << a * a << "입니다.\n";
```

14번 : 함수 cube를 호출하는

```
cout << a << "의 3제곱승은" << cube(a) << "입니다.\n";
```

은, 실질적으로 다음과 같은 문장이 된다.

```
cout << a << "의 3제곱승은" << a * a * a << "입니다.\n";
```

5.8 템플릿 함수

함수 앞부분에 template <…>을 붙여 선언하면, 그것은 보통 함수가 아니라, 함수 템플릿(function template)이 되고, 그 인수로써 Type에 『형』을 받아들이게 된다.

다음과 같이 선언하였을 경우,

```
template <class Type> Type square(Type x) { /*......*/ }
```

예를 들어 인수 Type에 int를 받아들였다고 하자. 함수 템플릿 square 내의 Type을 int로 치환하면 아래 (a)와 같아진다. 또 double을 받아들이면 (b)와 같아진다.

```
int  square(int x){
     return( x * x ) ;
}
```

(a)

```
double  square(double x){
     return( x * x ) ;
}
```

(b)

이와 같이 컴파일러에 의해서 자동적으로 만들어지는 함수를 템플릿 함수(template function)라 한다.

프로그램 5-27 템플릿 함수

```
1  #include <iostream.h>
2  template <class Type> Type square(Type x){ return (x * x); }
3
4  void main(void){
5      int a ;
6      cout << "정수를 입력하시오: " ;  cin >> a ;
7      cout << a << "의 제곱승은 " << square(a) << "입니다.\n" ;
8      double b ;
9      cout << "실수를 입력하시오: "; cin >> b ;
10     cout << b << "의 제곱승은 " << square(b) << "입니다.\n";
11 }
```

프로그램 5-27 실행 결과

```
정수를 입력하시오: 5
5의 제곱승은 25입니다.
실수를 입력하시오: 2.5
2.5의 제곱승은 6.25입니다.
Press any key to continue_
```

프로그램 5-27 해설

7번 : 변수 a는 정수형이므로 square 함수는

int square(int x){ return (x * x); }

로 된다.

10번 : 변수 b는 실수형이므로 square 함수는

double square(double x){ return (x * x); }

로 된다.

5.9 프로그램의 분할

프로그램의 크기가 작을 경우, 보통 모든 코드를 하나의 원시 파일로 작성한다. 그러나 프로그램의 크기가 점점 커지거나 팀 단위로 작업할 경우에는 전체 코드를 여러 개의 파일로 분리해야 한다. 이렇게 파일을 분리하는 데는 두 가지 중요한 이유가 있다. 첫째, 파일을 컴파일하는데 걸리는 시간이다. 즉, 전혀 변경이 없는 부분을 컴파일러가 반복해서 컴파일 할 필요가 없다는 것이다. 코드가 여러 개의 원시 파일로 분산되어 있는 경우에는 오직 변경된 부분이 있는 파일만 재 컴파일하면 된다. 두 번째 이유는 여러 프로그래머가 하나의 파일을 동시에 편집하기란 보통 어려운 일이 아니다. 따라서 각 프로그래머가 자신만이 책임지면 될 몇 개의 파일을 갖도록 프로그램 코드를 나누는 것이 필요하다. 여러 개로 나눈 소스 프로그램으로부터 실행 프로그램을 생성하는 순서를 보이면 다음 그림과 같다.

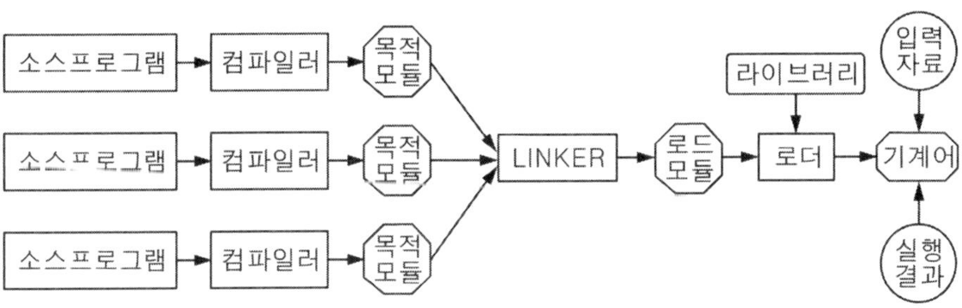

이와 같은 작업을 일반적으로 분할 컴파일이라 하며, Visual C++에서는 하나의 project 내에 이들 소스 파일을 모두 포함시켜 컴파일하면 된다.

다음 프로그램 예를 이용하여 프로그램을 분할하는 방법에 대하여 설명한다. 다음 프로그램은 main() 함수(왼쪽)와 서브 함수인 plus() 함수(오른쪽)를 각각 2개의 파일로 나누어 작성하였다. 현재의 파일이 아닌 다른 파일에 정의된 함수나 전역 변수를 호출하기 위해서는 프로그램 시작부에 외부 파일에 정의되어 있다는 것을 컴파일러에 알려야 한다.

즉, 다음과 같이 기술한다.

```
extern plus (int a) ;
extern int k ;
```

프로그램 5-28 프로그램 분할 - main.cpp

```
#include<iostream.h>
extern plus(int a);
int k ;
main()
{
    int x ;
    x = 10 ;
    k = 3 ;
    cout << plus(x) << '\n';
    cout << k << '\n';
}
```

프로그램 5-28 프로그램 분할 - plus.cpp

```
1 #include<iostream.h>
2 extern int k ;
3 plus(int a)
4 {
5     cout << k << '\n';
6     return (a * a);
7 }
```

프로그램 5-28 실행 결과

```
3
100
3
Press any key to continue
```

프로그램 5-28 해설 - main

2번 : plus() 함수의 외부 선언. main() 함수에서 plus() 함수를 호출해야 하는데, 현재의 파일에는 plus() 함수가 정의되어 있지 않으므로 다른 파일에서 정의하고 있다는 것을 컴파일러에 알려주기 위하여 extern을 붙여준다.

3번 : 현재의 파일에 전역 변수 k를 선언하였다.

프로그램 5-28 해설 - plus

2번 : 전역 변수 k의 외부 선언. plus() 함수에서 전역 변수 k를 사용하고자 하는데 현재의 파일이 아닌 다른 파일에서 정의하고 있다는 것을 컴파일러에 알려주기 위하여 extern을 붙여준다.

지금까지의 작업은 프로젝트를 만들고, 한 개의 소스 파일을 작성하였다. 두 개의 파일을 편집하려면 거기에다가 소스 파일을 하나 더 추가하기만 하면 된다.

① 지금까지의 방법대로 먼저 프로젝트를 만들고 main() 함수를 작성한다.

② 메뉴의 [파일]-[New]-[Files]-[C++ Source File]을 차례로 선택한 다음, 파일 이름을 입력하고 [OK]를 누른다.

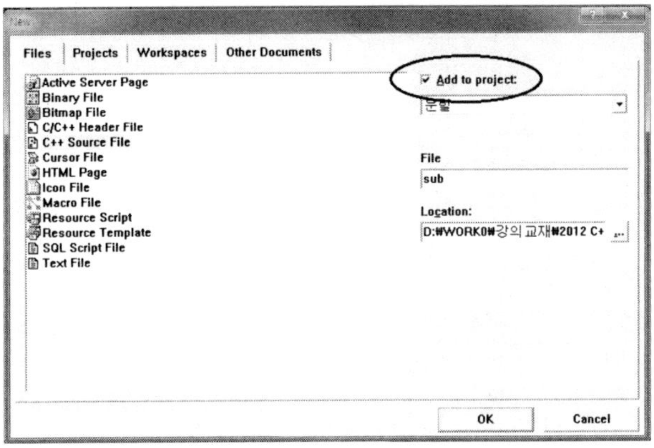

③ 이때 “Add to project”에 체크가 되어 있는지 확인한다.

④ plus() 함수를 입력한다.

⑤ 지금까지 해 오던 것처럼 컴파일하고 실행하면 된다.

5장 실습문제

01. 10개의 정수를 입력하고, 최대값과 최소값의 차이를 구하는 프로그램을 작성하시오.

02. n개의 요소를 가지는 int형 배열 y의 모든 요소를 역순으로 배열 x에 저장하는 함수

void rcopy (int x[ ], int y[ ], int n) { /* …… */ }

를 작성하시오.

03. char형 배열 y의 문자열을 역순으로 배열 x에 저장하는 함수

void strrcpy (char x[ ], char y[ ]) { /* …… */ }

를 작성하시오.

04. 10개의 정수 데이터를 입력하고 가장 큰 수와 작은 수의 위치를 출력하는 함수를 작성하시오.

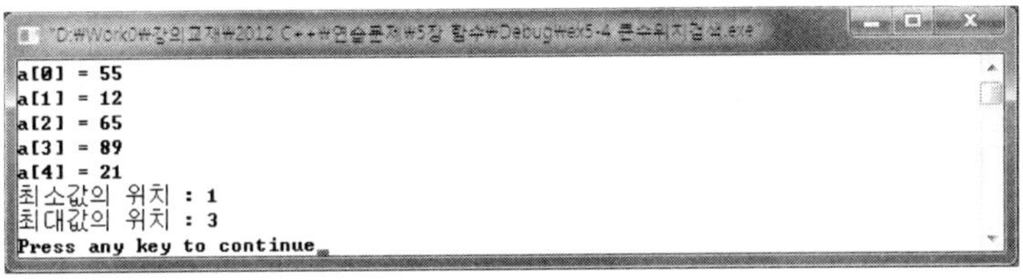

05. 1보다 큰 정수를 입력하면, 2부터 입력한 정수까지 1과 자신의 수 외에는 나누어지지 않는 소수를 구하는 함수를 작성하시오. 단, 프로그램은 계속해서 입력받도록 하며 숫자 0을 입력하였을 때 종료하도록 한다.

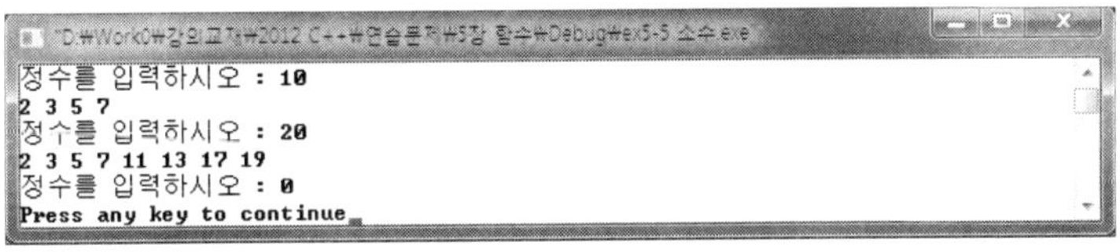

06. 1부터 100까지 더하는 프로그램을 재귀 호출을 이용하여 작성하시오.

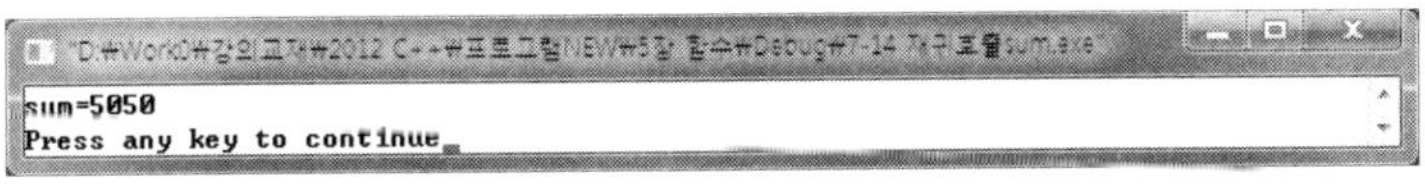

07. 데이터의 개수가 n개인 배열 b의 데이터를 앞에서부터 순서대로 살펴 가며, x 이상 y 이하의 값이 있으면, 그때의 데이터를 배열 a의 앞에서부터 저장한 다음, 저장된 값의 개수를 반환하는 함수를 작성하시오.

C.H.A.P.T.E.R

06

포인터

일반 변수와 배열 요소는 실제의 데이터 값을 저장하고 있었다. 그러나 포인터는 일반 변수나 배열과는 달리 실제의 값을 저장하는 것이 아니라 데이터 값이 저장된 특정 메모리의 주소를 값으로 갖는 변수이다. 따라서 포인터 변수는 주소 값을 가지고 해당 메모리 영역에 저장된 데이터 값을 참조하거나 조작한다.

6.1 포인터 선언

포인터 선언은 데이터 형 선언 뒤에 *를 붙인다. 데이터 형은 포인터 변수가 가리키는 메모리 주소에 어떤 값이 저장되어 있는지를 지정하는 것이다.

포인터 변수의 초기화는 일반 변수를 초기화하는 방법과 동일하지만 포인터 변수에 대입되는 값은 반드시 주소이어야 한다. 이때의 주소는 변수 앞에 &를 붙인다.

【표 6-1】 포인터의 선언

사용 형식	데이터형 * 포인터변수 ;	
사용 예	int a ; int *p ; p = &a ;	변수 a의 선언 포인터 변수 p의 선언 포인터 변수 p의 값을 변수 a의 주소로 초기화
	int a ; int *p = &a ;	변수 a의 선언 포인터 변수 p의 값을 변수 a의 주소로 초기화
	char a[10] ; char *p = a	배열 a의 선언 포인터 변수 p의 값을 배열 a의 시작주소로 초기화
	char *p = "ABC"	문자열 ABC가 내장된 메모리 영역의 시작 주소를 포인터 p의 값으로 초기화

다음 프로그램 예를 이용하여 일반 변수에 포인터를 연결하는 방법을 알아보자.

프로그램 6-1 변수와 포인터

```
1  #include <iostream.h>
2  void main(void){
3      int  x, y=10 ;
4      int *p = &x ;
5      cout << "x의 주소 = " << &x << endl ;
6      cout << "p = " <<  p << endl ;
7      cout << "p의 주소 = " << &p << endl ;
8
9      x = 32 ;
10     cout << "x=" << x << ", *p=" << *p << endl ;
11
12     *p = 300 ;
13     cout << "x=" << x << ", *p=" << *p << endl ;
14
15     p = &y ;
16     cout << "y=" << y << ", *p=" << *p << endl ;
17
18     char c, *q ;
19     q = &c , c = 'A' ;
20     cout << " c = " <<  c << endl ;
21     cout << "*q = " << *q << endl ;
22 }
```

프로그램 6-1 실행 결과

```
"D:₩Work0₩강의교재₩2012 C++₩프로그램NEW₩6장 포인터₩Debug₩6-1 포인터-변수.exe"
x의 주소 = 0x0012FF44
p = 0x0012FF44
p의 주소 = 0x0012FF3C
x=32, *p=32
x=300, *p=300
y=10, *p=10
 c = A
*q = A
Press any key to continue
```

프로그램 6-1 해설

4번 : 포인터 변수 p의 값을 변수 x의 주소로 초기화한다.

5번 : 변수 x의 주소를 출력한다. 변수의 주소는 16진수로 표기된다. 어드레스 연산자로 불리는 & 연산자를 오브젝트에 적용시키면, 그 오브젝트의 주소를 얻을 수가 있다.

6번 : 포인터 p의 값을 출력한다. 즉, p가 가리키는 곳을 출력한다. 여기에서는 p는 변수 x를 가리키므로 변수 x의 주소와 p의 값은 같다.

7번 : 포인터 p가 위치해 있는 주소를 출력한다. 포인터도 일종의 변수이므로 메모리에 위치하며 주소를 가지게 된다.

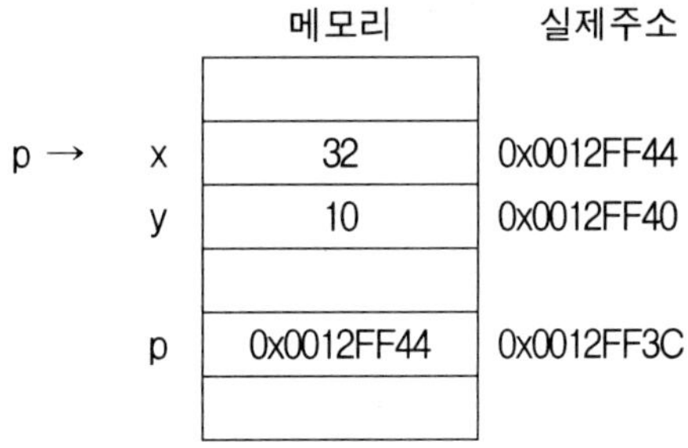

9~10번 : 변수 x에 값을 대입하고 *p를 출력하면 변수 x의 값이 출력된다.

12번 : *p에 값을 대입하면 변수 x의 값이 변경된다.

15번 : 포인터 p에 변수 y의 주소를 대입하면 포인터 p는 변수 y를 가리키고 *p는 변수 y의 값이 된다.

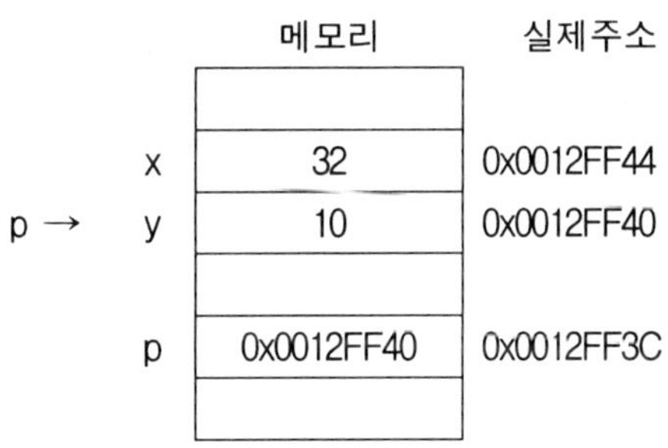

18~21번 : 문자형 변수 c와 포인터 q를 연결하여 출력한다.

6.2 배열과 포인터

```
int   x[3] ; // 배열
int *p ;     // 포인터
```

요소수가 3인 int형의 배열 x와 int형을 가리키는 포인터 p가 있을 때,

```
p = &x[0] ;
```

라고 하면, 배열 x의 선두 요소 x[0]의 주소를 p에 대입하는 것이 된다. 그림에

나타낸 것처럼 p는 x[0]를 가리키기 때문에 *p는 x[0]의 alias가 된다.

> p + i는, p가 가리키는 오브젝트 i개 뒤의 요소를 가리키는 포인터가 된다.
> p - i는, p가 가리키는 오브젝트 i개 앞의 요소를 가리키는 포인터가 된다.

예를 들면, p+1은 x[1]을, p+2는 x[2]를 가리키는 것이 된다. p가 100번지를 가리킬 때, 즉 x[0]의 주소가 100번지일 때 만약, sizeof(int) 즉, int형의 크기가 4byte라면, x[2]는 108번지부터 저장되어 있다.

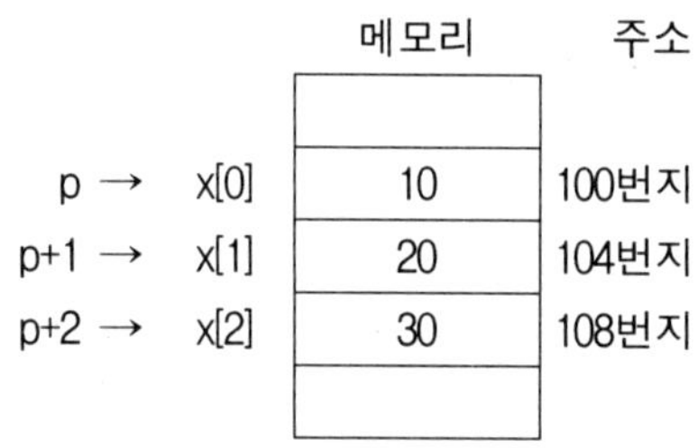

다음 프로그램 예를 이용하여 배열에 포인터를 연결하는 방법을 살펴보자.

프로그램 6-2 배열과 포인터

```
#include <iostream.h>
void main(void){
    int  i, *p ;
    static int  a[3]={ 10,  20,  30 } ;
    for (i=0; i<3; i++)
        cout << "a[" << i << "] = " << a[i]
             << ", Addr = " << &a[i] << endl ;
    cout << endl ;

    p = a ;
    for (i=0; i<3; i++){
        cout << "*p = " << *p << ", p = " << p << endl ;
        p++ ;
    }
    cout << endl ;

    static char b[3]={'a', 'b', 'c' };
    char *q ;
    q = b;
    for (i=0; i<3; i++){
        cout << "*q = " << *q << endl ;
        q++ ;
    }
}
```

프로그램 6-2 실행 결과

```
"D:\Work0\강의교재\2012 C++\프로그램NEW\6장 포인터\Debug\6-2 포인터-배열.exe"
a[0] = 10, Addr = 0x00428D50
a[1] = 20, Addr = 0x00428D54
a[2] = 30, Addr = 0x00428D58

*p = 10, p = 0x00428D50
*p = 20, p = 0x00428D54
*p = 30, p = 0x00428D58

*q = a
*q = b
*q = c
Press any key to continue
```

프로그램 6-2 해설

7번 : 배열의 주소를 출력할 때도 & 연산자를 사용한다. 즉, &a[0]는 배열 a[0]의 주소, &a[1]은 배열 a[1]의 주소를 나타낸다. 배열 a[]는 int형이므로 수소가 4바이트씩 증가한다.

10번 : p=a는 포인터 p와 배열 a의 선두 요소를 연결한다. 즉, p=&a[0]와 같다.

12번 : 포인터 p가 가리키는 내용 즉, 배열 요소를 출력한다. 다음에 p가 가리키는 곳을 출력한다.

13번 : 포인터 p를 증가시킨다. 처음에 p=&a[0]이었다면 p+1은 a[1]이 되고, p+2는 a[2]가 된다.

		메모리	실제주소
p →	a[0]	10	0x00428D50
p+1 →	a[1]	20	0x00428D54
p+2 →	a[2]	30	0x00428D58

17~23번 : 포인터 q와 문자형 배열 b를 연결하여 출력한다.

포인터 ptr에 *을 적용하면, 그 포인터가 가리키는 오브젝트 내용을 나타낸다. 예를 들면, *(p+2)는 x[2]의 alias가 된다.

*(p + I)는 x[i]로 표기할 수 있다.

포인터 p+2가 x[2]를 가리키고 있을 때, x[2]의 alias인 *(p+2)는 p[2]로도 표기할 수 있기 때문에, x[2], *(p + 2), p[2]의 3개는 모두 배열 x의 3번째의 요소를 나타내는 것이 된다.

따라서, 포인터에 [ ]연산자를 적용함으로써, 각 요소의 오브젝트를 배열과 동일하게 취급할 수 있는 것이다. 즉, 포인터를 배열 형식으로 사용할 수도 있으며, 배열을 포인터 형식으로 사용할 수 있다.

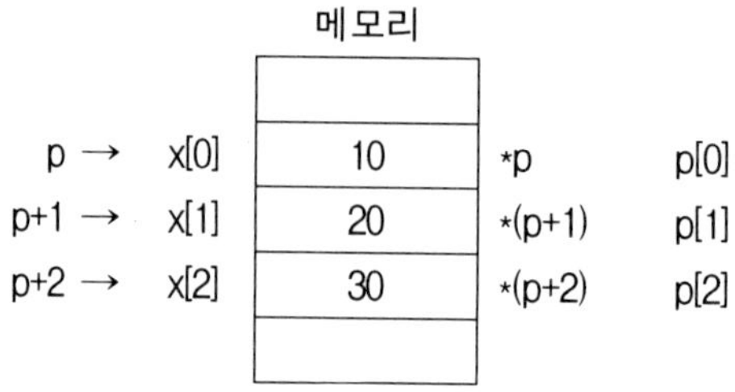

다음 프로그램 예를 이용하여 배열과 포인터의 관계를 살펴보자.

프로그램 6-3 배열과 포인터 2

```
#include <iostream.h>
void main(void) {
    int a[5] ={10, 20, 30, 40, 50} ;
    int i, *p ;
    p = a ;

    cout << "배열을 포인터 형식으로 사용할 수 있다." << endl ;
    for ( i=0 ; i<5 ; i++ )
        cout << "a[" << i << "]="   << a[i] << ", "
             << "*(a+" << i << ")=" << *(a+i) << endl ;
    cout << endl ;

    cout << "포인터를 배열형식으로 사용할 수 있다." << endl ;
    for ( i=0 ; i<5 ; i++ )      //
        cout << "*(p+" << i << ")=" << *(p+i) << ", "
             << "p[" << i << "]="   << p[i] << endl ;
}
```

프로그램 6-3 실행 결과

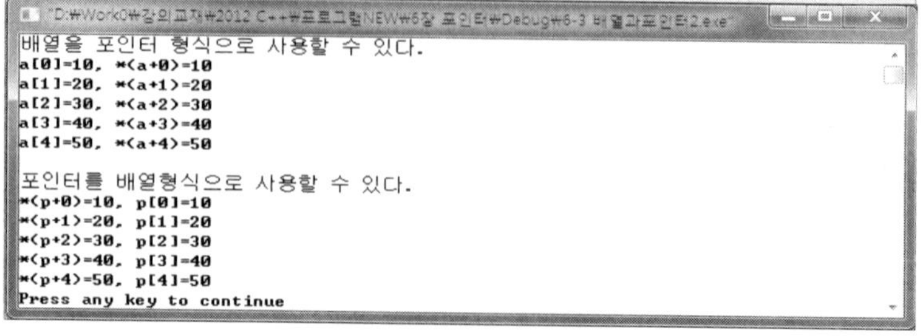

프로그램 6-3 해설

9~10번 : 배열 a[i]는 포인터 형식으로 *(a+i)와 같이 기술할 수 있다.

15~16번 : 포인터 p의 내용 *(p+i)는 배열 형식으로 p[i]와 같이 기술할 수 있다.

포인터와 문자열

문자열을 포인터에 연결하는 방법을 알아보자. 문자열은 배열에 저장한 다음 포인터를 배열에 연결하는 방법과 문자열을 직접 포인터에 연결하는 방법이 있다.

문자열을 직접 포인터에 연결	char *p = "unix" ;
포인터를 배열에 연결	char ary [ ] = "computer" ; char *ptr = ary ;

변수 p는 char 포인터 형이며, 문자열 "unix"라는 초기값이 설정되어 있다. 일반적으로 문자열을 평가하면, 형은 char*로 되고, 그 값은 선두 문자를 가리키는 포인터가 된다. 따라서, p는 기억 영역상의 어딘가에 저장되어 있는 문자열 "unix"의 선두 문자 'u'를 가리키는 포인터로 초기화되어 있다.

배열과 포인터의 차이점

배열로서 초기화되어 있는 ary에 문자열을 대입하는 것은 불가능하다. 그러나, 포인터에 대한 대입은 가능하다. 따라서, 포인터 ptr은 대입에 의해 문자열 "12345"의 선두 문자를 가리키도록 할 수 있다.

char ary[10] = "ABC"; // 배열
ary = "12345"; // 에러
	char* ptr = "ABC"; // 포인터
	ptr = "12345"; // OK

프로그램 6-4 문자열 포인터

```
1 #include <iostream.h>
2 void main(){
3     char *p="unix" ;
4     cout << p << endl ;
5
6     char c[]= "IBMPC" ;
7     char *q = c ;
8     cout << q << endl ;
9 }
```

프로그램 6-4 실행 결과

```
unix
IBMPC
Press any key to continue
```

프로그램 6-4 해설

3번 : 문자열과 포인터 p를 연결한다. 이때 p는 문자열의 첫 번째 글자를 가리킨다.

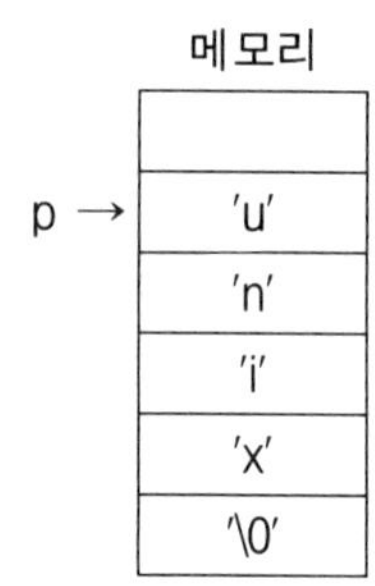

4번 : 포인터 p의 위치에 있는 문자부터 '\0' 문자까지 출력한다.

7번 : 포인터 q를 배열 c의 첫 번째 요소와 연결한다.

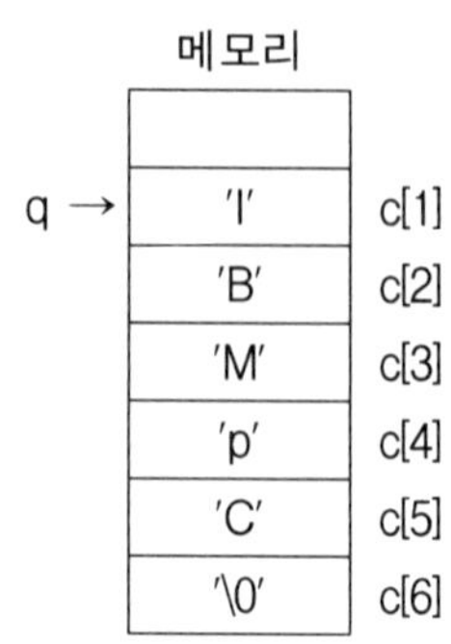

8번 : 포인터 q의 위치에 있는 문자부터 '\0' 문자까지 출력한다.

포인터를 이용하면 문자열을 자유롭게 조작해서 출력할 수 있다.

다음 프로그램과 같이 문자열을 출력해 보자.

프로그램 6-5 문자열 출력 1

```
1  #include<iostream.h>
2  void main(void){
3      char *p, *q ;
4      p = q = "computer" ;
5
6      while (*p) {
7          cout << *p ;
8          p++ ;
9      }
10     cout << endl ;
11
12     while (*q) {
13         cout << q << endl;
14         q++ ;
15     }
16     cout << endl ;
17 }
```

프로그램 6-5 실행 결과

```
computer
computer
omputer
mputer
puter
uter
ter
er
r

Press any key to continue
```

프로그램 6-5 해설

4번 : 포인터 p와 q를 문자열과 연결시킨다. 이것은 다음과 같다.

```
q = "computer" ;
p = q ;
```

포인터 p와 q는 모두 문자열 "computer"의 첫 번째 문자 'c'를 가리킨다.

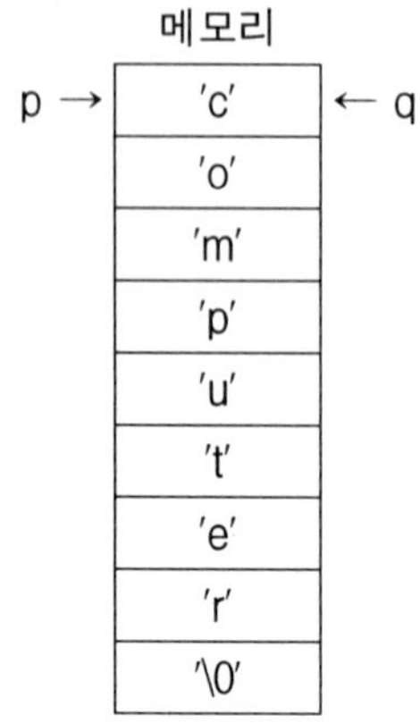

6~9번 : 첫 번째 문자 'c'에서부터 '\0' 문자가 나올 때까지 한 문자씩 출력한다. 즉, 문자열을 출력한다.

6번 : *p는 p가 가리키는 곳의 내용이 '\0'가 되면 while 문은 거짓이 되어 while 문이 종료된다.

12~15번 : 현재의 포인터 q에서부터 '\0' 문자가 나올 때까지 문자열을 출력한다. 즉, 포인터 q가 문자 'c'의 위치에 있다면 "computer"가 출력되고, 포인터 q가 증가하여 문자 'o'의 위치에 있다면 문자 'o'부터 시작하여 "omputer"가 출력되고, 포인터 q가 증가하여 문자 'm'의 위치에 있다면 문자 'm'부터 시작하여 "mputer"가 출력된다.

메모리		출력
'c'	← q	computer
'o'	← q+1	omputer
'm'	← q+2	mputer
'p'	← q+3	puter
'u'	← q+4	uter
't'	← q+5	ter
'e'	← q+6	er
'r'	← q+7	r
'\0'	← q+8	

앞의 프로그램에서는 포인터를 증가시키면서 문자열을 출력시켰다. 이번에는 포인터를 문자열의 마지막에 위치시킨 다음, 포인터를 감소시키면서 문자열을 출력시켜 보자.

프로그램 6-6 문자열 출력 2

```
1  #include <iostream.h>
2  void main(void){
3      char *q , *p="COMPUTER" ;
4      q = p ;
5      while ( *p ) { p++ ; }
6      p-- ;
7      while ( p>=q ) {
8          cout << p << endl ;
9          p-- ;
10     }
11 }
```

프로그램 6-6 실행 결과

```
R
ER
TER
UTER
PUTER
MPUTER
OMPUTER
COMPUTER
Press any key to continue
```

프로그램 6-6 해설

3~4번 : 포인터 p와 q는 똑같이 문자열의 첫 번째 문자를 가리킨다.

5번 : 포인터 p를 문자열의 마지막 '\0' 문자까지 이동한다.

6번 : 포인터 p가 '\0' 문자의 위치에 있으므로 현재로서는 아무것도 출력이 되지 않는다. 그러므로 포인터 p를 감소하여 문자 'r'까지 이동시킨다.

7~9번 : 포인터 p가 포인터 q의 위치에 갈 때까지 p를 감소시킨다. 동시에 문자열을 출력한다.

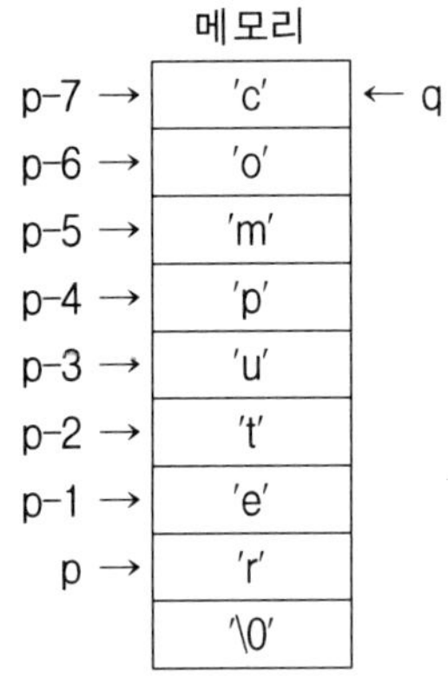

6.3 포인터 인수 전달

C++에 있어서 포인터를 가장 많이 사용하는 경우가 함수 간에 인수를 전달할 때이다. 함수를 호출할 때는 변수의 주소를 전달하고, 호출을 받는 함수는 가인수를 포인터로 전달받는다,

함수 호출시	swap (&a , &b) ;
호출 받는 함수	swap (int *x , int *y){ ... }

함수 swap의 호출 쪽을 보면

```
swap ( &a , &b ) ;
```

와 같이 a의 주소, b의 주소를 전달하고 있다. 거기에 대해서 호출받는 함수 swap은 그것들을 가인수 x와 y 포인터로 전달한다. 함수의 가인수는 실인수로 초기화되듯이 전달받는 것이다. 즉, 함수 swap에서는,

```
int* x = &a ;
int* y = &b ;
```

와 같은 의미로 인수가 초기화 되는 것이다.

이러한 함수 호출에 있어서 인수의 전달 방법을 나타내면 다음 그림과 같다.

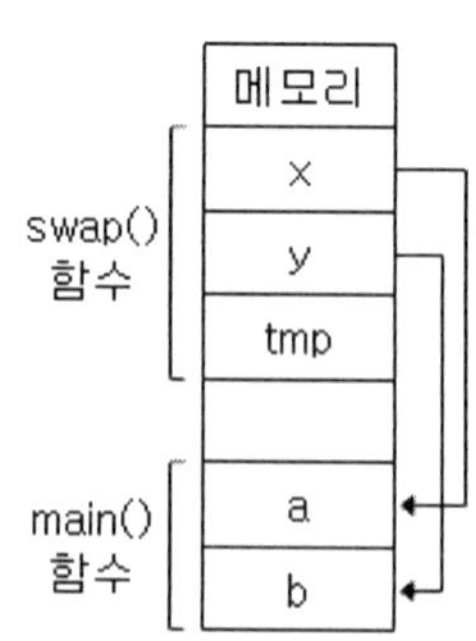

a의 주소를 x로, b의 주소를 y로 전달받은 함수 swap은, 각각의 포인터에 * 연산자를 적용함으로써 a와 b를 간접적으로 취급할 수 있다. *x는 a의 alias이고, *y는 b의 alias이므로 함수에 대해서 오브젝트의 값을 변경하려면 그것들의 포인터를 인수로서 전달한다. 즉,

> 포인터를 전달하므로, 그것이 가리키는 오브젝트에 대해서 처리하여 주시오.

라고 의뢰하는 것이다. 전달 받는 쪽은 그 포인터에 * 연산자를 적용함으로써 그 포인터가 가리키는 오브젝트를 간접적으로 취급하는 것이다.

앞에서 작성한 두 개의 변수의 내용을 바꾸는 프로그램을 포인터 전달 기법으로 고쳐서 작성해 보자.

프로그램 6-7 포인터 인수 전달

```
1  #include <iostream.h>
2  void swap (int *x , int *y){
3      int temp = *x ;
4      *x = *y ;
5      *y = temp ;
6  }
7
8  void main(void){
9      int a, b ;
10     cout << "정수 a 의 값을 입력하시오. : " ;
11     cin >> a ;
12     cout << "정수 b 의 값을 입력하시오. : " ;
13     cin >> b ;
14     swap (&a, &b) ;
15     cout << "정수 a 와 b 의 값을 교환하였습니다.\n" ;
16     cout << "a 의 값은 " << a << " 입니다.\n" ;
17     cout << "b 의 값은 " << b << " 입니다.\n" ;
18 }
```

프로그램 6-7 실행 결과

```
정수 a 의 값을 입력하시오. : 10
정수 b 의 값을 입력하시오. : 20
정수 a 와 b 의 값을 교환하였습니다.
a 의 값은 20 입니다.
b 의 값은 10 입니다.
Press any key to continue
```

프로그램 6-7 해설

14번 : swap함수에 변수 a와 b의 주소를 전달한다.

2번 : 가인수 x와 y를 포인터로 받는다. int *x=&a와 같이 초기화된다.

3번 : 변수 temp에 x가 가리키는 곳의 내용을 대입한다. 즉, temp에 a의 값을 대입한다.

4번 : x가 가리키는 곳의 내용을 y가 가리키는 곳의 내용으로 대치한다. 즉, a에 b를 대입한다.

5번 : y가 가리키는 곳에 변수 temp의 내용을 대입한다. 즉, b에 temp의 값을 대입한다.

6.4 포인터 연산

포인터는 배열과 달리 연산자를 이용한 연산이 가능하다.

예를 들어 다음과 같이 선언하였을 경우,

```
int *p = &a[0] ;
```

포인터는 p++와 같은 연산이 가능하지만 배열에서 a++는 허용되지 않는다. 이것은 포인터 p는 변수이고 배열 a는 정수이기 때문이다. 이 밖에도 포인터는 다음과 같이 여러 가지 연산이 가능하다.

【표 6-2】 포인터 연산

포인터 연산	의 미
i = *x+1	x가 가리키는 곳의 값에 1을 더해서 i에 대입한다. *x의 값은 변화가 없다.
i = (*x)++	*x = *x + 1 *x의 값을 i에 대입한 다음 *x의 값을 증가시킨다.
i = *x++	*x -> x++ *x의 값을 i에 대입한 다음 x를 증가시킨다.
i = *++x	++x -> *x x를 증가시킨 다음 *x를 i에 대입한다.
i = ++*x	++(*x) *x의 값을 증가시킨 다음 i에 대입한다.

다음 프로그램 예로 포인터 연산을 확인해 보자.

프로그램 6-8 포인터 연산

```
1  #include <iostream.h>
2  void main(void){
3      int *x, i, a[5]={10, 20, 30, 40, 50} ;
4      x = a ;
5      i = *x+1 ;
6      cout <<"*x+1 : i="<< i <<", *x=" << *x <<", x=" << x << endl;
7      i = (*x)++ ;  // *x = *x + 1
8      cout <<"(*x)++ : i="<< i <<", *x=" << *x <<", x=" << x << endl;
9      i = *x++ ;  // *x -> x++
10     cout <<"*x++ : i="<< i <<", *x=" << *x <<", x=" << x << endl;
11     i = *++x ;  // ++x -> *x
12     cout <<"*++x : i="<< i <<", *x=" << *x <<", x=" << x << endl;
13     i = ++*x ;  // ++(*x)
14     cout <<"++*x : i="<< i <<", *x=" << *x <<", x-" << x << endl;
15 }
```

프로그램 6-8 실행 결과

```
*x+1 : i=11, *x=10, x=0x0012FF2C
(*x)++ : i=10, *x=11, x=0x0012FF2C
*x++ : i=11, *x=20, x=0x0012FF30
*++x : i=30, *x=30, x=0x0012FF34
++*x : i-31, *x=31, x=0x0012FF34
Press any key to continue_
```

프로그램 6-8 해설

배열 a[]와 포인터의 관계는 다음 그림과 같다.

주소	배열	메모리	포인터
0x0012FF2C	a[0]	10	← x
0x0012FF30	a[1]	20	
0x0012FF34	a[2]	30	
0x0012FF38	a[3]	40	
0x0012FF3C	a[4]	50	

5번 : *x에 1을 더하여 변수 i에 대입한다. 따라서 i=11이 되고 *x는 변화없다. x도 그대로 a[0]를 가리킨다.

7번 : *x를 먼저 i에 대입한다. 그 다음에 *x를 증가시키므로 i=10, *x=11이 된다.

9번 : *x를 먼저 i에 대입하여 i=11이 된다. 그 다음에 x를 증가시키므로 x는 a[1]을 가리킨다. 그 때의 *x는 a[1]의 값인 20이 된다.

11번 : x를 먼저 증가시키므로 x는 a[2]를 가리키게 되고, 이때의 값 30이 i에 대입된다.

12번 : *x의 값을 먼저 증가시킨 다음 i에 대입하므로 i=31이 된다.

6.5 포인터 배열

포인터 배열은 다음과 같이 선언한다.

```
char * p [smax] = { "March","iz", "EK11"} ;
```

p는 다음과 같이 선언되어 있다.

「"char의 포인터"를 요소로 하는 요소수 3의 배열」

배열의 요소 p[0], p[1], p[2]는 각각 char의 포인터형이고, 초기값으로서 "March", "iz", "EK11"이 부여되어 있기 때문에, 각 문자열을 가리킬 수 있도록 초기화된다.

2차원 배열과 포인터배열의 차이점

문자열의 배열을 2차원 배열 s와 포인터 배열 p의 2가지 방법으로 구현해 보면 다음과 같다.

```
char s[3][6] = { "March" , "iz", "EK11"} ;  // 문자열 배열
char  *p[3] = { "March","iz", "EK11"} ;     // 포인터 배열
```

이 두 가지를 대비하면 다음 그림과 같다.

2차원 배열		
s[0][0]	→	'M'
s[0][1]	→	'a'
s[0][2]	→	'r'
s[0][3]	→	'c'
s[0][4]	→	'h'
s[0][5]	→	'\0'
s[1][0]	→	'i'
s[1][1]	→	'z'
s[1][2]	→	'\0'
s[1][3]	→	'\0'
s[1][4]	→	'\0'
s[1][5]	→	'\0'
s[2][0]	→	'E'
s[2][1]	→	'K'
s[2][2]	→	'1'
s[2][3]	→	'1'
s[2][4]	→	'\0'
s[2][5]	→	'\0'

포인터 배열		
p[0][0]	→	'M'
p[0][1]	→	'a'
p[0][2]	→	'r'
p[0][3]	→	'c'
p[0][4]	→	'h'
p[0][5]	→	'\0'
p[1][0]	→	'i'
p[1][1]	→	'z'
p[1][2]	→	'\0'
p[2][0]	→	'E'
p[2][1]	→	'K'
p[2][2]	→	'1'
p[2][3]	→	'1'
p[0][4]	→	'\0'
p[0]		
p[1]		
p[2]		

1) 공통점

배열이나 포인터나 [ ] 연산사를 적용하면 각 요소를 나타낼 수 있기 때문에, 요소의 표현방법은 동일하다. s[1][0]이나 p[1][0]은 2번째 문자열의 선두문자 'i'를 나타낸다.

또한, s[1]이나 p[1]은 2번째 문자열 "iz"의 선두문자 'i'를 가리키는 포인터가 된다.

2) 차이점

배열은 메모리상의 연속된 공간에 배치되기 때문에 2차원 배열 s는 메모리상에 연속해서 저장된다. 따라서, 3x6의 크기가 확보되기 때문에 "iz"와 "EK11"의 뒷부분은 "공백"이 되어 메모리가 낭비된다.

한편, 포인터배열은 "March", "iz", "EK11"의 포인터로 초기화되지만, 그림에서도 알 수 있듯이 이들 문자열이 연속해서 배치되는 것이 아니고, 메모리상에는 문자열과는 별도로 3개의 포인터가 존재하게 된다. 또한, 다차원 배열과는 달리 메모리의 낭비가 줄어든다.

문자열 배열과 포인터 배열을 이용하여 두 가지 방법으로 저장하고 표시하는 프로그램을 작성해 보자.

프로그램 6-9 포인터 배열

```
1  #include <iostream.h>
2  const int smax = 3 ;
3  const int slen =  6 ;
4  void main (void){
5      int i ;
6      char s[smax][slen] = {"March" , "iz", "EK11"} ;
7      char *p[smax] = {"March","iz", "EK11"} ;
8
9      cout << "문자열배열 \n" ;
10     for ( i=0 ; i<smax ; i++ )
11         cout << s[i] << ' ' ;
12     cout << endl ;
13     cout << "포인터배열 \n";
14     for ( i=0 ; i<smax ; i++ )
15         cout << p[i] <<' ';
16     cout << endl ;
17 }
```

프로그램 6-9 실행 결과

```
"D:\Work0\강의교재\2012 C++\프로그램NEW\6장 포인터\Debug\6-9 포인터배열.exe"
문자열배열
March iz EK11
포인터배열
March iz EK11
Press any key to continue
```

프로그램 6-9 해설

6번 : 2차원 배열에 문자열을 저장하였다.

7번 : 포인터 배열에 문자열을 저장하였다.

15번 포인터 배열을 출력하는 것은 문자열 배열을 출력하는 것과 동일하다.

포인터 배열의 전달

『char형 포인터』의 배열을 전달함에 있어서 함수의 인수로서 전달할 [선두요소를 가리키는 포인터]는 「"char형 포인터"인 p[0]의 포인터」가 된다. 호출 받는 함수 print의 인수 선언은 다음과 같이 나타낼 수 있다.

void print (char* x[ ], int n)
void print (char** x, int n)

이것은 또한 다음과 같이 이해하면 된다.

	일반 선언	배열 선언	배열을 전달받는 함수의 인수선언
문자	char x ;	char x[3] ;	char* x; 혹은 char x[ ];
문자 포인터	char* z ;	char* z[3] ;	char** z; 혹은 char* z[ ];

문자열의 포인터 배열 x의 n-1번째의 문자열을 표시하는 함수

void print (char* x[ ], int n) { /* ...... */ }

을 작성해 보자.

프로그램 6-10 포인터 배열 전달

```
1  #include <iostream.h>
2  const int smax = 3;
3  void print (char* x[], int n){
4      if (n >=0 && n < smax )
5          cout << x[n] << '\n';
6  }
7
8  void main(void){
9      char* p[] = { "March" , "iz ", "ek11"} ;
10     for (int i=0; i<smax; i++)
11         print(p,i);
12 }
```

프로그램 6-10 실행 결과

```
March
iz
ek11
Press any key to continue
```

프로그램 6-10 해설

3번 : 포인터 배열로 저장된 문자열과 출력할 문자열의 요소수 n을 전달받는다.

5번 : 포인터 배열의 출력은 2차원 배열의 출력 방식과 동일하다.

6.6 포인터의 포인터

포인터는 변수만 가리킬 수 있는 것이 아니라 다른 포인터를 가리킬 수도 있다. 즉 포인터를 가리키는 포인터가 되는 것이다.

포인터의 포인터를 선언할 때에는 자료형 다음에 *을 두 개 붙인다.

즉, 다음과 같이 선언한다.

선언	의 미
int a ;	변수 a의 선언
int *p ;	포인터 p의 선언
int **q ;	포인터의 포인터 q의 선언
a = 32 ;	
p = &a ;	포인터 p는 변수 a를 가리키고
q = &p ;	포인터의 포인터 q는 포인터 p를 가리킨다.

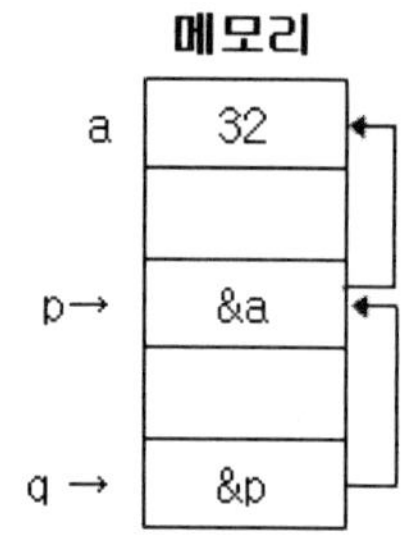

*q는 포인터 q가 가리키는 내용으로 p를 의미하고,

**q는 포인터 q가 지시하는 내용이 가리키는 내용으로 *p 즉, a를 의미한다.

프로그램 6-11 포인터의 포인터

```
#include<iostream.h>
void main(void){
    int a, *p, **q ;
    a = 32, p = &a, q = &p ;
    cout <<  " a=" <<  a  ;
    cout <<  " *p=" << *p  ;
    cout << " **q=" << **q << endl ;
    (**q)++ ;
    cout << " a=" << a << endl ;
    (*(*q))++ ;
    cout << " a=" << a << endl ;
}
```

프로그램 6-11 실행 결과

```
a=32 *p=32 **q=32
a=33
a=34
Press any key to continue
```

프로그램 6-11 해설

3번 : **q는 포인터의 포인터

7번 : **q는 *p이므로 a의 값이 된다.

8번 : a의 값을 증가시킨다.

10번 : (**q)++와 (*(*q))++는 같은 의미이다.

6.7 동적 기억 수명

프로그램을 개발하는 시점보다는 실행시키는 시점에 어떠한 오브젝트가 필요한가를 알게 되는 경우가 있다. C++에서는 오브젝트가 필요한 시점에 오브젝트를 생성하고, 불필요하게 된 오브젝트를 소멸시킬 수가 있다. 이렇게 프로그래머에게 운명이 좌지우지되는 오브젝트의 수명을 동적 기억 수명이라 한다.

C언어에서는 메모리의 동적 할당 또는 해제를 위해 함수 malloc()과 free()를 사용한다. C++언어에서도 이 두 함수를 지원하는데, 이때, <malloc.h> 또는 <stdlib.h>를 include시켜야 한다. 그런데, C++에서는 연산자 new와 delete를 제공한다. 연산자 new를 사용하기 위해서는 new라는 키워드 뒤에 메모리를 동적 할당받기 원하는 데이터 형을 함께 명시한다. delete는 할당된 메모리를 해제하기 위한 연산자로서 delete라는 키워드 뒤에 해제하고자 하는 변수명만 명시하면 된다.

예를 들어, int형의 오브젝트를 동적으로 생성하기 위해서는 new 연산자를 사용하여,

```
new int
```

와 같이 적는다. 이렇게 하면 int형의 오브젝트를 저장하기 위한 sizeof (int)의 크기의 영역이 확보된다.

단, 동적 기억 수명을 가진 오브젝트는 다른 오브젝트와는 다르다. 따라서, alias를 부여하지 않으면 안 된다. 이를 위해서는 다음과 같이 포인터를 사용한다.

```
x = new int ;
```

물론 x는 int의 포인터 형이 되지 않으면 안 된다. new 연산자는 확보한 영역을 가리키는 포인터를 반환하기 때문에, 포인터 x는 동적으로 생성한 오브젝트를 가리키는 것이 된다.

포인터에 간접 연산자를 적용하면, 그 포인터가 가리키는 오브젝트를 나타낼 수가 있기 때문에 동적으로 생성한 오브젝트에는 *x라는 이름이 부여되는 것이 된다.

또한, 동적으로 생성된 오브젝트가 불필요하게 되었을 때 소멸시키는 것도 프로그래머가 할 일이다. 구체적으로는, delete 연산자를 이용해서

```
delete x
```

와 같이 쓴다.

자동 기억 수명, 정적 기억 수명, 동적 기억 수명을 다음 표에 나타내었다.

기억수명	오브젝트의 생성	오브젝트의 소멸
자동 기억 수명	선언, 정의될 때	프로그램을 빠져 나갈 때
정적 기억 수명	프로그램의 개시 준비시	프로그램 종료시
동적 기억 수명	new 되었을 때	delete 되었을 때

동적 기억 수명을 가진 오브젝트의 초기화

C언어에서의 malloc() 함수는 메모리의 동적 할당과 동시에 할당영역을 초기화할 수가 없다. 그러나, C++언어의 new 연산자는 메모리 할당과 동시에 할당영역을 초기화할 수가 있다. 즉, 초기 값을 ( )로 묶어서 자료형의 뒤에 명기하는 것에 의해서 오브젝트를 생성함과 동시에 초기화를 할 수 있다. 또한 초기 값이 명기되지 않는 경우에는, 자동 기억 수명을 가진 오브젝트와 같이 임의 값으로 초기화된다.

```
a = new int ;        // 임의의 값으로 초기화
a = new ( ) ;        // 임의의 값으로 초기화
a = new int (5) ;    // 5로 초기화
```

int형의 오브젝트를 동적으로 생성해서, 값을 대입하고 표시하는 프로그램을 작성해 보자.

프로그램 6-12 동적 기억 수명 - 변수

```
1 #include <iostream.h>
2 void main(void){
3     int* x = new int ;
4     cout << "정수를 입력하시오 : ";
5     cin >> *x;
6     cout << "*x = " << *x << '\n';
7     delete x;
8     cout << "*x = " << *x << '\n';
9 }
```

프로그램 6-12 실행 결과

```
정수를 입력하시오 : 6
*x = 6
*x = -572662307
Press any key to continue
```

프로그램 6-12 해설

3번 : 동적 변수 x를 생성한다.

5번 : x는 포인터 형이므로 입출력 모두 *x의 형태가 된다.

7번 : 동적 변수 x를 소멸시킨다.

8번 : 동적 변수 x는 이미 소멸되었으므로 임의의 값이 출력된다.

키보드로부터 입력받은 정수 값을 저장할 수 있는 int형의 오브젝트를 동적으로 생성해서, 그 값을 표시하는 프로그램을 작성한다.

프로그램 6-13 동적 기억 수명 - 초기화

```
#include <iostream.h>
void main(void){
    int a ;
    cout << "정수를 입력하시오 : " ;
    cin >> a ;
    int* x = new int (a) ;
    cout << "*x = " << *x << "\n" ;
    delete x ;
}
```

프로그램 6-13 실행 결과

```
정수를 입력하시오 : 7
*x = 7
Press any key to continue
```

프로그램 6-13 해설

6번 : 입력한 정수를 초기 값으로 하여 동적 변수를 생성한다.

오브젝트의 초기화

지금까지 자동 기억 수명이나 정적 기억 수명을 가진 오브젝트의 초기화는,

```
int c = 5 ;          // 초기화 형식 (a)
```

와 같이 하였으나 다음과 같이도 할 수 있다.

```
int c (5) ;          // 초기화 형식 (b)
```

형식(a)는 C언어에서부터의 전통이고, 형식(b)는 Simula 언어를 참고로 하여 C++에 도입된 것이다.

형식 (a)는 초기화와 대입이 엄밀하게 구별되는 C++언어에 있어서, 초기화를 하는 것이 대입하는 것처럼 보인다는 결점이 있다.

형식(b)는 동적으로 생성한 오브젝트의 초기화 형식과 비슷하다. 클래스에 의한 사용자 정의형의 초기화 형식과 비슷하다.

배열 오브젝트의 동적생성

배열 오브젝트를 동적으로 생성하기 위해서는 다음과 같이 요소수를 명기한다.

```
a = new int [요소수] ;
```

이때 a는 int형 포인터이어야 하며, 이렇게 함으로써 요소 수만큼의 int형 오브젝트 영역을 확보할 수 있다.

a = new int [5] ;

와 같이 하면, 요소수가 5인 배열을 생성하는 것이 되며, a는 이 영역의 시작 주소를 가리키게 된다. 배열의 초기화는 C++언어에서는 제공되지 않으므로 프로그래머가 직접 해 주어야만 한다.

포인터에 대해서 [ ] 연산자를 적용하면, 배열과 같이 취급할 수 있으므로 동적으로 생성된 영역은 a[0], a[1], ..., a[4]로 나타낼 수 있도록 된다.

배열 오브젝트를 소멸시키려면 delete [ ] 연산자를 이용해서 다음과 같이 한다.

delete [ ] a ;

키보드로부터 입력받은 요소수 만큼의 int형의 배열 오브젝트를 동적으로 생성한 다음, 각 요소에 적당한 값을 대입하고, 표시하는 프로그램을 작성해 보자.

프로그램 6-14 동적 기억 수명 – 배열

```
1  #include <iostream.h>
2  int main(void){
3      int  asize ;
4      int  i ;
5      int *a ;
6      cout << "요소수를 입력하시오 : " ;
7      cin >> asize ;
8      a = new int[asize] ;
9      for (i=0 ; i<asize ; i++)
10         a[i] = i ;
11     for (i=0 ; i<asize ; i++)
12         cout << "a[" << i << "] = " << a[i] << '\n';
13     delete [ ] a ;
14 }
```

프로그램 6-14 실행 결과

```
요소수를 입력하시오 : 5
a[0] = 0
a[1] = 1
a[2] = 2
a[3] = 3
a[4] = 4
Press any key to continue
```

프로그램 6-14 해설

8번 : 배열 오브젝트 a를 동적 생성한다.

13번 : 배열 오브젝트 a를 소멸시킨다.

6.8 문자열 라이브러리

문자열의 길이를 구하거나 복사를 하는 함수는 표준 라이브러리로서 제공되어 있다. 10개의 대표적인 함수를 소개하면 다음과 같다.

strlen	
헤더	#include <string.h>
형식	size_t strlen (const char *s);
해설	s가 가리키는 문자열의 길이를 구한다.('\0'은 포함하지 않는다.)
반환값	길이로서 양의 정수를 반환한다.

strcpy, strncpy	
헤더	#include <string.h>
형식	char *strcpy (char *s1, const char *s2); char *strncpy (char *s1, const char *s2, size_t n);
해설	s1이 가리키는 영역에 s2가 가리키는 문자열을 '\0'을 포함시켜 복사한다. strncpy는 s2의 길이가 n보다 긴 경우에는 잘라내고, 같은 경우에는 s1에 null문자를 부가하지 않는다. 짧은 경우에는 s2를 복사하고 남은 영역을 null문자로 채운다.
반환값	s1의 값을 반환한다.

함수 strncpy : 문자열 src를 dst에 최대 maxlen개의 문자를 복사한다.

```
char* strncpy (char *dst, const char *src, size_t maxlen){
    char* temp = dst ;
    while (maxlen)  {
        if ( ! ( *dst++ = *src++ )) break; // '\0'을 발견하면 종료
         maxlen--;
    }
    while (maxlen--) *dst++ = '\0';        // 나머지를 '\0'으로 채운다.
    return (temp);
}
```

strcat, strncat	
헤더	#include <string.h>
형식	char *strcat (char *s1, const char *s2); char *strncat (char *s1, const char *s2, size_t n);
해설	s1이 가리키는 문자열의 끝에 s2가 가리키는 문자열을 연결한다. strncat는 s2의 길이가 n보다 긴 경우에는 잘라낸다.
반환값	s1의 값을 반환한다.

함수 strcat : 문자열 src를 dst에 붙인다.

```
char* strcat (char * dst, const char * src){
    char* temp = dst;
    while (*dst) dst++;             // dst를 문자열의 끝으로 옮긴다.
    while (*dst++ = *src++);        // src에 '\0'가 나올 때까지 복사한다.
    return (temp);
}
```

함수 strncat : 문자열 src를 dst에 최대 maxlen개의 문자를 붙인다.

```
char* strncat (char *dst, const char *src, size_t maxlen){
    char* temp = dst;
    while (*dst) dst++;             // dst를 문자열의 끝으로 옮긴다.
    while (maxlen--)
        if (! (*dst++ = * src++)) break;    // 도중에 '\0'이 있으면 종료
    *dst = '\0';                    // dst의 끝에 '\0'을 추가한다.
    return (temp);
}
```

strcmp, strncmp	
헤더	#include <string.h>
형식	char *strcmp (const char *s1, const char *s2); char *strncmp (const char *s1, const char *s2, size_t n);
해설	2개의 문자열 s1, s2의 대소관계를 비교한다. strncmp는 s1과 s2의 선두에서부터 n문자를 비교한다.
반환값	2개의 문자열이 서로 같으면 0을, s2보다 s1이 크면 양의 정수 값을, s1이 s2보다 작으면 음의 정수 값을 반환한다.

함수 strcmp : 문자열 st1과 st2를 비교한다.

```
int strcmp (const char* st1, const char* st2) {
    while ( *st1 == *st2 ){
        if ( *st1 == '\0' )
            return (0);                    // 같으면 0을 반환
        st1++;
        st2++;
    }
    return (( unsigned char ) *st1 - (unsigned char ) *st2);
}
```

함수 strncmp : 문자열 st1과 st2의 선두 n문자를 비교한다.

```
int strncmp (const char* st1, const char* st2, size_t n){
    while (n && *st1 && *st2){
        if (*st1 != *st2)                  // 같지 않다.
          return (( unsigned char ) *st1 - (unsigned char) *st2);
        st1++; st2++; n--;
    }
    if ( !n ) return (0);                  // 같다
    if ( *st1) return (1);                 // st1 > st2
    return (-1);                           // st1 < st2
}
```

strchr, strrchr	
헤더	#include <string.h>
형식	char* strchr (const char *s, int c); char* strrchr (const char *s, int c);
해설	s가 가리키는 문자열에서 문자 c를 검색한다. strchr은 문자열의 선두에서부터 검색하며, strrchr은 문자열의 뒤에서부터 검색한다.
반환값	같은 문자가 발견되었을 경우, 발견된 문자의 포인터를 반환한다. 발견되지 않았을 경우, null을 반환한다.

함수 strchr : 문자열 s의 선두에서부터 문자 c를 검색한다.

```
char* strchr (const char *s, int c){
    for (const char ch = c; *s != ch; s++)
        if ( *s == '\0') return ( NULL );
    return ((char*) s) ;
}
```

함수 strrchr : 문자열 s의 뒤에서부터 문자 c를 검색한다.

```
char* strrchr (const char *s, int c){
    for ( const char ch = c, *ret = NULL; ; s++)  {
        if (*s == ch)                  // c를 발견
          ret = s;
        if (*s == '\0') return (( char* ) ret);
    }
}
```

strstr	
헤더	#include <string.h>
형식	char *strstr (const char *s1, const char *s2);
해설	s1이 가리키는 문자열에서 s2가 가리키는 문자열('\0'은 불포함)과 같은 문자열 부분을 검색한다.
반환값	같은 문자열이 발견되었을 경우, 발견된 문자열의 선두 포인터를 반환한다. 발견되지 않았을 경우, null을 반환한다.

동일한 문자열의 길이를 표준 라이브러리 함수 strlen을 이용해서 구한 경우와 sizeof 연산자를 이용해서 크기를 구한 경우를 비교하는 프로그램을 작성해 보자.

프로그램 6-15 문자열 길이 비교

```
#include <string.h>
#include <iostream.h>
void main(void){
    cout << "문자열 \"AB\\tC\"\n" ;
    cout << "strlen(\"AB\\tC\") : " << strlen("AB\tC") << '\n';
    cout << "sizeof(\"AB\\tC\") : " << sizeof("AB\tC") << "\n\n";

    cout << "문자열 \"ABC\\0XYZ\"\n" ;
    cout << "strlen(\"ABC\\0XYZ\") : "
         << strlen("ABC\0XYZ") << '\n';
    cout << "sizeof(\"ABC\\0XYZ\") : "
         << sizeof("ABC\0XYZ") << "\n\n";
}
```

프로그램 6-15 실행 결과

```
문자열 "AB\tC"
strlen("AB\tC") : 4
sizeof("AB\tC") : 5

문자열 "ABC\0XYZ"
strlen("ABC\0XYZ") : 3
sizeof("ABC\0XYZ") : 8

Press any key to continue
```

프로그램 6-15 해설

1번 : 문자열 라이브러리 함수를 사용하기 위해서 반드시 필요하다.

앞에서 작성한 문자열의 길이를 구하는 함수와 동일한 함수가 표준 라이브러리 함수 strlen이다. sizeof 연산자로 구한 값과 표준 라이브러리 함수 strlen으로 구한 값을 비교하면, 함수 strlen은, 문자열에서 최초로 나타나는 '\0'의 직전까지의 길이를 반환하는 함수이고, sizeof 연산자는 '\0'을 포함한 크기를 반환하는 연산자임을 알 수 있다.

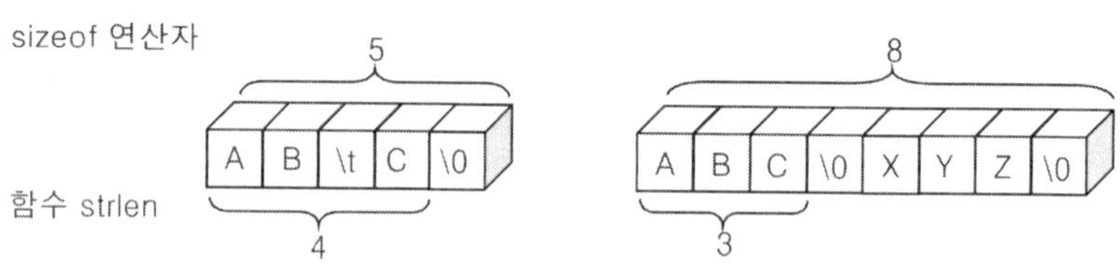

6장 실습문제

01. 다음과 같은 문장이 실행될 경우 x인 값은 ?

```
int a[4]={10, 20, 30, 40} ;
int x, *p=a ;
x = *(p+2) ;
```

02. 포인터를 이용하여 문자열의 길이를 구하는 함수를 작성하시오.

03. 포인터를 이용하여 문자열을 역순으로 출력하는 프로그램을 작성하시오.

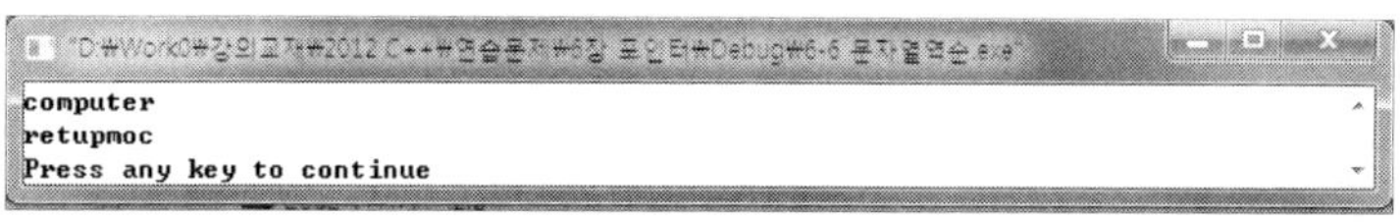

04. 포인터를 이용하여 입력한 문자열을 다른 배열에 복사하는 함수를 작성하시오.

05. 2진수를 입력하면 10진수로 변환하는 프로그램을 작성하시오(단, 2진수 숫자를 반복해서 입력하도록 하되 문자 'q'를 입력하면 프로그램을 종료하도록 한다.).

C.H.A.P.T.E.R 07

클래스

클래스의 사전적 의미는 "공통되는 성질을 가지는 종류, 부류"이며, 생물학에서 생물의 종류를 분류하는 단위로도 사용된다. 객체 지향 개념이 도입된 C++에서도 비슷한 의미로 이용된다. 예를 들어 '홍길동', '이순신', '강감찬'이라는 각각의 사람을 오브젝트(객체)로 본다면, 이들은 '남자'라는 부류, 통칭으로 분류될 수 있으며, 크게는 '사람'이라는 부류, 종류로 나타낼 수 있다. 이때 '남자', '사람'처럼 공통적인 성질을 가지는 종류, 부류를 소프트웨어적으로 표현, 구현한 것을 '클래스'라고 부른다. 앵무새, 독수리, 참새 또한 특정한 새의 종류, 부류를 나타내므로 클래스이며, 이들 모두를 통칭할 수 있는 '조류' 또한 클래스라고 할 수 있다.

클래스는 각각의 오브젝트(객체)들이 공통적으로 가지고 있는 정보, 즉 속성(데이터)과 기능(메소드, 함수)들을 묶어 놓은 소프트웨어 단위이다. 객체 지향 방식으로 프로그래밍 할 때는 먼저 이러한 클래스를 만들고(정의), 이 클래스를 이용하여 각각의 객체(오브젝트)를 만들어 사용하게 된다. 이렇게 클래스에서 각 객체를 생성해 내는 과정을 '객체 생성', '오브젝트 생성'이라고 부르며 생성된 각 오브젝트를 인스턴스(instance)라 부른다. 실제로 객체 지향 프로그램에서 모든 오브젝트는 어떤 클래스로부터 생성된 인스턴스들이다. 즉, 오브젝트(객체)와 인스턴스는 같은 것이라고 이해하면 되며, 인스턴스는 어떤 클래스로부터 '생성'되었다는 의미를 강조한 용어이다.

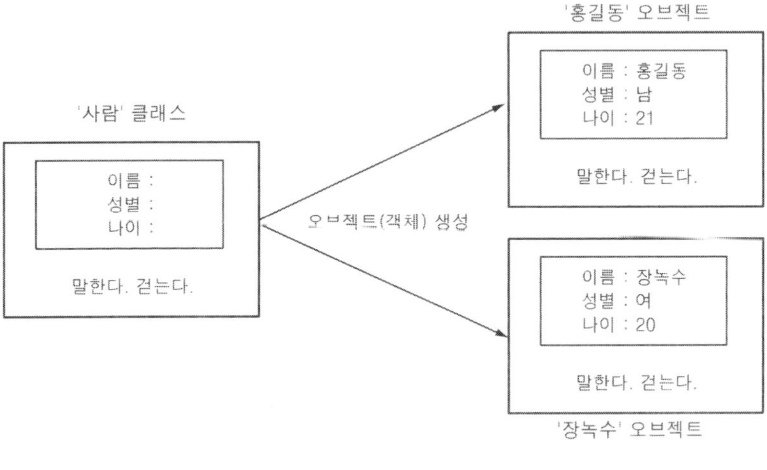

예를 들어 '홍길동', '장녹수'라는 이름의 사람이 등장하는 게임 프로그램을 제작한다고 가정하자. 객체 지향 방식으로 프로그래밍한다면, 먼저 '사람'이라는 부류를 클래스로 나타내고 이것을 바탕으로 '홍길동', '장녹수' 등 각각의 사람들을 인스턴스, 객체로 생성해 낸다. 클래스는 인스턴스, 객체를 생성해 내는 일종의 '틀'처럼 이용되는 것이다.

7.1 클래스의 정의

클래스는 객체 지향형 프로그래밍의 가장 기본이 되는 것으로 C 언어의 구조체와 흡사하며, 클래스를 정의한다고 해서 메모리 공간에 클래스가 할당이 되는 것이 아니다. 메모리 할당은 변수가 클래스 기반으로 선언될 때 발생한다. 이때, 클래스로 선언된 변수를 객체라 부른다. 클래스 선언은 그 성질(자료형)을 선언하는 것과 비슷하며, 실체인 오브젝트(변수)를 정의하는 것은 아니다. 클래스 정의는 문법적으로 보면 구조체와 상당히 비슷하고, 그 사용법도 비슷하다.

<구조체 정의>	<클래스 정의>

struct list {
 	
    char maker;
    int vol;
}
struct list car ;
	class list {
	public :
	    long numver;
	    long yekum ;
	}
	list car ;

구조체를 객체 지향 프로그래밍 개념에 적합하도록 한 단계 확장한 것이 클래스라고 생각하면 된다. 구조체에서 태그명이라고 불렀던 것을 클래스에서는 클래스명이라고 부른다.

클래스도 구조체와 마찬가지로 정의를 하고 객체를 생성하여야 한다. 구조체의 경우 구조체 변수라는 용어를 사용하지만 클래스는 객체(object) 라는 용어를 사용한다. 클래스 내에 선언된 변수를 멤버 변수, 함수를 멤버 함수라고 부른다.

클래스의 일반적인 정의는 다음과 같다.

```
class class_name {
public :
        // 공개 멤버 변수와 멤버 함수 선언
private :
        // 비공개 멤버 변수와 멤버 함수 선언
protected :
        // 비공개 멤버 변수와 멤버 함수 선언
} ;
```

클래스와 구조체의 큰 차이점은 바로 멤버 변수와 멤버 함수들이 비공개되는 것과 공개되는 것으로 구분된다는 것이다. class 멤버는 private, public, protected의 세 가지 부류로 나누어지며, private로 선언된 멤버를 private 멤버라 하고, public으로 선언된 멤버를 public 멤버라고 한다.

단, private 키워드는 생략해도 되며, 생략하였을 경우 자동적으로 private로 인식하게 된다.

protected는 기본적으로 private와 같다. 그러나 상속을 통해 클래스를 파생시킨 경우, 파생 클래스에서 부모 클래스의 protected 멤버를 엑세스할 수 있다는 점이 private와 다르다.

private, protected, public의 3개의 키워드는 클래스 이용자의 엑세스 권한을 지정하는 것으로서, 접근 지정자(access specifier)라고 한다.

다음 예제에서 클래스를 정의하고 객체를 만드는 과정과 private 키워드와 public 키워드의 차이를 명확히 알 수 있을 것이다.

프로그램 7-1 클래스 선언

```
1  #include <iostream.h>
2  class Sample{
3  private:     // 전용멤버, 비공개 멤버 선언
4      int x ;
5  public:      // 공용멤버, 공개 멤버 선언
6      int y ;
7      void Print(){
8          x = 11 ;
9          cout << "x = " << x << endl ;
10         cout << "y = " << y << endl ;
11     }
12 };
13
14 int main(void){
15     Sample s ;          // 클래스로부터 객체 생성
16 //  s.x = 10 ;          // Error (비공개멤버변수)
17     s.y = 20 ;          // OK (공개멤버변수)
18     s.Print();          // OK (공개멤버함수)
19 }
```

프로그램 7-1 실행 결과

```
x = 11
y = 20
Press any key to continue
```

프로그램 7-1 해설

2번 : 클래스 이름이 Sample인 클래스 선언

4번 : 멤버 변수 x는 비공개로서 클래스 내부에서만 억세스가 가능하고 클래스 외부 즉, main() 함수에서는 억세스가 불가능하다.

6~7번 : 멤버 변수 y와 멤버 함수 Print()는 공개 멤버로서 어디에서든지 억세스가 가능하다.

15번 : 최초의 "Sample"이 형(클래스) 이름이고, "s"가 오브젝트의 이름이다. 이것은 int num ; 과 같이 선언한 것과 같은 형태이다. 멤버 변수와 함수를 호출할 때에는 변수명과 함수명 앞에 오브젝트 이름을 붙인다. 즉, s.x, s.y, s.Print가 된다.

16번 : 멤버 변수 x는 private 속성을 가지기 때문에 main() 함수에서 값을 설정하면 에러가 발생한다.

17번 : Sample 클래스의 멤버 변수 y는 public 속성을 가지기 때문에 main() 함수에서 값을 설정해 줄 수 있다.

정보 은닉(information hiding)

private와 protected 키워드 다음에 오는 멤버 함수/변수는 클래스 외부에 비공개이고, public 키워드 다음에 오는 멤버 함수/변수는 클래스 외부에 공개된다.

클래스의 멤버 함수/변수가 비공개되었다는 것은 그 클래스 안에서 선언된 멤버 함수에서만 그 멤버를 사용할 수 있다는 것이다. 외부에서는 private 데이터 멤버의 값을 바꿀 수 없게 되며, 데이터의 보호성과 은폐성이 향상되어 private 이후에 선언되어 있는 멤버는 그 존재가 외부에 공개되지 않게 된다.

클래스의 멤버 함수/변수가 공개되었을 때는 클래스의 멤버가 아니더라도 그 멤버를 사용할 수 있다. 따라서 public 멤버는 외부에서 그 존재를 알 수 있다.

public영역 내에 정의된 것은 클래스 밖에서 접근할 수 있으나, private로 정의된 것은 클래스 내에 정의된 메소드(method)를 이용해서만 접근할 수 있다.

C++에서 메소드는 함수(function)라고 생각하면 된다. 따라서, 위 프로그램에서 데이터 멤버 x는 private 멤버로서 선언되어 있기 때문에 main 함수 안에서

```
s.x = 10 ;
```

과 같은 조작은 불가능하다. 『공개하면 안되는 정보는 공개하지 않는다.』라는 당연한 생각을 실현하는 것을 정보은닉(data hiding)이라 한다.

외부에 공개하면 안되는 데이터 멤버는 private 멤버로 한다.

이번에는 똑같은 클래스 형을 가지는 오브젝트를 두 개 생성하는 경우이다. 즉,

```
Sample  s ;
Sample  t ;
```

과 같이 하면, 클래스 Sample의 형을 갖는 s와 t라는 이름의 객체가 두 개 생성되는 것이다.

다음 프로그램 예를 살펴보자.

프로그램 7-2 클래스 변수 선언 1

```
1  #include <iostream.h>
2  class Sample  {
3  private:
4      int x ;
5  public:
6      int y ;
7      void Print(){
8          x = 11 ;
9          cout << "x = " << x << endl ;
10         cout << "y = " << y << endl ;
11     }
12 };
13
14 int main(void){
15     Sample s, t ;    // Sample 클래스 변수 s와 t를 선언
16
17     s.y = 20 ;
18     t.y = 55 ;
19
20     s.Print();
21     t.Print();
22 }
```

프로그램 7-2 실행 결과

```
x = 11
y = 20
x = 11
y = 55
Press any key to continue
```

프로그램 7-2 해설

7~10번 : 20번에서 s.Print()를 호출하면 멤버 변수는 s.x, s.y가 되고,
21번에서 t.Print()를 호출하면 멤버 변수는 t.x, t.y가 된다.

이번에는 클래스를 정의할 때, 클래스 변수를 함께 선언하는 경우이다.

프로그램 7-3 클래스 변수 선언 2

```
 1 #include <iostream.h>
 2 class Sample {
 3 private:
 4     int x ;
 5 public:
 6     int y ;
 7     void Print(){
 8         x = 11 ;
 9         cout << "x = " << x << endl ;
10         cout << "y = " << y << endl ;
11     }
12 } s, t ;    // 클래스 변수 s와 t를 선언
13
14 int main(void){
15     s.y = 20 ;
16     t.y = 55 ;
17
18     s.Print();
19     t.Print();
20 }
```

프로그램 7-3 실행 결과

```
x = 11
y = 20
x = 11
y = 55
Press any key to continue
```

프로그램 7-3 해설

12번 : 클래스 변수 s와 t를 선언한다. main() 함수에서 Sample s, t ;로 선언한 것과 동일하다.

클래스는 하나 이상 여러 개를 선언할 수도 있다. 다음 프로그램 예를 이용하여 2개의 클래스를 선언하였을 경우를 살펴보자.

프로그램 7-4 다수 개의 클래스 선언

```
1  #include <iostream.h>
2  class Sample {
3  public:
4      int y ;
5      void Print() {
6          cout << "s.y = " << y << endl ;
7      }
8  };
9
10 class CName {
11 public:
12     int y ;
13     void Print() {
14         cout << "t.y = " << y*3 << endl ;
15     }
16 };
17
18 void main(void) {
19     Sample s ;
20     CName  t ;
21     s.y = 20 ;
22     t.y = 20 ;
23     s.Print();
24     t.Print();
25 }
```

프로그램 7-4 실행 결과

```
s.y = 20
t.y = 60
Press any key to continue
```

프로그램 7-4 해설

2번 : Sample 클래스의 선언

10번 : CName 클래스의 선언

4번, 12번 : 여러 개의 함수에 선언된 변수는 이름이 동일하여도 다른 변수로 취급하듯이 클래스 내부에 선언된 멤버 변수와 멤버 함수도 각각 다른 것으로 취급된다.

21번 : s.y는 클래스 Sample의 변수 y가 된다.

22번 : t.y는 클래스 CName의 변수 y가 된다.

23번 : s.Print()는 클래스 Sample의 멤버 함수 Print()가 호출되며, 멤버 함수에서 출력하는 멤버 변수 y는 s.y가 된다.

7.2 멤버 함수

7.2.1 멤버함수의 외부선언

멤버 함수는 본래 클래스 내에 정의되는 함수이나, 클래스 외부에서 다음의 형태로 멤버 함수를 정의할 수도 있다.

```
ReturnType  ClassName :: MethodName (Parameter List) {
    Body of Method ;
}
```

멤버 함수의 선두를 살펴보면,

클래스의 이름 :: 멤버 함수의 이름

으로 되어 있다.

"클래스 이름 :: 멤버 함수의 이름"으로 쓰면 그 멤버 함수가 클래스 스코프(class scope) 안에 있는 것을 나타낼 수가 있다. 즉, 단순히 멤버 함수 이름만 기술한다면 어느 클래스에 속한 멤버 함수인지 알 수 없다. 그러므로 클래스 이름을 앞에 붙이는 것이다.

다음 프로그램 예에는 두 개의 클래스가 선언되어 있고, 각각의 클래스에는 동일 이름의 Print() 함수가 선언되어 있다. 이 경우 Print() 함수를 클래스 외부에서 선언할 경우에 함수 이름이 중복되어 어떤 클래스의 멤버 함수인지 분간할 수 없게 된다. 따라서 함수 이름 앞에 해당 클래스 이름을 붙이면 쉽게 클래스를 구별할 수 있을 것이다.

프로그램 7-5 멤버 함수의 클래스 외부 선언

```
1  #include <iostream.h>
2  class Sample {
3  public:
4      int y ;
5      void Print() ;
6  };
7
8  class CName  {
9  public:
10     int y ;
11     void Print() ;
12 };
13
14 void Sample::Print(){ cout << "y = " << y << endl ; }
15 void CName::Print(){ cout << "y = " << y*3 << endl ; }
16
17 void main(void){
18     Sample s ;
19     CName  t ;
20     s.y = 20 ;
21     t.y = 20 ;
22     s.Print();
23     t.Print();
24 }
```

프로그램 7-5 실행 결과

```
s.y = 20
t.y = 60
Press any key to continue
```

프로그램 7-5 해설

2번 : Sample 클래스의 멤버 함수 Print()를 선언한다.

8번 : CName 클래스의 멤버 함수 Print()를 선언한다.

14번 : Sample 클래스의 멤버 함수 Print()를 정의한다.

15번 : CName 클래스의 멤버 함수 Print()를 정의한다.

클래스와 멤버 함수 정의부는 외부 파일로 작성하여 include시킬 수 있다. 다음 프로그램 예를 살펴보자. 프로그램에서는 main() 함수, 클래스 선언부, 멤버 함수 정의부를 3개의 파일로 나누었다. 컴파일은 main() 함수가 있는 파일만 하면 된다. 나머지 두 개의 파일은 자동으로 삽입되게 된다.

프로그램 7-6 클래스 외부 파일 선언 - main 함수부

```
1  #include <iostream.h>
2  #include "sample.h"
3  #include "member.cpp"
4  void main(void){
5      Sample s ;
6      CName  t ;
7      s.y = 20 ;
8      t.y = 20 ;
9      s.Print();
10     t.Print();
11 }
```

프로그램 7-6 클래스 외부 파일 선언 - 클래스 선언부(sample.h)

```
class Sample {
public:
    int y ;
    void Print() ;
};

class CName  {
public:
    int y ;
    void Print() ;
};
```

프로그램 7-6 클래스 외부 파일 선언 - 멤버함수 선언부(member.cpp)

```
void Sample::Print(){ cout << "y = " << y << endl ; }
void CName::Print(){ cout << "y = " << y*3 << endl ; }
```

프로그램 7-6 실행 결과

```
s.y = 20
t.y = 60
Press any key to continue
```

프로그램 7-6 main 함수부 해설

2번 : 클래스 선언부가 들어 있는 파일을 읽어 들인다.

3번 : 멤버 함수 선언부가 들어 있는 파일을 읽어 들인다.

7.2.2 멤버 함수의 인수 전달

다음 프로그램으로 멤버 함수에 인수를 전달 예를 살펴보자.

프로그램 7-7 멤버함수 인수전달

```
1  #include <iostream.h>
2  class child {
3  private:
4      char *name ;
5      int age ;
6      int height ;
7  public:
8      void sub( char *n, int a, int h ) ;
9  };
10
11 void child::sub( char *n, int a, int h ){
12     name = n ;
13     age = a ;
14     height = h ;
15     cout << "name = " << name << endl ;
16     cout << "age = " << age << endl ;
17     cout << "height = " << height << endl ;
18 }
19
20 void main(void){
21     child x ;
22     x.sub( "Hong", 6, 125 );
23 }
```

프로그램 7-7 실행 결과

```
name = Hong
age = 6
height = 125
Press any key to continue
```

프로그램 7-7 해설

21번 : x는 child형 오브젝트이다.

22번 : x.sub를 호출하면서 “Hong”은 *n에, 6은 a에, 125는 h에 대입한다.

7.2.3 멤버함수 디폴트 인수

앞에서 배운 함수의 디폴트 인수와 마찬가지로 클래스 멤버 함수도 디폴트 인수를 가질 수 있다. 다음 프로그램 예를 살펴보자.

프로그램 7-8 멤버함수 디폴트인수

```
1  #include <iostream.h>
2  class CName {
3  public:
4      void func1( int number ){
5          cout << "func1 : " << number << endl ;
6      }
7      void func2( int number=1 ){
8          cout << "func2 : " << number << endl ;
9      }
10     void func3( int number1, int number2=1 ){
11         cout << "func3 : " << number1 << ", " << number2 << endl ;
12     }
13     void func4( int number1=1, int number2=1 ){
14         cout << "func4 : " << number1 << ", " << number2 << endl ;
15     }
16 };
17
18 void main(){
19     CName pname ;
20     pname.func1(10);
21     pname.func2(10);
22     pname.func2();
23     pname.func3(10, 10);
24     pname.func3(10);
25     pname.func4();
26 }
```

프로그램 7-8 실행 결과

```
func1 : 10
func2 : 10
func2 : 1
func3 : 10, 10
func3 : 10, 1
func4 : 1, 1
Press any key to continue
```

프로그램 7-8 해설

7번 : 매개변수 number는 디폴트 인수로 함수 호출 시에 전달 값이 없으면 number=1이 된다.

10번 : 두 번째 인수 number가 디폴트 인수가 된다.

13번 : 두 개의 인수가 모두 디폴트 인수로 25번과 같이 인수 전달값이 없으면 number1=1, number2=1이 된다.

7.2.4 멤버함수 오버로드

앞에서 배운 함수의 오버로드와 마찬가지로 클래스 멤버 함수도 오버로드가 가능하다. 다음 프로그램 예를 살펴보자.

프로그램 7-9 멤버함수 오버로드

```
1  #include <iostream.h>
2  class CName {
3  public:
4      void func( char number ){
5          cout << "func1 : " << number << endl ;
6      }
7      void func( int number=1 ){
8          cout << "func2 : " << number*2 << endl ;
9      }
10     void func( int number1, int number2 ){
11         cout << "func3 : " << number1 << ", " << number2 << endl ;
12     }
13 };
14
15 void main(){
16     CName pname ;
17     pname.func('A');
18     pname.func(10);
19     pname.func();
20     pname.func(10, 10);
21 }
```

프로그램 7-9 실행 결과

```
func1 : A
func2 : 20
func2 : 2
func3 : 10, 10
Press any key to continue
```

프로그램 7-9 해설

4번 : 인수 전달 값이 문자형일 경우 호출된다(17번).

7번 : int형 인수의 개수가 1개이면서 디폴트 인수이므로 인수 전달 값이 한 개이거나 없을 경우 호출된다(18번, 19번).

10번 : 인수 전달 값이 2개의 정수인 경우 호출된다(20번).

7.3 생성자

7.3.1 생성자와 소멸자

생성자는 클래스의 데이터 멤버에 기억될 데이터 값을 초기화시키는 수단으로 사용된다. 즉,

> 생성자는 클래스의 오브젝트를 생성할 때의 초기화 방법을 정의하는 함수이다.

생성자는 클래스 변수를 선언할 때 자동으로 호출되어 수행되는 멤버 함수로 함수의 정의와 같은 형태를 가지고 있으며, 클래스의 이름과 같은 이름을 가져야 하며 public 멤버로 지정되어야 한다. 생성자 함수는 리턴 값이 없기 때문에 데이터 형이 void형이지만 생략되어 사용한다. 생성자는 오버로드가 가능하고 인수를 전달할 수 있다.

다음 프로그램 예로 객체를 생성할 때 자동으로 생성자가 호출되는 것을 확인해 보자. 이 프로그램의 클래스에는 생성자만 정의되어 있고, main() 함수에는 객체를 생성하는 경우만 있다.

프로그램 7-10 생성자

```
#include    <iostream.h>
class Sample {
public:
    Sample( ) {
        cout << "생성자 호출됨 \n" ;
    }
};

void main(void){
    Sample x ;
}
```

프로그램 7-10 실행 결과

```
생성자 호출됨
Press any key to continue
```

프로그램 7-10 해설

10번에서 객체를 생성하면 자동적으로 생성자가 호출되고, 생성자에 기술되어 있는 메시지를 출력한다.

객체가 생성될 때 자동으로 컴파일러가 디폴트 생성자를 호출하듯이 프로그램이 종료될 때 생성된 객체를 소멸시키기 위해 소멸자를 호출한다. 이때의 소멸자는 전달 인수가 없는 디폴트 소멸자를 호출한다.

소멸자는 클래스 변수의 통용 범위가 벗어나 사용이 종료될 때 자동으로 호출되어 수행되는 멤버 함수이다. 소멸자 함수는 클래스의 이름과 같은 이름을 가지며 이름 앞에 기호 ~을 붙여 사용한다.

생성자와 마찬가지로 소멸자도 반드시 클래스 내의 public 멤버로 지정되어야 하고 리턴값과 인수가 없다. 또한 오버로드가 불가능하다.

소멸자는 주로 생성자에 의해 데이터 멤버에 할당된 동적 메모리를 클래스 변수의 소멸과 함께 자동으로 해제시키고자 할 때 사용한다.

다음 프로그램 예로 확인해 보자.

프로그램 7-11 소멸자

```
#include    <iostream.h>
class Sample {
public:
     Sample( ) {
          cout << "생성자 호출됨 \n" ;
     }

     ~Sample( ) {
          cout << "소멸자 호출됨 \n" ;
     }
};

void main(void){
     Sample x ;
     cout << "main 함수 \n" ;
}
```

프로그램 7-11 실행 결과

```
"D:₩Work0₩강의교재₩2012 C++₩프로그램NEW₩7장 클래스₩Debug₩7-17 소멸자.exe"
생성자 호출됨
main 함수
소멸자 호출됨
Press any key to continue
```

프로그램 7-11 해설

14번 : 객체 x를 생성하면서 4번의 생성자를 호출한다.

16번 : 프로그램이 종료되기 직전에 8번의 소멸자를 호출한다.

7.3.2 클래스 변수의 초기화

이번에는 클래스를 정의할 때, 클래스 변수를 초기화하는 방법에 대하여 살펴보자. 다음 프로그램은 객체를 생성하면서 멤버 변수를 초기화하는 경우이다.

프로그램 7-12 클래스 변수의 초기화

```
1  #include <iostream.h>
2  class Sample  {
3  public:
4      int x ;
5      int y ;
6  };
7
8  void main(void){
9      Sample s = { 20, 55 } ;
10
11     cout << "s.x=" << s.x << endl ;
12     cout << "s.y=" << s.y << endl ;
13 }
```

프로그램 7-12 실행 결과

```
"D:₩Work0₩강의교재₩2012 C++₩프로그램NEW₩7장 클래스₩Debug₩7-4 멤버초기화.exe"
s.x=20
s.y=55
Press any key to continue
```

프로그램 7-12 해설

9번 : 오브젝트 s가 정의됨과 동시에 멤버 변수 s.x=20, s.y=55로 초기화한다.
이때 멤버 변수는 public으로 되어 있어야만 한다.

다음 프로그램으로 생성자를 이용하여 오브젝트 멤버를 초기화하는 경우에 대하여 살펴보자.

프로그램 7-13 생성자에 의한 초기화

```
1  #include <iostream.h>
2  class Sample   {
3  private:
4      int x ;
5      int y ;
6  public:
7      Sample(int n, int k){
8          x = n ;
9          y = k ;
10     }
11     void Output(void){
12         cout << "x = " << x << ", y = " << y << endl ;
13     }
14 };
15
16 void main(void){
17     Sample s ( 20 , 55 ) ;
18     Sample t = Sample ( 10 , 29 ) ;
19
20     cout << "객체 s : " ;   s.Output() ;
21     cout << "객체 t : " ;   t.Output() ;
22
23     s= Sample(43, 22);
24     cout << "객체 s : " ;   s.Output() ;
25 }
```

프로그램 7-13 실행 결과

```
객체 s : x = 20, y = 55
객체 t : x = 10, y = 29
객체 s : x = 43, y = 22
Press any key to continue
```

프로그램 7-13 해설

17~18번 : 생성자에 의해 오브젝트를 초기화하는 방법은 프로그램과 같이 2가지가 있으며 결과는 동일하다. 클래스 Sample의 오브젝트가 생성될 때 생성자가 호출된다.

17번 : 클래스 Sample의 오브젝트 s를 다음과 같이 정의하고 있다.

```
Sample  s ( 20, 55 ) ;
```

프로그램의 흐름이 이 선언문을 통과해서 오브젝트 s가 생성될 때에, 20과 55라고 하는 2개의 값이 생성자에 전달된다. 그 전달 방법은 함수의 인수와 동일하게 이루어진다.

생성자의 본체에는 다음과 같이 기술되어 있다.

```
x = n ;
y = k ;
```

생성자는 현재 어떤 오브젝트를 초기화하고 있는가를 알고 있기 때문에, s.x나 s.y와 같이 연산자를 사용하지 않고, 단순히 x나 y로 호출한다. 물론 s에 대해서 생성자가 호출되었을 경우에는 각각의 멤버가 s.x나 s.y를 의미한다.

23번 : 오브젝트는 앞에서 설명한 초기화 방법으로 초기화가 이루어진다. 그런데 생성자를 이용하여 오브젝트의 멤버 값을 대입할 수 있다.

```
s = Sample (43, 22) ;
```

이라는 대입에 주목해 보자.

우측 오퍼랜드 Sample(43, 22)에 의해서 Sample형의 임시 오브젝트가 생성되며, 두 개의 정수값에 의해 초기화 된다. 그때의 임시 오브젝트가 좌측 오퍼랜드 s에 대입된다. 즉, s.x=43, s.y=22가 되는 것이다. 다음에 나타낸 것과 같이 "대입"이 일어날 때는, 오브젝트 내의 각 멤버 값이 각각 복사되는 것이다.

> 오브젝트가 같은 클래스형의 오브젝트에 대입될 때는, 각 멤버의 값이 모두 복사된다.

멤버 변수의 초기화는 멤버 이니셜라이저를 이용해서도 할 수 있다. 멤버 이니셜라이저는 멤버 변수로 선언된 객체의 생성자 호출에 활용되며, 초기화의 대상을 명확히 인식할 수 있고, 성능에 약간의 이점이 있다.

프로그래머는 생성자의 몸체에서 초기화하는 방법과 이니셜라이저를 이용하는 방법 중에서 선택이 가능하다. 다음 프로그램 예를 살펴보자.

프로그램 7-14 멤버 이니셜라이저에 의한 초기화

```
1  #include <iostream.h>
2  class Sample  {
3  private:
4      int x ;
5      int y ;
6  public:
7      Sample(int n, int k) : x(n) {
8          y = k ;
9      } ;
10     void Output(void){
11         cout << "x = " << x << ", y = " << y << endl ;
12     }
13 };
14
15 void main(void){
16     Sample s ( 20 , 55 ) ;
17     cout << "객체 s : " ;   s.Output() ;
18 }
```

프로그램 7-14 실행 결과

```
객체 s : x = 20, y = 55
Press any key to continue
```

프로그램 7-14 해설

7번 : 이니셜라이저의 다음 문장 x(n)은 x를 n의 값으로 초기화하라는 뜻이다. 이니셜라이저를 통해서 초기화되는 멤버는 선언과 동시에 초기화가 이루어지는 형태가 된다.

8번 : 생성자의 몸체 부분에서 대입 연산을 통한 초기화를 진행하면 선언과 초기화를 각각 별도의 문장에서 진행하는 형태가 된다.

즉, 다음 두 문장에 비유할 수 있다.

이니셜라이저	int x = n ;
생성자 몸체	int y ; y = k ;

예금액과 구좌 번호를 취급하는 클래스를 작성해 보자.

프로그램 7-15 예금 구좌 클래스 정의부 "kuza.h"

```
 1 class kuza {
 2 private:
 3     long number ;
 4     long yekum ;
 5 public:
 6     kuza( long no, long yok ){
 7         number = no ;
 8         yekum = yok ;
 9     }
10     void ipkum (long money) { yekum += money ; }
11     void churkum (long money) { yekum -= money ; }
12
13     long kuza_no (void){ return(number) ; }
14     long yekumaek(void){ return(yekum) ;  }
15 };
```

프로그램 7-15 예금 구좌 메인함수 정의부 "kuza.cpp"

```
#include  <iostream.h>
#include  "kuza.h"
void main(void){
    kuza kang ( 1234569, 0) ;
    kuza kim ( 3468924, 10) ;

    kang.ipkum (100) ;
    kim.churkum (5) ;

    cout << "kang군의 구좌\n" ;
    cout << "구좌번호 = " << kang.kuza_no( )  << '\n' ;
    cout << "예 금 액 = " << kang.yekumaek( ) << "원\n\n" ;
    cout << "kim군의 구좌\n" ;
    cout << "구좌번호 = " << kim.kuza_no( )  << '\n' ;
    cout << "예 금 액 = " << kim.yekumaek( ) << "원\n" ;
}
```

프로그램 7-15 실행 결과

```
kang군의 구좌
구좌번호 = 1234569
예 금 액 = 100원

kim군의 구좌
구좌번호 = 3468924
예 금 액 = 5원
Press any key to continue
```

프로그램 7-15 클래스부 해설

3번 : 구좌 번호가 저장될 멤버 변수로서 외부에 알려지면 안 되는 변수이므로 비공개 멤버로 선언한다.

4번 : 예금액이 저장될 멤버 변수로서 외부에 알려지면 안 되는 변수이므로 비공개 멤버로 선언한다.

6번 : 구좌번호와 예금액을 초기화하는 생성자

10번 : 입금액을 전달받아 예금액에 더한다.

11번 : 출금액을 전달받아 예금액에서 제한다.

13번 : 구좌 번호를 반환한다.

14번 : 예금액을 반환한다.

프로그램 7-15 메인 함수부 해설

4번 : kang군의 구좌번호 1234569와 예금액 0원을 초기값으로 객체생성. 즉, kang.number=1234569, kang.yekum=0이 된다.

5번 : kim군의 구좌번호 3468924와 예금액 10원을 초기값으로 객체생성. 즉, kim.number=3468924, kim.yekum=10이 된다.

7번 : kang군의 구좌에 100원을 입금한다. 멤버 함수 kang.ipkum()이 호출되어 kang.yekum+=money에서 kang.yekum=100이 된다.

8번 : kim군의 구좌에서 5원을 출금한다. 멤버 함수 kim.churkum()이 호출되어 kim.yekum-=money에서 kim.yekum=5가 된다.

자동차의 현재위치, 남은 연료를 관리하는 클래스 Car를 작성해 보자. 자동차의 이동에는 그 거리와 같은 만큼의 연료가 필요한 것으로 한다(즉, 1km를 이동하면 1liter의 연료가 소모되는 것으로 한다.).

알고리즘 7-16

자동차를 이동시킬 때에는 그 이동에 필요한 거리를 계산하지 않으면 안 된다. x방향의 이동 거리를 X, y방향의 이동거리를 Y라고 한다면 거리는 $\sqrt{x^2+y^2}$ 이 된다. 이것을 계산하려면 제곱근을 구할 수 있는 함수가 필요하게 되는데, 여기에서는 표준 라이브러리 함수 sqrt를 이용한다.

sqrt 함수의 개요는 다음과 같다.

sqrt	
헤더	#include <math.h>
형식	double sqrt(double x) ;
해설	양수의 부동 소수점 x의 평방근을 계산한다.
반환값	x의 평방근의 값을 반환한다.

프로그램 7-16 자동차 클래스 정의부 "car.h"

```
class Car {
private:
    double fuel;    // 남은 연료
    double xp;      // 현재위치 x좌표
    double yp;      // 현재위치 y좌표
public:
    Car ( double f, double x, double y);        // 생성자
    double X (void) { return (xp); }            // 현재위치 x좌표
    double Y (void) { return (yp); }            // 현재위치 y좌표
    double Tank(void) { return (fuel);}         // 남은 연료
    int Move( double dx,double dy);             // 이동
};
```

프로그램 7-16 자동차 멤버함수 정의부 "car.cpp"

```
Car::Car(double f, double x, double y){
    fuel = f ;  xp = x ;  yp = y ;
}

int Car::Move(double dx, double dy){
    double dist = sqrt (dx * dx + dy * dy);     // 이동거리
    if (dist > fuel)
        return (0);                             // 이동실패
    else {
        fuel -= dist; xp += dx; yp += dy;
        return (1);                             // 이동성공
    }
}
```

프로그램 7-16 자동차 메인함수 정의부

```
#include    <math.h>
#include    <iostream.h>
#include    "car.h"
#include    "car.cpp"
void main(void){
    Car benz( 90.0 , 0.0 , 0.0 ) ;
    char cont;
    while (1)   {
        cout << " 현재위치 ( " << benz.X() << ", " << benz.Y()
             << ") / 남은 연료 "<< benz.Tank() << "리터\n" ;
        cout << "이동하겠습니까 ? (Y/N) " ;
        cin >> cont ;
        if ( cont=='N' || cont=='n' ) break ;
         double dx, dy ;
         cout << " x 방향의 이동거리 : " ;   cin >> dx ;
         cout << " y 방향의 이동거리 : " ;   cin >> dy ;
         if ( ! benz.Move(dx, dy) )
             cout << "이동할 수 없습니다.\n" ;
     }
}
```

프로그램 7-16 실행 결과

```
 현재위치 ( 0, 0) / 남은 연료 90리터
이동하겠습니까 ? (Y/N) y
 x 방향의 이동거리 : 20
 y 방향의 이동거리 : 15
 현재위치 ( 20, 15) / 남은 연료 65리터
이동하겠습니까 ? (Y/N) y
 x 방향의 이동거리 : -10
 y 방향의 이동거리 : 20
 현재위치 ( 10, 35) / 남은 연료 42.6393리터
이동하겠습니까 ? (Y/N) n
Press any key to continue
```

프로그램 7-16 멤버 함수부 해설

1번 : 생성자를 정의한다. 남은 연료와 현재 위치(x, y)를 초기화한다.

5번 : 멤버 함수 Move()는 이동 좌표(x, y)를 전달받아 이동거리를 계산한다.

7~8번 : 이동 거리가 남은 연료보다 많으면 이동 실패로 0값을 리턴한다.

9~11번 : 이동 거리가 남은 연료보다 적으면 이동 좌표를 계산하고 1을 리턴한다.

프로그램 7-16 메인 함수부 해설

6번 : 현재 위치(0, 0), 남은 연료 90으로 초기화한다.

15~16번 : 이동 거리를 입력한다.

17번 : 멤버 함수 Move의 리턴 값이 0이면 이동 실패

7.3.3 디폴트 생성자

인수를 전달하지 않고 호출할 수 있는 생성자를 디폴트 생성자라고 한다.

예를 들어 다음에 나타낸 생성자를 생각해 보자.

```
Position::Position (void) { xp = 0.0 ;  yp = 0.0 ; }
```

이 생성자는 모든 데이터 멤버를 0.0으로 초기화한다. 따라서,

Position Position a ;

로 정의하면, a는 xp=0.0, yp=0.0을 나타낼 수 있도록 초기화된다.

1개의 클래스에 대하여 복수의 생성자를 정의하여도 무방하다.

- ▶ x, y 2개의 정수를 취하는 생성자 Position::Position(double, double)
- ▶ 인수를 취하지 않는 디폴트생성자 Position::Position(void)

와 같이 2개를 정의하여도 무방하다.

다음 프로그램 예를 살펴보자.

프로그램 7-17 디폴트 생성자

```
#include <iostream.h>
class Sample  {
private:
    int x, y ;
public:
    Sample(void) {
        x = 0 ;  y = 0 ;
    }
    Sample(int n, int k){
        x = n ;  y = k ;
    }
    void Output(void){
        cout << "x = " << x << ", y = " << y << endl ;
    }
};

void main(void){
    Sample s ;
    cout << "객체 s : " ;   s.Output() ;
    Sample t (43, 22) ;
    cout << "객체 t : " ;   t.Output() ;
}
```

프로그램 7-17 실행 결과

```
"D:₩Work0₩강의교재₩2012 C++₩프로그램NEW₩7장 클래스₩Debug₩7-14 디폴트생성자.exe"
객체 s : x = 0, y = 0
객체 t : x = 43, y = 22
Press any key to continue
```

프로그램 7-17 해설

6번 : 디폴트 생성자. x와 y의 값을 0으로 초기화한다.

9번 : 생성자. 전달 받은 값으로 x와 y의 값을 초기화한다.

18번 : 객체 s를 초기값 없이 생성하므로 디폴트 생성자가 호출되어 x와 y는 0으로 초기화된다.

20번 : 객체 t를 초기값 전달과 함께 생성하므로 생성자가 호출되어 x와 y는 전달값으로 초기화된다. x=43, y=22가 된다.

7.3.4 디폴트 인수 생성자

앞에서는 함수에 부여하는 디폴트 인수에 대하여 배웠으나, 클래스 선언 중의 멤버 함수에 디폴트 인수를 사용함으로써 클래스의 멤버 함수나 생성자 등의 인수에 대해서 디폴트 값을 줄 수 있다.

여기에서는 Y좌표에 해당하는 제2인수에 대해서 디폴트 값 “0.0”을 부여하고 있다.

```
class Position {
    public:
        Position (double x, double y = 0.0) ;
} ;
```

따라서, 이 생성자에 의해서 다음과 같이 초기화가 가능하게 된다.

```
Position  a (1.0) ;         // (1.0, 0.0)
Position  b (2.0, 3.0) ;    // (2.0, 3.0)
```

생성자의 인수를 모두 디폴트 인수로 하면 생성자는 디폴트 생성자와 같은 효과를 얻을 수 있다.

프로그램 7-18 디폴트 인수 생성자

```
1  #include <iostream.h>
2  class Sample  {
3  private:
4      int x, y ;
5  public:
6      Sample(int n=0, int k=0){
7          x = n ;  y = k ;
8      }
9      void Output(void){
10         cout << "x = " << x << ", y = " << y << endl ;
11     }
12 };
13
14 void main(void){
15     Sample s (25, 65) ;
16     cout << "객체 s : " ;    s.Output() ;
17     Sample t ;
18     cout << "객체 t : " ;    t.Output() ;
19 }
```

프로그램 7-18 실행 결과

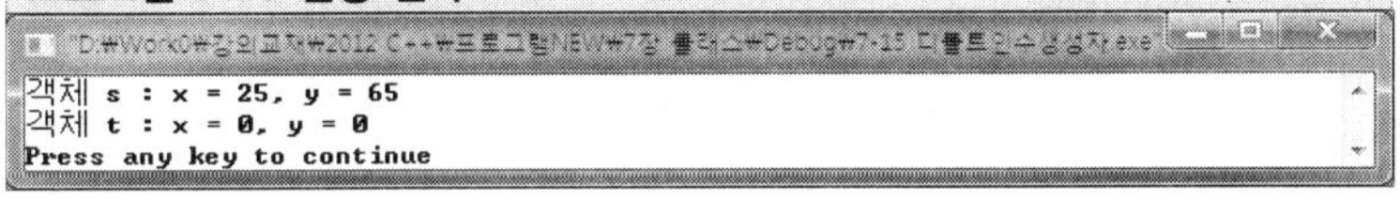

프로그램 7-18 해설

6번 : 전달값이 없을 경우 두 개의 인수 n과 k는 0으로 정해지는 디폴트 인수이다.

15번 : 앞에서 해 왔던 생성자에 의한 초기화와 같다.

17번 : 초기값없이 객체를 생성하므로 6번의 생성자는 디폴트 생성자와 같은 역할을 한다.

7.3.5 생성자 오버로딩

생성자도 함수이므로 오버로딩이 가능하다. 객체 생성 시 전달 값에 따라 해당하는 생성자를 선택하여 초기화한다.

프로그램 7-19 생성자 오버로딩

```
1  #include <iostream.h>
2  class Sample  {
3  private:
4      int x, y ;
5  public:
6      Sample (void)         { x = 0 ;  y = 0 ; }
7      Sample (int n)        { x = n ;  y = 2 ; }
8      Sample (int n, int k){ x = n ;  y = k ; }
9      void Output(void){
10         cout << "x = " << x << ", y = " << y << endl ;
11     }
12 };
13
14 void main(void){
15     Sample s (43) ;
16     Sample t (25, 34) ;
17
18     cout << "객체 s : " ;   s.Output() ;
19     cout << "객체 t : " ;   t.Output() ;
20 }
```

프로그램 7-19 실행 결과

```
객체 s : x = 43, y = 2
객체 t : x = 25, y = 34
Press any key to continue
```

프로그램 7-19 해설

15번 : 초기값이 한개이므로 7번의 생성자를 선택한다.

16번 : 초기값이 두개이므로 8번의 생성자를 선택한다.

7.3.6 this 포인터

일반적으로 멤버 함수들은 처리해야 할 자료의 주소를 알아야 한다. 그러나 멤버 함수의 인자 리스트에는 처리해야 할 자료의 주소가 명시되는 것이 아니라 단지 암시적으로 자료의 주소를 인자로 받는다. 이때 암시적으로 넘겨지는 포인터가 바로 this이다.

this는 멤버 함수를 활성화시키는 메시지를 보내는 특정 객체의 주소를 의미한다. 즉, 멤버 함수는 어느 객체를 다룰 것인가를 알려 주는 포인터인 this 인자를 암시적으로 넘겨받는다. 그러므로 인자 리스트에는 this가 없지만, 멤버 함수 내에서 this를 사용할 수 있다. 즉, 프로그램 7-15에서 Kang.Yekumaek( )이 호출될 때 Kang을 가리키도록 초기화된 포인터 this가 멤버 함수에 전달된다.

멤버 함수 Yekumaek에서 yekum이라는 이름은 그 멤버 함수를 기동한 오브젝트의 데이터멤버인 yekum이므로 다음에 쓴 2개는 같은 것이다.

```
return (this->yekum) ;
return (yekum) ;
```

7.4 클래스 배열

클래스 변수도 일반 변수처럼 배열로 선언할 수 있다. 클래스 배열을 선언하고 사용하는 방법은 일반 배열의 경우와 동일하다. 따라서 클래스 배열을 사용하기 위해서는 클래스 변수 대신에 클래스 배열명과 첨자를 이용하면 된다.

클래스 배열은 다음과 같이 선언한다.

```
클래스명   클래스배열명 [ 첨자 ] ;
```

프로그램 7-20 클래스 배열 선언

```
#include <iostream.h>
class Sample {
public:
    int a, b ;
    void set ( int i, int j ){ a=i ; b=j ; }
};

void main(void){
    Sample s[3] ;
    int i ;
    for( i=0 ; i<3 ; i++ ) s[i].set(i, i+1) ;
    for( i=0 ; i<3 ; i++ )
        cout << "s[" << i << "].a=" << s[i].a << " , "
             << "s[" << i << "].b=" << s[i].b << endl ;
}
```

프로그램 7-20 실행 결과

```
s[0].a=0 , s[0].b=1
s[1].a=1 , s[1].b=2
s[2].a=2 , s[2].b=3
Press any key to continue
```

프로그램 7-20 해설

9번 : 클래스 배열 s[0], s[1], s[2]를 생성한다.

12~14번 : 멤버 변수 출력. s[0].a, s[0].b, s[1].a, s[1].b, s[2].a, s[2].b.

클래스 배열을 초기화하는 방법도 여러 가지가 있으며, 일반 배열을 초기화하는 방법과 동일하다.

생성자를 이용하여 1차원 정수 배열을 초기화하는 프로그램을 살펴보자.

프로그램 7-21 클래스 배열 초기화 1

```
1  #include <iostream.h>
2  class Sample {
3  public:
4      int a ;
5      Sample( int i ){ a=i ; }
6  };
7
8  void main(void){
9      Sample s[3] = {10, 20, 30}; // 클래스 배열의 초기화
10     int i ;
11     for( i=0 ; i<3 ; i++ )
12         cout << "s[" << i << "].a=" << s[i].a << endl ;
13 }
```

프로그램 7-21 실행 결과

```
s[0].a=10
s[1].a=20
s[2].a=30
Press any key to continue
```

프로그램 7-21 해설

9번 : 클래스 배열 s[0], s[1], s[2]를 생성하고, 생성자를 호출하여 초기화한다.
즉, s[0].a=10, s[1].a=20, s[2].a=30이 된다.

이번에는 생성자를 이용하여 2차원 정수 배열을 초기화하는 프로그램을 살펴보자. 일반 2차원 배열의 초기화와 마찬가지로 순서대로 채워진다.

프로그램 7-22 클래스 배열 초기화 2

```
1  #include <iostream.h>
2  class Sample {
3  private:
4      int a ;
5  public:
6      Sample ( int i ){ a = i ; }
7      int output (){ return a ; }
8  };
9
10 void main(void){
11     Sample x[3][2] = {10, 20, 30, 40, 50, 60} ;
12     int i, j ;
13     for( i=0 ; i<3 ; i++ )
14         for( j=0 ; j<2 ; j++ )
15             cout << "x[" << i << "][" << j << "].a="
16                    << x[i][j].output() << endl ;
17 }
```

프로그램 7-22 실행 결과

```
x[0][0].a=10
x[0][1].a=20
x[1][0].a=30
x[1][1].a=40
x[2][0].a=50
x[2][1].a=60
Press any key to continue
```

프로그램 7-22 해설

11번 : 클래스 배열 s[0][0], s[0][1], s[1][0], s[1][1], s[2][0], s[2][1]을 생성하고, 생성자를 호출하여 초기화한다. 즉, s[0][0].a=10, s[0][1].a=20, s[1][0].a=30, s[1][1].a=40, s[2][0].a=50, s[2][1].a=60이 된다.

16번 : 멤버 함수 x[0][0].opuput을 호출하면, 함수에서는 x[0][0].a를 리턴한다.

2개 이상의 인수를 갖고 있는 생성자를 이용해서 클래스 배열을 초기화하려면 중괄호 안에서 생성자를 직접 호출하여 클래스 배열의 각 요소를 초기화한다.

프로그램 7-23 클래스 배열 초기화 3

```
1  #include <iostream.h>
2  class Sample {
3  private:
4      int a, b ;
5  public:
6      Sample ( int i, int j ){ a=i ; b=j ; }
7      int output1 (){ return a ; }
8      int output2 (){ return b ; }
9  };
10 
11 void main(void){
12     Sample x[3] = {
13         Sample (10, 20),
14         Sample (30, 40),
15         Sample (50, 60) };
16     int i ;
17     for( i=0 ; i<3 ; i++ )
18         cout << "x[" << i << "].a=" << x[i].output1() << ", "
19              << "x[" << i << "].b=" << x[i].output2() << endl ;
20 }
```

프로그램 7-23 실행 결과

```
x[0].a=10, x[0].b=20
x[1].a=30, x[1].b=40
x[2].a=50, x[2].b=60
Press any key to continue
```

프로그램 7-23 해설

12번 : x[0]=Sample(10,20), x[1]=Sample(30,40), x[2]=Sample(50,60)이 된다.

13번 : 각 배열의 요소를 초기화한다. 즉, x[0].a=10, x[0].b=20이 된다.

2차원 배열의 경우에도 중괄호 안에서 생성자를 직접 호출하여 클래스 배열의 각 요소를 초기화한다.

프로그램 7-24 클래스 배열 초기화 4

```
1 #include <iostream.h>
2 class Sample {
3 private:
4     int a, b ;
5 public:
6     Sample ( int i, int j ){ a=i ; b=j ; }
7     int output1 (){ return a ; }
8     int output2 (){ return b ; }
9 };
10
11 void main(void){
12     Sample x[3][2] = {
13         Sample (10, 20), Sample (30, 40),
14         Sample (50, 60), Sample (70, 80),
15         Sample (90, 100), Sample (110, 120) };
16     int i, j ;
17     for( i=0 ; i<3 ; i++ )
18         for( j=0 ; j<2 ; j++ )
19             cout << "x[" << i << "][" << j << "].a="
20                  << x[i][j].output1() << ", "
21                  << "x[" << i << "][" << j << "].b="
22                  << x[i][j].output2() << endl ;
23 }
```

프로그램 7-24 실행 결과

```
x[0][0].a=10, x[0][0].b=20
x[0][1].a=30, x[0][1].b=40
x[1][0].a=50, x[1][0].b=60
x[1][1].a=70, x[1][1].b=80
x[2][0].a=90, x[2][0].b=100
x[2][1].a=110, x[2][1].b=120
Press any key to continue
```

프로그램 7-24 해설

12번 : x[0][0]=Sample(10,20), x[0][1]=Sample(30,40)이 된다.

13번 : 각 배열의 요소를 초기화한다. 즉, x[0][0].a=10, x[0][1].b=20이 된다.

7.5 클래스 포인터

일반 변수처럼 클래스 변수를 포인터 형태로 선언할 수 있다. 클래스 포인터를 이용하여 특정 객체의 멤버들을 참조하기 위해서는 도트 연산자 대신에 화살표 연산자를 사용한다. 클래스 포인터 변수는 클래스 변수나 클래스 배열에 할당된 메모리 영역의 시작 주소를 대입하여 초기화한다.

클래스 포인터는 다음과 같이 선언한다.

```
클래스명 *클래스포인터 변수명 ;
```

프로그램 7-25 클래스 포인터 1

```
#include <iostream.h>
#include <string.h>
class Sample {
private:
    char name[10] ;
    int age, height ;
public:
    void set ( char *n, int a, int h ) ;
    void output () ;
};

void Sample::set( char *n, int a, int h ) {
    strcpy (name, n) ;
    age = a ;
    height = h ;
}

void Sample::output (){
    cout << "name=" << name << "  age=" << age
         << "  height=" << height << endl ;
}

void main(void){
    Sample ob, *p ; // 클래스 포인터 선언
    p = &ob ;       // 클래스 포인터 초기화
    ob.set( "Kim", 20, 185 ) ;
    cout << "ob.output() : " ;
    ob.output() ;   // 클래스 변수에 의한 멤버변수참조
    cout << "p->output() : " ;
    p->output() ;   // 클래스 포인터에 의한 멤버함수참조
}
```

프로그램 7-25 실행 결과

```
ob.output() : name=Kim  age=20  height=185
p->output() : name=Kim  age=20  height=185
Press any key to continue
```

프로그램 7-25 해설

13번 : 전달받은 문자열을 name에 복사한다.

24번 : *p는 클래스 포인터

25번 : 클래스 포인터 p를 객체 ob에 연결한다. 클래스 변수 p에 객체 ob의 시작 주소가 대입된다.

30번 : 클래스 포인터 p를 이용해서 클래스 변수 ob의 각 멤버를 참조하는 경우 화살표 연산자를 이용한다.

이번에는 클래스 포인터를 배열에 연결하는 경우이다. 앞에서 작성한 프로그램에서 main() 함수만 다음과 같이 수정한다.

프로그램 7-26 클래스 포인터 2

```
23 void main(void){
24     Sample ob[3], *p ;  // 클래스 포인터 선언
25     p = ob ;         // 클래스 포인터 초기화
26     ob[0].set( "Kim", 20, 185 ) ;
27     ob[1].set( "Kang", 25, 172 ) ;
28     ob[2].set( "Lee", 18, 165 ) ;
29     for (int i=0 ; i<3 ; i++)
30         (p+i)->output() ;   // 클래스 포인터에 의한 멤버함수참조
31 }
```

프로그램 7-26 실행 결과

```
name=Kim  age=20  height=185
name=Kang  age=25  height=172
name=Lee  age=18  height=165
Press any key to continue
```

프로그램 7-26 해설

25번 : 클래스 포인터를 클래스 배열의 선두 주소로 초기화한다.

30번 : 클래스 포인터를 하나씩 증가시키면서 출력한다.

7.6 객체

7.6.1 객체의 대입

두 개의 객체가 동일한 클래스 형으로 선언한 경우 하나의 객체를 다른 객체에 대입할 수 있다. 이 경우 하나의 객체의 모든 데이터 멤버들이 대입하는 객체의 멤버에 복사가 되는 것이다.

프로그램 7-27 객체의 대입

```
1  #include <iostream.h>
2  class Sample {
3  private:
4      int x, y ;
5  public:
6      void set ( int i, int j ){ x=i ; y=j ; }
7      void output (){ cout << "x=" << x << "  y=" << y << endl ; }
8  };
9
10 void main(void){
11     Sample s, t ;
12     s.set( 10, 30 );
13     t = s ;
14     cout << "객체 s : " ; s.output() ;
15     cout << "객체 t : " ; t.output() ;
16 }
```

프로그램 7-27 실행 결과

```
"D:\Work0\강의교재\2012 C++\프로그램NEW\7장 클래스\Debug\7-26 객체의대입.exe"
객체 s : x=10  y=30
객체 t : x=10  y=30
Press any key to continue
```

프로그램 7-27 해설

13번 : 객체 s를 객체 t에 복사한다. 즉, t.x=s.x, t.y=s.y와 같다.

7.6.2 객체의 전달

함수를 호출할 때 데이터를 인수로 피 호출 함수에 넘겨주듯이 객체들을 피 호출 함수에 전달할 수 있다. 이때 실인수인 객체는 call by value 방식에 의해 피 호출 함수에 전달된다.

프로그램 7-28 객체의 전달

```
1  #include <iostream.h>
2  class Sample {
3  private:
4      int a ;
5  public:
6      void set ( int i ){ a = i ; }
7      int output (){ return a ; }
8  };
9
10 int sum ( Sample ob ){
11     return ob.output() + ob.output() ;
12 }
13
14 void main(void){
15     Sample s, t ;
16     s.set( 10 );
17     t.set( 20 );
18     cout << "sum ( s ) : " << sum ( s ) << endl ;
19     cout << "sum ( t ) : " << sum ( t ) << endl ;
20 }
```

프로그램 7-28 실행 결과

```
sum ( s ) : 20
sum ( t ) : 40
Press any key to continue
```

프로그램 7-28 해설

18번 : sum(s)를 호출하면, 11번에서 return 문은 s.output()+s.output()이 되므로 결국 s.a+s.a의 결과를 반환하게 된다.

7.6.3 객체의 반환

함수를 호출할 때 피 호출 함수에 객체를 전달할 수 있듯이 피 호출 함수는 호출 함수에 객체를 반환할 수도 있다. 이때, 객체를 반환하는 피 호출 함수의 데이터 형은 해당 클래스 형으로 지정해야 한다.

프로그램 7-29 객체의 반환

```
1  #include <iostream.h>
2  class Sample {
3  private:
4      int a, b ;
5  public:
6      void set (int i, int j){ a=i ; b=j ; }
7      int sum (){ return a+b ; }
8  };
9
10 Sample input(){
11     Sample t ;
12     t.set ( 10, 20 ) ;
13     return t ;
14 }
15
16 void main(void){
17     Sample s ;
18     s = input() ;
19     cout << "s.sum() : " << s.sum() << endl ;
20 }
```

프로그램 7-29 실행 결과

```
s.sum() : 30
Press any key to continue
```

프로그램 7-29 해설

10번 : 반환형이 Sample인 일반 함수 선언

11번 : Sample형 객체 t를 생성한다.

12번 : 객체 t를 초기화하여 t.a=10, t.b=20이 된다.

13번 : 객체 t를 반환한다.

18번 : input 함수의 반환값 t는 객체 s에 대입되어 s.a=t.a=10, s.b=t.b=20이 된다.

7.7 캡슐화

정보 은닉은 모든 멤버 변수를 private로 선언하고 멤버 변수에 접근할 수 있는 멤버 함수를 제공하는 것으로 모듈에서 모듈 내부 정보가 외부에 나타나지 않는다는 뜻이 강하다. 캡슐화란 기본적으로 정보 은닉이 기본적으로 포함되어 있으며 관련있는 데이터와 함수를 클래스라는 하나의 캡슐 내에 모두 정의하는 것으로 모듈로 나눈다는 뜻이 강하다.

다음 프로그램에서 클래스 ABC는 각각의 클래스 A, B, C를 포함하고 있다.

프로그램 7-30 캡슐화

```
#include <iostream.h>
class A{
public:
    void Out() { cout << "클래스 A의 out" << endl ; }
};
class B{
public:
    void Out() { cout << "클래스 B의 out" << endl ; }
};
class C{
public:
    void Out() { cout << "클래스 C의 out" << endl ; }
};
class ABC {
private:
    A x ;
    B y ;
    C z ;
public:
    void Out() {
        x.Out() ;
        y.Out() ;
        z.Out() ;
    }
};
void main(void){
    ABC s ;
    s.Out() ;
}
```

프로그램 7-30 실행 결과

```
클래스 A의 out
클래스 B의 out
클래스 C의 out
Press any key to continue
```

프로그램 7-30 해설

28번 : 클래스 ABC의 멤버 함수 Out()을 호출한다.

21번 : 객체 x는 클래스 A의 객체이므로 클래스 A의 멤버 함수 Out을 호출하게 된다.

클래스 정의 부분에 다른 클래스 객체를 멤버로 선언하는 것은 아주 유용하다. 다음은 클래스 B의 멤버로 선언된 클래스 A에 대한 프로그램이다.

프로그램 7-31 멤버로서의 클래스 객체

```
1  #include <iostream.h>
2  class A{
3  private :
4      int d ;
5  public :
6      A(int n){ d = n ; }
7      int fun(){ cout << "A:func " ; return d ; }
8  };
9  class B{
10 private:
11     int data ;
12     A X,Y ;
13 public :
14     B(int n)  ;
15     int fun(){ return data ; }
16     int AX(){ return X.A::fun()  ; }
17     int AY(){ return Y.A::fun()  ; }
18 };
19 B::B(int n):X(10),Y(20){ data = n ; }
20 void main(void){
21     B s(50)  ;
22     cout << "s.fun()=" << s.fun() << endl ;
23     cout << "s.AX()="  <<  s.AX() << endl ;
24     cout << "s.AY()="  <<  s.AY() << endl ;
25 }
```

프로그램 7-31 실행 결과

```
"D:\Work0\강의교재\2012 C++\프로그램NEW\7장 클래스\Debug\7-30 멤버클래스.exe"
s.fun()=50
A:func s.AX()=10
A:func s.AY()=20
Press any key to continue_
```

프로그램 7-31 해설

11~12번 : 클래스 A는 생성자와 멤버 함수 fun()과 private 멤버 변수 d로 정의되어 있다. 그런데 클래스 B는 멤버 변수 data에다가 클래스 A의 객

체인 X와 Y를 private 멤버로 가진다.

16~17번 : 클래스 A와 B 모두가 멤버 함수 fun()을 정의하고 있기 때문에 각각을 구분하기 위하여 클래스 이름까지 완전히 기술한다.

19번 : 클래스 B의 멤버인 객체 X와 Y를 10과 20으로 초기화한다. X와 Y의 초기화는 객체 X와 Y를 포함하고 있는 클래스의 생성자보다 먼저 수행된다. 즉, X.d=10, Y.d=20이 된다.

21번 : 클래스 B의 객체 s를 초기값 50으로 초기화한다. 동시에 X와 Y도 초기화한다. 19번의 생성자에 의해 클래스 B의 data=50이 되고 22번에서 s.fun()의 결과는 50이 된다.

23번 : s.AX()에 외해 16번의 AX() 함수가 호출되고 A 클래스의 X.fun() 함수의 리턴값을 리턴한다.

7.8 프렌드 함수

어떤 클래스의 객체를 엑세스하려면 그 클래스 내부에 미리 정의된 메소드만을 사용하여 객체를 사용할 수 있다. 이와 같이 사용 범위가 제한되어 있기 때문에 서로 다른 클래스형을 가지는 객체 사이에서 메시지를 전달하려면 각각의 클래스 내부에 더 많은 메소드를 포함시켜야 한다. 이러한 단점을 해결하기 위한 것이 프렌드 함수이다. 프렌드 함수는 클래스의 멤버 함수가 아니면서 클래스의 private 자료에 접근할 때 사용하는 함수이다. 즉, 프렌드 함수는 일반 함수와 마찬가지로 클래스 외부에 있는 독립적인 함수이면서 클래스 내의 private 자료를 직접 엑세스가 가능한 함수이다.

프렌드 함수는 다음과 같이 선언한다.

형식	friend 함수형 함수명 (인수) ;
사용 예	friend int func (int x) ;

프렌드 함수를 사용하기 위해서는 클래스의 프렌드로 사용할 함수의 원형을 클래스 내부에 선언하고 그 앞에 예약어 friend를 붙인다.

```
class myclass {
private:
    int a ;
public:
    friend int func ( myclass n ) ;    // func() 함수를 myclass의 프렌드로 선언
};

int func ( myclass n ){                // 프렌드 함수 func()의 정의
        return n.a ;
}
```

프렌드 함수는 다음과 같이 네 종류가 있다.

① 단일 클래스 내부의 프렌드 함수

② 여러 클래스 내부에서 사용되는 프렌드 함수

③ 한 클래스에서는 프렌드 함수로 사용되면서도 다른 클래스 내부에서는 멤버 함수로 사용되는 프렌드 함수

④ 클래스에 대한 프렌드 선언

다음 프로그램 예로 프렌드 함수의 간단한 사용법을 살펴보자.

프로그램 7-32 프렌드 함수

```
#include <iostream.h>
class A{
private :
    int d ;
public :
    A(int n){ d = n ; }
    friend void main() ;
};
void main(void){
    A s(50) ;
    cout << "d=" << s.d << endl ;
}
```

프로그램 7-32 실행 결과

```
d=50
Press any key to continue
```

프로그램 7-32 해설

7번 : main() 함수를 클래스 A의 프렌드 함수로 선언하였다.

11번 : main() 함수는 A 클래스의 멤버 함수는 아니지만 A 클래스의 프렌드 함수이므로 A 클래스의 객체 s를 선언하고 s.d와 같은 형식으로 private 멤버 변수에 접근할 수 있다.

다음 프로그램은 프렌드 함수에 인수로 객체를 전달하는 경우이다.

프로그램 7-33 프렌드 함수(단일 클래스 내)

```
1  #include <iostream.h>
2  class A{
3  private :
4      int d ;
5  public :
6      A(int n){ d = n ; }
7      friend int fun(A) ;
8  };
9  int fun(A x){
10     return x.d ;
11 }
12 void main(void){
13     A s(50) ;
14     cout << "fun(s)=" << fun(s) << endl ;
15 }
```

프로그램 7-33 실행 결과

```
fun(s)=50
Press any key to continue
```

프로그램 7-33 해설

7번 : 클래스 A의 프렌드 함수 fun을 선언한다. 인수로 클래스 명을 기술하며, 인수 부분에 가인수 x를 생략해도 된다.

9번 : 프렌드 함수 fun의 정의. 자료형은 클래스 A이고 가인수 x를 객체로 선언한다.

10번 : 객체명과 도트 연산자를 사용해서 데이터 멤버를 참조한다. A클래스의 멤버 함수는 데이터 멤버 d에 직접 접근이 가능하지만, 프렌드 함수 fun은 데이터 멤버 d를 직접 참조할 수 없기 때문에 인수로 전달된 객체와 도트 연산자를 이용해서 데이터 멤버에 접근한다.

14번 : 프렌드 함수 fun을 호출할 때 객체 s를 전달한다.

하나의 프렌드 함수가 여러 클래스에 대한 프렌드일 경우에 대한 예를 살펴보자.

프로그램 7-34 프렌드 함수(여러 클래스 내)

```
1  #include <iostream.h>
2  class B ;
3  class A{
4  private :
5      int d ;
6  public :
7      A(int n){ d = n ; }
8      friend int fun(A x, B y) ;
9  };
10 class B{
11 private :
12     int d ;
13 public :
14     B(int n){ d = n ; }
15     friend int fun(A x, B y) ;
16 };
17 int fun(A x, B y){
18     return x.d+y.d ;
19 }
20 void main(void){
21     A s(50) ;
22     B t(20) ;
23     cout << "fun(s, t)=" << fun(s, t) << endl ;
24 }
```

프로그램 7-34 실행 결과

```
fun(s, t)=70
Press any key to continue
```

프로그램 7-34 해설

2번 : 8번에서 클래스 B를 인수로 참조하고 있기 때문에 클래스 B를 선행 선언한다. 만약 선행 선언을 하지 않으면 8번에서 컴파일 에러가 발생한다.

8번, 15번 : 함수 fun은 클래스 A와 클래스 B에 대한 프렌드 함수로 선언한다. 클래스 A와 B에 똑같이 선언한다.

17번 : 프렌드 함수 fun의 정의. 클래스 A와 클래스 B의 객체를 인수로 전달받아야 한다.

18번 : 클래스 A의 멤버 d와 클래스 B의 멤버 d의 값을 더해서 결과값을 리턴

한다.

23번 : 프렌드 함수 fun을 호출할 때 클래스 A의 객체 s와 클래스 B의 객체 t를 전달한다.

클래스 사이에 정보를 교환하기 위하여 다른 클래스의 private 부분의 자료를 엑세스하는 함수가 여러 개 존재할 수 있다. 이러한 경우에는 임의의 클래스의 멤버 함수를 프렌드로 선언한다.

프로그램 7-35 프렌드 함수(멤버 함수로 사용)

```
1  #include <iostream.h>
2  class B ;
3  class A{
4  private :
5      int d1 ;
6  public :
7      A(int n){ d1 = n ; }
8      int fun (B y) ;
9  };
10 class B{
11 private :
12     int d2 ;
13 public :
14     B(int n){ d2 = n ; }
15     friend int A::fun(B y) ;
16 };
17 int A::fun(B y){
18     return d1+y.d2 ;
19 }
20 void main(void){
21     A s(50) ;
22     B t(20) ;
23     cout << "s.fun(t)=" << s.fun(t) << endl ;
24 }
```

프로그램 7-35 실행 결과

```
s.fun(t)=70
Press any key to continue
```

프로그램 7-35 해설

8번 : 클래스 A의 멤버 함수 fun()의 선언

15번 : 클래스 B에서 클래스 A의 멤버 함수 fun()을 프렌드 함수로 선언

17번 : 클래스 A의 멤버 함수 fun()의 정의

18번 : d1+y.d2는 클래스 A의 d1 더하기 클래스 B의 d2가 되는데, fun() 함수는

A 클래스의 멤버 함수이므로 멤버 변수 d1을 그대로 쓰고, B 클래스의 프렌드이므로 B 클래스의 객체와 함께 y.d2로 쓴다.

어떤 두 개의 클래스가 서로 친구 관계에 있을 때, 즉 프렌드 클래스로 지정되어 있을 때는 서로 비공개 멤버에 접근할 수 있다.

프로그램 7-36 프렌드 클래스

```
1  #include <iostream.h>
2  class A{
3  private :
4      int x, y ;
5  public :
6      A(){ x=1 ; y=2 ; }
7      friend class B ;
8  };
9  class B{
10 public:
11     void Print(){
12         A s ;
13         cout << "x=" << s.x << ", y=" << s.y << endl ;
14     }
15 };
16 void main(void){
17     B t ;
18     t.Print();
19 }
```

프로그램 7-36 실행 결과

```
x=1, y=2
Press any key to continue
```

프로그램 7-36 해설

7번 : 클래스 B를 클래스 A의 프렌드 클래스로 선언

12~13번 : B 클래스에서 A 클래스의 객체 s를 생성하고, A 클래스의 멤버 x와 y에 접근한다.

7.9 const

키워드 const는 상수를 정의하기 위한 키워드이며, const는 변수, 함수, 객체에 사용할 수 있다.

7.9.1 const 변수

변수에 const 선언을 하면 해당 변수는 상수가 되어 값을 변경할 수 없게 된다. 다음 표에 예를 보인다.

const int num=10 ;	변수 num을 상수화한다.
const int * ptr=&val ;	포인터 ptr을 이용해서 val의 값을 변경할 수 없다.
int * const ptr=&val ;	포인터 ptr이 상수화된다.
const int * const ptr=&val ;	포인터 ptr이 상수화되었으며, ptr을 이용해서 val의 값을 변경할 수 없다.

프로그램 7-37 const 변수

```
1  #include <iostream.h>
2  void main(void){
3      const int num=10 ;
4      int val=5, val2=9 ;
5      const int * ptr1 = &val ;
6  //  *ptr1 = 10 ;
7      int *ptr = &val ;
8      *ptr = 30 ;
9      int * const ptr2 = &val ;
10     *ptr2 = 8 ;
11 //  ptr2 = &val2 ;
12     const int * const ptr3=&val ;
13 //  *ptr3 = 10 ;
14 //  ptr3 = &val2 ;
15 }
```

프로그램 7-37 해설

3번 : 변수 num은 상수로서 변경할 수 없다.

5~8번 : 포인터 ptr1을 이용해서 val의 값을 변경할 수 없다. 따라서, 포인터 ptr1을 이용해서 값을 변경하면 컴파일 에러가 된다(6번). 그러나 변수 val은 상수가 아니므로 다른 포인터 ptr을 이용해서는 값을 변경할 수 있다.

9~11번 : 포인터 ptr2가 상수화된다. 포인터 ptr2를 이용해서 변수 val의 값을 변경할 수는 있지만, 다른 변수 val2로 연결을 변경할 수 없다(11번).

12~14번 : 포인터 ptr3이 상수화되었으며, ptr3을 이용해서 val의 값을 변경하거나 다른 변수로 연결을 변경할 수 없다(13번).

7.9.2 const 함수

멤버 함수를 const 선언을 하면, 이 함수 내에서는 멤버 변수에 저장된 값을 변경하지 않겠다는 의미가 된다. 따라서 const 함수 내에서 멤버 변수의 값을 변경하는 코드가 삽입되면 컴파일 에러가 발생한다.

또한 const 함수 내에서는 const 함수만 호출할 수 있다. const로 선언되지 않은 함수는 아무리 멤버 변수에 저장된 값을 변경하지 않더라도 변경할 수 있는 능력을 가진 함수이다. 따라서 이런 변경이 가능한 함수의 호출을 아예 허용하지 않는 것이다.

사용 형식은 다음과 같다.

형식	반환값 함수명 (인수) const { ... }
사용 예	int Disp(void) const { ... }

다음 프로그램 예는 const함수에서 비 const 함수를 호출하였기 때문에 컴파일 에러가 된다.

프로그램 7-38 const 함수

```
#include <iostream.h>
class Sample{
private :
    int x, y ;
public :
    Sample(){ x=1 ; y=2 ; }
    int ShowX() { return x ; }
    int ShowY() { return y ; }
    void Disp() const {
        cout << ShowX() << endl ;
        cout << ShowY() << endl ;
    }
};

void main(void){
    Sample s ;
    s.Disp();
}
```

프로그램 7-38 해설

7~8번 : const로 선언되지 않은 함수는 아무리 멤버 변수에 저장된 값을 변경하지 않더라도 const 함수에서 호출할 수 없다. 따라서 컴파일 에러를 없애기 위해서는 다음과 같이 const 함수로 선언하여야 한다.

```
int ShowX() const { return x ; }
int ShowY() const { return y ; }
```

7.9.3 const 객체

변수를 선언할 때 const 키워드를 붙여서 변수를 상수화 하듯이 객체도 생성과 동시에 상수화하는 것이 가능하다. 객체가 상수화 되면 어떠한 경로를 통해서든 멤버의 조작은 불가능해진다. 또한 상수화 된 멤버 함수만 호출 가능해진다. 일반 멤버 함수는 멤버 변수를 조작하지 않더라도 호출 불가능하다.

프로그램 7-39 const 객체

```
1  #include <iostream.h>
2  class Sample{
3  private :
4      int x, y ;
5  public :
6      Sample(int n1, int n2){ x=n1 ; y=n2 ; }
7      int ShowX()  { return x ; }
8      int ShowY()  { return y ; }
9      void Disp ()  {
10         cout << ShowX() << endl ;
11         cout << ShowY() << endl ;
12     }
13     void AddX(int n){
14         x += n ;
15     }
16 };
17
18 void main(void){
19     const Sample s(10, 20) ;
20     s.Disp();
21 }
```

프로그램 7-39 해설

20번 : 7~9번의 세 함수가 모두 const 함수이어야만 한다.

7.10 복사 생성자

C++에는 기본 생성자와 기본 소멸자를 제공하는 것 외에도 기본 복사 생성자를 제공한다. 복사 생성자는 객체의 복사본이 일어날 때마다 항상 호출된다. 객체를 값으로 전달할 때 그 객체의 임시 복사본이 만들어 지고, 만일 객체가 사용자가 정의한 객체라면 클래스의 복사 생성자가 만들어진다.

모든 복사 생성자는 하나의 매개 변수를 가진다. 같은 클래스의 객체에 대한 참조자이다. 이를 상수 참조자로 만들어 놓는 것이 좋은데, 왜냐하면 생성자는 전달된 객체를 바꾸지 않을 것이기 때문이다. 예를 들면

```
Sample (const Sample & sam) ;
```

인데 여기에서 Sample 생성자는 이미 존재하는 Sample 객체에 대해 상수 참조자를 가진다. 복사 생성자의 목적은 sam에 대한 복사본을 만드는 것이다.

다음 프로그램 예제의 객체 생성과 초기화를 살펴보자.

프로그램 7-40 객체 생성과 초기화

```
#include <iostream.h>
class Sample   {
private:
    int x, y ;
public:
    Sample (int n, int k){ x = n ;  y = k ; }

    void Output(void){
        cout << "x = " << x << ", y = " << y << endl ;
    }
};

void main(void){
    Sample sam1 (25, 34) ;
    Sample sam2 = sam1 ;
    Sample sam3(sam1)  ;

    cout << "객체 sam1 : " ; sam1.Output() ;
    cout << "객체 sam2 : " ; sam2.Output() ;
    cout << "객체 sam3 : " ; sam3.Output() ;
}
```

프로그램 7-40 실행 결과

```
객체 sam1 : x = 25, y = 34
객체 sam2 : x = 25, y = 34
객체 sam3 : x = 25, y = 34
Press any key to continue
```

프로그램 7-40 해설

15번 : 15번의 문장은 객체의 생성과 초기화를 연상시킨다. 즉, 다음 그림과 같이 sam2 객체가 생성된 다음에 객체 sam1과 sam2간의 멤버 대 멤버 복사가 일어난다. 따라서 위의 프로그램을 실행해보면, x와 y에 저장된 값 25와 34가 출력된다.

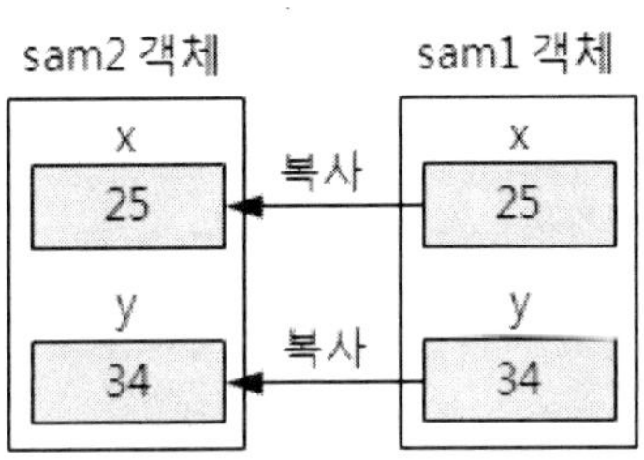

16번 : 16번 문장은 15번 문장과 동일한 의미로 해석된다. sam1 객체를 인자로 전달받을 수 있는 생성자(즉, 복사 생성자)를 호출하면서 sam3라는 이름의 객체를 생성하려고 한다.

그런데 Sample 클래스 내에는 그러한 생성자가 정의되어 있지 않다. 즉, 프로그래머가 복사 생성자를 정의하지 않은 셈이다. 따라서 컴파일 오류가 발생할 것이라는 생각이 들겠지만 컴파일 오류도 발생하지 않고 실행 결과도 15번 문장과 동일하다. 그렇다면 16번 문장에서 객체 생성이 이루어졌다는 것은 다음과 같은 형태의 생성자가 자동으로 삽입되었다고 밖에 생각할 수 없다.

```
Sample (const Sample & a) { ... ... }
```

실제로 이와 같은 생성자가 자동으로 삽입된다. 이와 같이 자동으로 삽입되는 복사 생성자를 디폴트 복사 생성자라 한다.

다음 프로그램 예제는 자동으로 삽입되는 디폴트 복사 생성자를 직접 정의해 넣은 것이다. 실행 결과는 앞의 예제 프로그램 7-40과 동일하다.

프로그램 7-41 디폴트 복사 생성자

```
1  #include <iostream.h>
2  class Sample   {
3  private:
4      int x, y ;
5  public:
6      Sample (int n, int k){ x = n ;  y = k ; }
7      Sample (const Sample &a){ x=a.x ; y=a.y ; }
8  //  Sample (const Sample &a) : x(a.x), y(a.y){  }
9      void Output(void){
10         cout << "x = " << x << ", y = " << y << endl ;
11     }
12 };
13
14 void main(void){
15     Sample sam1 (25, 34) ;
16     Sample sam2 = sam1 ;
17     Sample sam3(sam1) ;
18
19     cout << "객체 sam1 : " ; sam1.Output() ;
20     cout << "객체 sam2 : " ; sam2.Output() ;
21     cout << "객체 sam3 : " ; sam3.Output() ;
22 }
```

프로그램 7-41 해설

7번 : 7번의 문장은 정의해 주지 않으면 자동으로 삽입되는 디폴트 복사 생성자를 직접 정의해 넣은 것이다.

8번 : 8번 문장도 7번 문장과 동일한 디폴트 복사 생성자를 정의한 것인데 멤버 이니셜라이저를 이용한 경우이다.

기본 복사 생성자는 매개 변수로 전달된 객체의 각 멤버 변수들을 새로운 객체의 멤버 변수들로 복사하기만 한다. 이를 얕은 복사라고 한다. 얕은 복사는 하나의 객체의 멤버 변수들의 값을 다른 객체에 정확히 복사하는 것을 말하며 양쪽의 포인터는 정확히 같은 메모리를 가리킨다. 그런데 이들이 지니고 있는 값은 문자열이 아니라 다음 그림과 같이 문자열을 가리키는 주소 값이다. 따라서 그 주소 값만을 복사하게 되는 것이다.

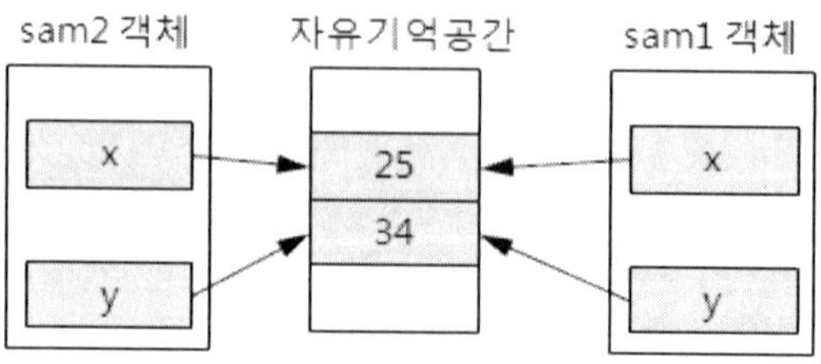

디폴트 복사 생성자로 얕은 복사를 하면 다음 프로그램 예제에서와 같이 프로그램 실행 시에 문제가 발생할 수 있다.

프로그램 7-42 얕은 복사

```
1  #include <iostream.h>
2  #include <string.h>
3  class Sample  {
4  private:
5      char *name ;
6  public:
7      Sample (char *n){
8          name = new char[strlen(n)+1] ;
9          strcpy(name, n) ;
10     }
11     ~Sample(){
12         delete [] name ;
13     }
14     void Output(void){
15         cout << "name = " << name << endl ;
16     }
17 };
18
19 void main(void){
20     Sample sam1 ("Kang") ;
21     Sample sam2(sam1) ;
22
23     cout << "객체 sam1 : " ; sam1.Output() ;
24     cout << "객체 sam2 : " ; sam2.Output() ;
25 }
```

프로그램 7-42 실행 결과

프로그램 7-42 해설

20번 : 객체 sam1은 다음 그림과 같은 형태를 가진다.

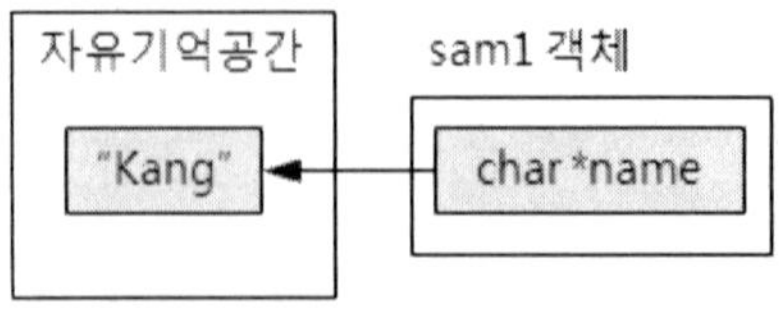

21번 : 여기에서 생성된 객체 sam2는 복사 생성자를 호출하면서 생성된 객체로서 다음 그림과 같은 형태를 가진다. 즉, 문자열을 복사하는 것이 아니라 문자열을 가리키는 주소 값만을 복사하게 되어 2개의 객체에서 한 개의 문자열을 가리키는 결과가 된다.

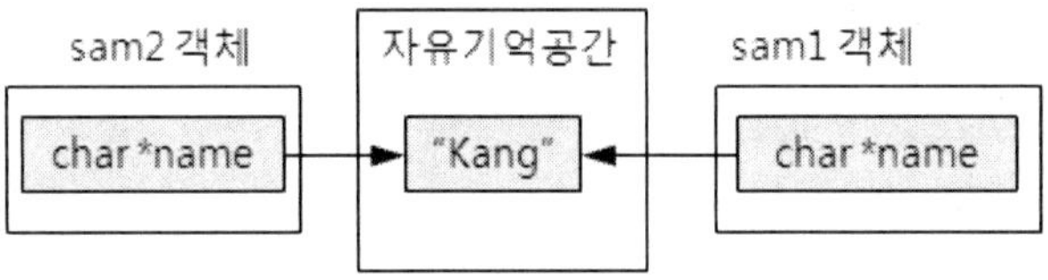

sam1과 sam2는 언젠가는 소멸될 것이고, 그러기 위해서 sam1의 소멸자와 sam2의 소멸자가 각각 호출될 것이다. 일반적으로 객체의 생성 순서와 소멸 순서는 반대로 이행된다. 즉 sam1이 먼저 생성되고 sam2가 생성되었으므로 소멸될 때는 sam2가 먼저 소멸되고 나서 sam1이 소멸된다. 그런데 이때에 문제가 발생한다.

즉, 객체 sam2가 소멸되면서 소멸자에서는 멤버 변수 name이 가리키는 메모리 공간을 해제해 버린다. 그 다음에 객체 sam1이 소멸되면서 마찬가지로 소멸자에서 멤버 변수 name이 가리키는 메모리 공간을 해제하려 든다. 그러나 name이 가리키는 메모리 공간은 이미 해제되어 버렸으므로 해제할 공간이 없어져 버렸기 때문에 오류가 된다.

이러한 문제를 해결하기 위한 방법이 깊은 복사다. 디폴트 복사 생성자는 얕은 복사를 하므로 깊은 복사를 하도록 직접 복사 생성자를 제공하는 것이다. 일반적인 깊은 복사는 다음 그림과 같이 힙의 새로 할당된 메모리에 값을 복사하는 것이다.

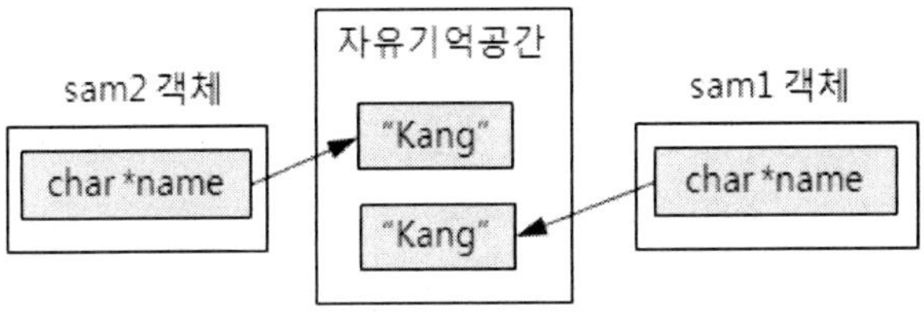

프로그램 7-43 깊은 복사

```
1  #include <iostream.h>
2  #include <string.h>
3  class Sample   {
4  private:
5      char *name ;
6  public:
7      Sample (char *n){
8          name = new char[strlen(n)+1] ;
9          strcpy(name, n) ;
10     }
11     Sample (const Sample &p){
12         name = new char[strlen(p.name)+1] ;
13         strcpy(name, p.name) ;
14     }
15     ~Sample(){
16         delete [] name ;
17     }
18     void Output(void){
19         cout << "name = " << name << endl ;
20     }
21 };
22
23 void main(void){
24     Sample sam1 ("Kang") ;
25     Sample sam2(sam1) ;
26
27     cout << "객체 sam1 : " ; sam1.Output() ;
28     cout << "객체 sam2 : " ; sam2.Output() ;
29 }
```

프로그램 7-43 해설

11~14번 : 복사 생성자를 정의한다.

12번 : 복사하고자 하는 객체가 가리키는 이름의 길이를 참조해서 같은 길이의 메모리 공간을 동적으로 할당한다.

7장 실습문제

01. 다음 프로그램을 컴퓨터에 실행시켜 보고 만약 에러가 발생하면 에러를 수정하시오.

```
#include <iostream.h>
class Samp{
private : int x ;
public : Samp (int n){ x=n ; }
         int out(){ return x ; }
};
main(){
         Samp s(9) ;
         cout << out() << endl ;
         Samp more_s[5];
}
```

02. 다음 프로그램은 이름과 국어 점수, 영어 점수를 입력하면 평균값을 출력하는 프로그램이다. 그림과 같이 출력되도록 멤버 함수를 기술하시오.

```
#include <iostream.h>
class score {
private: char name[10] ;
         int kor, eng ;
         float ave ;
public:  void input() ;              // 입력 함수
          void sum_ave() ;          // 평균값 계산
          float output_return() ;    // 평균값 출력
};
void main(void){
     score x ;
     x.input() ;
     x.sum_ave() ;
     cout << "ave = " << x.output_return() << endl ;
```

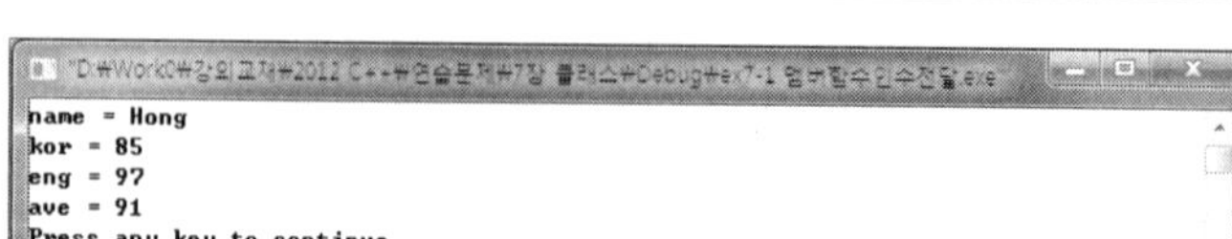

03. 다음 프로그램은 은행 구좌를 개설할 때 이름, 구좌 번호, 초기 입금액을 입력하는 프로그램이다. 그림과 같이 세 사람의 이름, 구좌번호, 예금액을 입력하면 순서대로 출력되도록 멤버함수와 main 함수를 기술하시오.

```
class kuza {
private:
    char *name ;
    long number, yekum ;
public:
    kuza (void){
        name = "" ; number = 0 ; yekum = 0 ;
    }
    kuza ( char *n, long no, long yok ){
        name = n ; number = no ; yekum = yok ;
    }
    void kuza_name_in(char *n) ;    // 이름 입력
    void kuza_no_in (long no) ;     // 구좌 번호 입력
    void kuza_name_out (void) ;     // 이름 출력
    void kuza_no_out (void) ;       // 구좌번호출력
    long yekumaek (void) ;          // 예금액 출력
    void ipkum ( long money ) ;     // 입금
};
```

```
이름입력 : kang
구좌번호입력 : 12345678
초기예금액입력 : 546214
이름입력 : kim
구좌번호입력 : 54587921
초기예금액입력 : 23145
이름입력 : lee
구좌번호입력 : 21452145
초기예금액입력 : 55647

이름    구좌번호        예금액
kang    12345678        546214
kim     54587921        23145
lee     21452145        55647
Press any key to continue
```

04. 다음 프로그램에서 eng 클래스에는 영어 점수를 저장하고, kor 클래스에는 국어 점수를 저장한다. 출력 그림과 같이 각 사람의 국어 점수, 영어 점수, 평균값을 출력하도록 프렌드 함수 ave()를 정의하여 빈 칸을 채우시오. 프렌드 함수 ave()는 클래스 kor의 멤버 함수이면서 클래스 eng에는 프렌드 함수가 되도록 한다.

```
#include <iostream.h>
class eng ;
class kor{
private:  char *name ;  int score ;
public :  kor(char *n, int s) ;
          int disp(void){ return score ; }
};
class eng{
private:  char *name ;  int score ;
public :  eng(char *n, int s) ;
          int disp(void){ return score ; }
};
kor::kor(char *n, int s){ name=n ; score=s ; }
eng::eng(char *n, int s){ name=n ; score=s ; }
void main(void){
          kor k1("Kang", 85), k2("Kim", 95) ;
          eng e1("Kang", 90), e2("Kim", 70) ;
          cout << "\t국어\t영어\t평균" << endl ;
          cout << "Kang :" << "\t" << k1.disp() << "\t" << e1.disp()
                    << "\t" << k1.ave(e1) << endl ;
          cout << "Kim  :" << "\t" << k2.disp() << "\t" << e2.disp()
                    << "\t" << k2.ave(e2) << endl ;
}
```

05. 다음 프로그램에서 깊은 복사를 하는 복사 생성자를 작성하여 결과가 출력되도록 하시오.

```
객체 sam1 : name=Kang *x=20
객체 sam2 : name=Kang *x=20
Press any key to continue
```

```
#include <iostream.h>
#include <string.h>
class Sample  {
private:  int *x ;
          char *name ;
public:   Sample (int k, char *n){
                    x = new int ;   *x = k ;
                    name = new char[strlen(n)+1] ;  strcpy(name, n) ;
          }
          ~Sample(){
                    delete [] x ;
                    delete [] name ;
          }
          void Out_name(void){ cout << "name=" << name ; }
          void Out_x(void){ cout << " *x=" << *x << endl ; }
};
void main(void){
          Sample sam1 (20, "Kang") ;
          Sample sam2 (sam1) ;
          cout << "객체 sam1 : " ; sam1.Out_name() ; sam1.Out_x() ;
          cout << "객체 sam2 : " ; sam2.Out_name() ; sam2.Out_x() ;
}
```

C.H.A.P.T.E.R

08

클래스 상속

8.1 상속과 파생 클래스

클래스들 간의 관계는 수평적인 관계만 존재하는 것은 아니다. 어떤 클래스들은 다시 세부 클래스로 분류되거나 더 큰 개념의 클래스로 묶을 수 있다. 예를 들어 '사람'이라는 클래스는 '학생', '직장인'이라는 세부 클래스로 분류할 수 있으며, '학생' 클래스는 '대학생', '고등학생' 등의 클래스로 다시 세분화 될 수 있다.

이때, 포괄적이고 일반적인 상위의 클래스를 부모 클래스(parent class) 혹은 기반 클래스(base class)라고 하며, 세부 분류된 클래스를 자식 클래스(child class) 혹은 파생 클래스(derived class)라고 한다.

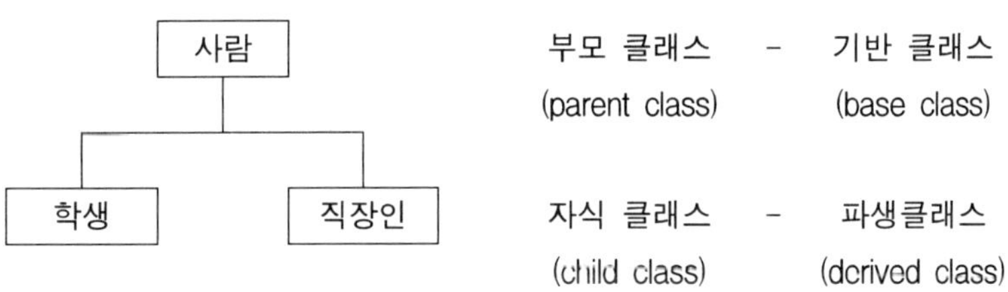

어떤 게임에 등장하는 캐릭터를 일반 '사람' 이외에 학생, 직장인 등으로 확장하고자 한다면, '학생', '직장인' 등의 클래스를 새로 만들어야 한다. '학생' 클래스의 경우, 이름, 성별, 나이, 학번과 같은 데이터가 필요할 것이다. 그런데, 이름, 성별, 나이와 같은 데이터는 이미 작성한 '사람' 클래스 내에 존재한다. 이런 경우, '학생' 클래스를 처음부터 다시 작성하지 않고, 이전에 작성해 놓은 '사람' 클래스로부터 데이터 구조를 물려받고, 새로 필요한 데이터만 추가하면 손쉽게 '학생' 클래스를 만들 수 있을 것이다.

객체 지향 프로그래밍에서는 이와 같이 새로운 클래스를 정의할 때, 처음부터 모든 것을 다 정의하지 않고 기존의 클래스들의 데이터와 함수를 물려받고, 새로 필요한 부분만 추가할 수 있는 방법을 제공하는데, 이것을 '상속(inheritance)'이라고 한다.

이렇게 상속을 통해 클래스를 정의하면, 중복된 작업을 줄이고 코드를 쉽게 재사용할 수 있게 된다. 또한 수정하거나, 추가할 부분이 생길 경우, 기반(부모)

클래스의 정의만 고치면 하위의 파생(자식) 클래스들은 변경된 내용을 자동으로 상속 받게 되므로 유지 보수 또한 쉽고 편하게 된다.

'상속'은 클래스와 더불어 객체 지향 프로그래밍의 핵심 개념이며 매우 중요한 역할을 담당하고 있다. 실제로, Visual C++를 비롯한 많은 컴파일러에서, 프로그래머가 직접 새로운 클래스를 모두 정의하여 사용하는 경우는 그리 많지 않으며, 대부분 기존의 클래스에서 상속 받아 클래스를 정의하고 사용한다. 예를 들어 윈도우즈 환경에서 새로운 윈도우를 만들고, 여기에 메뉴(menu)나 스크롤바(scroll bar) 등을 구현하는 경우에도, 이것들을 직접 새로 프로그래밍하지 않고, 컴파일러에 미리 작성되어 있는 클래스들로부터 상속받아 구현함으로써 쉽게 응용 프로그램을 작성할 수 있는 것이다.

예를 들어 Base의 자산을 상속받은 새로운 클래스 Derived를 만들면,

『클래스 Derived는 클래스 Base에서 파생되었다.』

라고 말한다.

이때 클래스 Derived와 같이 파생한 클래스를 파생 클래스(derived class)라 부르고, 원래의 클래스 Base를 기본 클래스(base class)라 한다.

파생 클래스는 기본 클래스의 데이터 멤버나 멤버 함수 등의 자산을 상속받으므로, 기본 클래스의 멤버는 파생 클래스의 멤버로 사용할 수 있다.

> 클래스의 파생에 의해, 파생 클래스는 기본 클래스의 데이터 멤버나, 멤버 함수 등의 자산을 상속받는다.

파생 클래스는 다음과 같은 형식으로 선언한다.

```
class  파생클래스명  :  접근지시자  기본클래스명 {
      멤버 정의
};
```

다음 프로그램은 기본 클래스 Parent에서 상속받는 파생 클래스 Child를 선언한 다음 파생 클래스에서 기본 클래스의 멤버 변수를 출력하는 예이다.

프로그램 8-1 상속

```
1 #include <iostream.h>
2 class Parent{
3 public:
4     int x, y ;
5     Parent (void){ x=0 ; y=0 ; }
6     void PrintP(){
7         cout << "Parent Class \n" ;
8         cout << "x = " << x << endl ;
9         cout << "y = " << y << endl ;
10     }
11 };
12 class Child : public Parent {
13 private:
14     int z ;
15 public:
16     Child (void){ x=1 ; y=2 ; z=3 ; }
17     void PrintC()    {
18         cout << "Child Class \n" ;
19         cout << "x = " << x << endl ;
20         cout << "y = " << y << endl ;
21         cout << "z = " << z << endl ;
22     }
23 };
24 void main(void){
25     Child b ;
26     b.PrintC() ;
27     Parent a ;
28     a.PrintP();
29     b.PrintP();
30 }
```

프로그램 8-1 실행 결과

```
Child Class
x = 1
y = 2
z = 3
Parent Class
x = 0
y = 0
Parent Class
x = 1
y = 2
Press any key to continue
```

프로그램 8-1 해설

12번 : 클래스 Child는 Parent 클래스에서 상속받는다. 따라서 Child 클래스는 다음과 같이 선언한 것과 같다.

```
class Child {
private:
        int z ;
public:
        int x, y ;                  // Parent 클래스에서 상속
        void PrintP(){ ...... }     // Parent 클래스에서 상속
        Child (void){ x=1 ; y=2 ; z=3 ; }
        void PrintC()     { ... ... }
};
```

16번 : Child 클래스의 기본 생성자에서 Parent 클래스의 멤버 변수 x, y를 초기화한다.

26번 : Child 클래스의 객체 b에서 Child 클래스의 멤버 함수 PrintC()를 호출한다. PrintC()에서는 Parent 클래스의 멤버 x, y를 출력한다. 이때 x, y는 Child 클래스에서 초기화한 값 x=1, y=2가 적용된다.

28번 : Parent 클래스의 객체 a에서 Parent 클래스의 멤버 함수 PrintP()를 호출한다. 이때 x, y는 Parent 클래스에서 초기화한 값 x=0, y=0가 적용된다.

29번 : Child 클래스의 객체 b에서 Parent 클래스의 멤버 함수 PrintP()를 호출한다. 이때 x, y는 Child 클래스에서 초기화한 값 x=1, y=2가 적용된다.

8.2 상속 방법

클래스의 자산을 상속하기 위해 파생을 수행하는 방법은 다음과 같이 3가지 방법이 있다.

① 공개 상속(public derivation)

② 전용 상속(private derivation)

③ 보호 상속(protected derivation)

클래스 상속 선언 시에 기본 클래스의 이름 앞에 private, protected, public 등의 접근 지시자를 붙이면 된다.

일반적으로 "상속"을 행하면 기본 클래스부의 공개 멤버가 파생 클래스의 "부

(部)"에 속하며, 다음과 같은 성질은 3개의 상속 모두에 공통적으로 적용된다.

> 파생 클래스에서 기본 클래스의 전용 멤버를 엑세스하는 것은 불가능하다.

【표 8-1】 접근 지시자별 기본 클래스 접근 범위

기본 클래스의 멤버 유형	접근 지시자별 기본 클래스 접근 범위		
	private	protected	public
private	접근 불가	접근 불가	접근 불가
protected	private	protected	protected
public	private	protected	public

그러나 protected 지시자를 사용하면 전용 멤버처럼 클래스 외부에서는 참조할 수 없으면서 파생 클래스에 상속할 수 있다. 즉, private는 상속이 안 되는 전용 멤버이고, protected는 상속이 되는 전용 멤버이다.

8.2.1 공개 상속(public derivation)

엑세스 지정자를 public으로 선언하여 상속한 것으로

『클래스 child는 클래스 parent의 공개 기본 클래스(public base class) 이다.』

라고 한다. 파생 클래스(파생 클래스의 "멤버 함수"와 "프렌드")로부터 기본 클래스의 전용 멤버를 자유롭게 엑세스할 수 없다.

```
class child : public parent { };
```

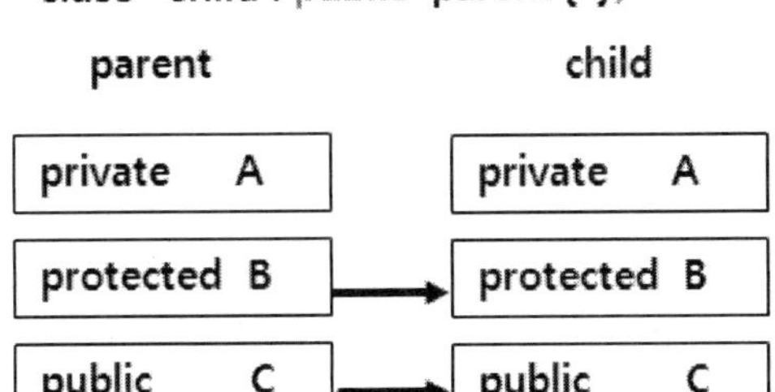

기본 클래스의 보호 멤버는 파생 클래스 내에서도 보호 멤버로 취급되고, 파생 클래스의 사용자인 외부에 공개되지 않는다. 그러나 기본 클래스의 공개 멤버는 파생 클래스에서도 공개 멤버로 취급되므로 파생 클래스의 사용자에게 공개된다.

프로그램 8-2 공개 상속

```
1  #include <iostream.h>
2  class parent{
3  protected:
4      int a ;
5  public:
6      void setp(int i){ a=i ; }
7      void outp(){ cout << "a=" << a << endl ; }
8  };
9
10 class child : public parent{
11 private:
12     int b ;
13 public:
14     void setc(int i){ b=i ; }
15     void outc(){ cout << "b=" << b << endl ; }
16 };
17
18 void main(void){
19     child s ;
20     s.setc(9) ;
21     s.outc() ;
22     s.setp(5) ;
23     s.outp() ;
24 }
```

프로그램 8-2 실행 결과

```
b=9
a=5
Press any key to continue
```

프로그램 8-2 해설

10번 : 클래스 child는 클래스 parent로부터 public으로 상속받는다. parent의 public은 다음과 같이 child의 public이 되고, protected는 child의 protected가 된다.

```
class child {
private:
        int b ;
protected:
        int a ;
public:
        void setc(int i){ b=i ; }
        void outc(){ cout << "b=" << b << endl ; }
        void setp(int i){ a=i ; }
        void outp(){ cout << "a=" << a << endl ; }
};
```

22~23번 : parent 클래스에서 상속받은 멤버 함수 setp()와 outp()는 public으로서 외부 참조가 가능하다.

8.2.2 전용 상속(private derivation)

접근 지시자를 private로 선언하여 상속한다. 만일 접근 지시자를 생략한 경우 private로 선언된 것으로 본다.

이때,

『클래스 child는 클래스 parent의 전용 기본 클래스』라 한다.

기본 클래스의 보호 멤버와 공개 멤버는 모두 파생 클래스 내에서 전용 멤버로 취급되어, 파생 클래스의 사용자인 외부에 공개되지 않는다.

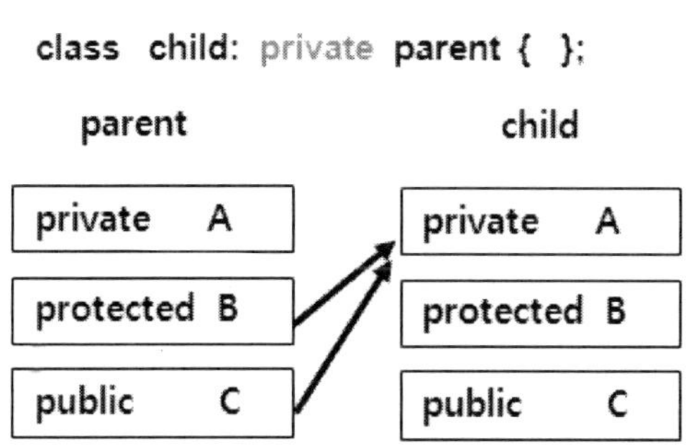

프로그램 8-3 전용 상속

```
1  #include <iostream.h>
2  class parent{
3  protected:
4      int a ;
5  public:
6      void setp(int i){ a=i ; }
7      void outp(){ cout << "a=" << a << endl ; }
8  };
9
10 class child : protected parent{
11 private:
12     int b ;
13 public:
14     void setc(int i){ b=i ; }
15     void outc(){ cout << "b=" << b << endl ; }
16 };
17
18 void main(void){
19     child s ;
20     s.setc(9) ;
21     s.outc() ;
22 //  s.setp(5) ;
23 //  s.outp() ;
24 }
```

프로그램 8-3 실행 결과

```
b=9
Press any key to continue
```

프로그램 8-3 해설

10번 : 클래스 child는 클래스 parent로부터 private으로 상속받는다. 그러므로 parent의 protected와 public은 다음과 같이 모두 child의 private가 된다.

```
class child {
private:
        int b ;
        void setp(int i){ a=i ; }
        void outp(){ cout << "a=" << a << endl ; }
public:
        void setc(int i){ b=i ; }
        void outc(){ cout << "b=" << b << endl ; }
};
```

22~23번 : parent 클래스에서 상속받은 멤버 함수 setp()와 outp()는 private로서 외부 참조가 불가능하다. 그러므로 포함해서 컴파일하면 에러가 된다.

8.2.3 보호 상속(protected derivation)

접근 지시자를 protected로 하여 상속한 것으로,

『클래스 Child는 클래스 Parent의 보호 기본 클래스(prtected base class)』

라 한다.

보호 상속도 전용 상속과 같이 파생 클래스(파생 클래스의 "멤버 함수"와 "프렌드")로부터 기본 클래스의 전용 멤버를 엑세스할 수 없다. 기본 클래스의 보호 멤버와 공개 멤버는 파생 클래스에서 보호 멤버로 취급되고, 파생 클래스의 사용자인 외부에 공개되지 않는다.

보호 상속에 있어서 상속과 엑세스에 관한 관계를 다음 그림에 보였다.

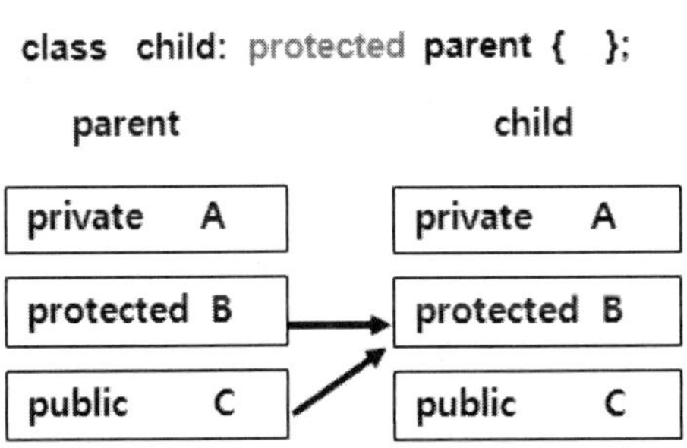

프로그램 8-4 보호 상속

```
#include <iostream.h>
class parent{
protected:
    int a ;
public:
    void setp(int i){ a=i ; }
    void outp(){ cout << "a=" << a << endl ; }
};

class child : protected parent{
private:
    int b ;
public:
    void setc(int i){ b=i ; }
    void outc(){ cout << "b=" << b << endl ; }
};

void main(void){
    child s ;
    s.setc(9) ;
    s.outc() ;
//  s.setp(5) ;
//  s.outp() ;
}
```

프로그램 8-4 실행 결과

프로그램 8-4 해설

10번 : 클래스 child는 클래스 parent로부터 protected로 상속받는다. parent의 protected와 public은 다음과 같이 모두 child의 protected가 된다.

```
class child {
private:
        int b ;
protected:
        int a ;
        void setp(int i){ a=i ; }
        void outp(){ cout << "a=" << a << endl ; }
public:
        void setc(int i){ b=i ; }
        void outc(){ cout << "b=" << b << endl ; }
};
```

22~23번 : 전용 상속과 마찬가지로 parent 클래스에서 상속받은 멤버 함수 setp()와 outp()는 protected로서 외부 참조가 불가능하다. 그러므로 포함해서 컴파일하면 에러가 된다.

8.2.4 접근 권한 조정

전용 상속을 하면 상속받은 모든 멤버들은 전용 멤버가 되어 외부에서 참조할 수가 없게 된다. 그런데 접근 권한을 조정함으로써 일부의 상속받은 멤버를 공개 멤버로 바꿀 수 있다.

방법은 다음과 같다.

상속받는 클래스의 공개부나 보호부에

클래스 명 :: 멤버 명

과 같이 기술함으로써 엑세스 권한을 조정할 수 있다.

또한 이름만 기술하면 되고, 자료형 등의 사항은 쓸 필요가 없다.

이와 같은 선언을 엑세스 선언(access declaration)이라 한다.

프로그램 8-5 접근 권한 조정

```
1  #include <iostream.h>
2  class parent{
3  protected:
4      int a ;
5  public:
6      void setp(int i){ a=i ; }
7      void outp(){ cout << "a=" << a << endl ; }
8  };
9  
10 class child : private parent{
11 private:
12     int b ;
13 public:
14     parent::setp ;
15     parent::outp ;
16     void setc(int i){ b=i ; }
17     void outc(){ cout << "b=" << b << endl ; }
18 };
19 
20 void main(void){
21     child s ;
22     s.setc(9) ;
23     s.outc() ;
24     s.setp(5) ;
25     s.outp() ;
26 }
```

프로그램 8-5 실행 결과

```
b=9
a=5
Press any key to continue
```

프로그램 8-5 해설

14~15번 : 멤버 함수 setp()와 outp()는 공개부로 상속받는다.

24~25번 : private로 상속하였으나 접근 권한을 public으로 변경하였으므로 외부에서 접근할 수 있다.

▸ **엑세스 선언에 있어서는 다음과 같은 제한이 있다**

① 기본 클래스가 사용자에 대해 공개하고 있는 멤버를 파생 클래스에서 비공개로 하는 것은 불가능하다. 또, 기본 클래스가 사용자에 대해 비공개로 하고 있는 멤버를 파생 클래스에서 엑세스 가능하도록 할 수 없다.

② 엑세스 선언은 "클래스명::멤버명"과 같이 기술하고, 자료형을 선언하지 않으며, 이름만을 사용한다. 오버로딩된 같은 이름을 갖는 함수에 대해 엑세스 선언을 하면 그 이름을 갖는 모든 함수의 엑세스 권한을 조정하게 된다.

③ 파생 클래스의 멤버가 기본 클래스의 멤버와 같은 이름을 갖고 있는 경우는 그 기본 클래스의 멤버의 엑세스 권한을 조정할 수 없다.

8.3 클래스 다중 상속

위에서 예로 든 '학생' 클래스는 '사람' 클래스로부터 상속을 받아 작성하였다. 이것을 다른 말로 "학생 클래스는 사람 클래스로부터 파생되었다."라고 이야기하기도 한다. 마찬가지로 '직장인' 클래스 또한 '학생' 클래스처럼 '사람' 클래스로부터 상속받아 작성하면 될 것이다. 그런데 주간에는 직장을 다니면서 야간에는 학업을 겸하고 있는 야간 학생에 대해 생각해 보자. 야간 학생은, 학생과 직장인의 특징을 모두 가지고 있으므로, 클래스로 정의할 경우, '학생'과 '직장인' 클래스 어느 한 쪽이 아닌, 두 개 클래스 모두에게 상속을 받는 것이 바람직할 것이다.

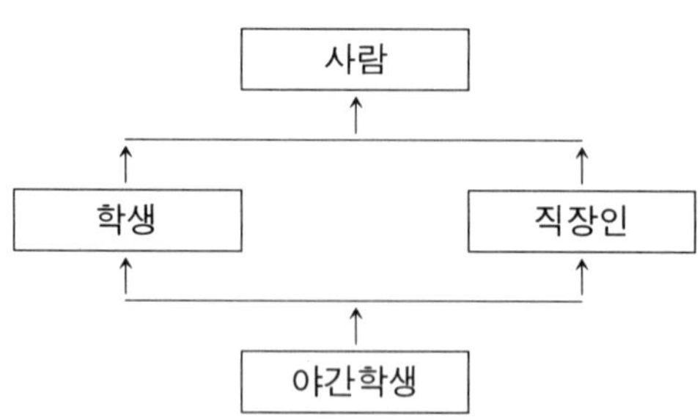

이처럼 하나의 기반(부모) 클래스가 아닌 여러 개의 기반 클래스로부터 상속을 받는 것을 '다중 상속(multiple inheritance)'이라고 부른다.

다중 상속에는 다음과 같이 2가지가 있다.

① 간접 상속 : 상속받은 클래스를 상속받는다.

② 직접 상속 : 여러 클래스로부터 직접 상속받는다.

8.3.1 간접 상속

첫 번째는 기본 클래스 P에서 파생된 클래스 C1을 기본 클래스로 사용해서 또 다른 파생 클래스 C2를 작성하는 것이다. 이때 최초의 기본 클래스 P를 두 번째 파생 클래스 C2의 간접 기본 클래스라고 한다.

이들 클래스 간의 계층은 다음과 같다.

클래스 P	C1의 기본 클래스 C2의 간접 기본 클래스
⇑	
클래스 C1	P1의 파생 클래스 C2의 기본 클래스
⇑	
클래스 C2	C1의 파생 클래스

이 경우의 다중 상속은 다음과 같은 형식으로 선언한다.

```
class  P { 멤버 정의 } ;
class  C1 : 접근지시자  P { 멤버 정의 } ;
class  C2 : 접근지시자  C1 { 멤버 정의 } ;
```

3개의 클래스 P, C1, C2 모두가 생성자와 소멸자를 갖고 있다면 파생 클래스 C2의 객체가 생성될 때 생성자의 실행 순서는

P의 생성자 → C1의 생성자 → C2의 생성자

순으로 호출되어 실행되고 소멸자는 역순으로 호출되어 실행된다.

프로그램 8-6 다중 상속 1

```
1  #include <iostream.h>
2  class A {
3  private:     int ax ;
4  public:      int ay ;
5      void output_A(){ ay=10; cout << "ay=" << ay << endl; }
6  };
7
8  class B : public A {
9  private:     int bx ;
10 public:      int by ;
11     void output_B(){ by=20; cout << "by=" << by << endl; }
12 };
13
14 class C : public B {
15 private:     int cx ;
16 public:      int cy ;
17     void output_C(){ cy=30; cout << "cy=" << cy << endl; }
18 };
19
20 void main(){
21     A ob1; B ob2; C ob3 ;
22     cout << "ob1.output_A() : " ; ob1.output_A() ;
23 //  ob1.output_B() ;
24 //  ob1.output_C() ;
25     cout << "ob2.output_A() : " ; ob2.output_A() ;
26     cout << "ob2.output_B() : " ; ob2.output_B() ;
27 //  ob2.output_C() ;
28     cout << "ob3.output_A() : " ; ob3.output_A() ;
29     cout << "ob3.output_B() : " ; ob3.output_B() ;
30     cout << "ob3.output_C() : " ; ob3.output_C() ;
31 }
```

프로그램 8-6 실행 결과

```
ob1.output_A() : ay=10
ob2.output_A() : ay=10
ob2.output_B() : by=20
ob3.output_A() : ay=10
ob3.output_B() : by=20
ob3.output_C() : cy=30
Press any key to continue
```

프로그램 8-6 해설

8번 : 클래스 B는 클래스 A로부터 public으로 상속받으므로 A의 public은 다음과 같이 모두 B의 public이 된다.

```
class B {
private:    int bx ;
public:  int by ;
         int ay ;        // 상속받았다.
         void output_B() { ... ... }
         void output_A() { ... ... }    // 상속받았다.
};
```

14번 : 클래스 C는 클래스 B로부터 public으로 상속받으므로 B의 public은 다음과 같이 모두 C의 public이 된다. 이때 B가 상속받았던 멤버가 모두 포함된다.

```
class C {
private:    int cx ;
public:  int cy ;
         int by ;  int ay ;        // 상속받았다.
         void output_C() { ... ... }
         void output_B() { ... ... }   // 상속받았다.
         void output_A() { ... ... }   // 상속받았다.
};
```

23~24번 : 클래스 A에서 output_B()와 output_C()를 호출하므로 에러가 된다.

25번 : 클래스 B는 output_A()를 상속받아 포함되어 있으므로 호출 가능하다.

27번 : 클래스 B에서 output_C()를 호출하므로 에러가 된다.

28~30번 : 클래스 C에는 output_A(), output_B(), output_C()를 모두 포함하고 있으므로 호출 가능하다.

8.3.2 직접 상속

두 번째는 파생 클래스가 여러 개의 기본 클래스를 직접 상속받는 것이다. 즉, 클래스 C가 기본 클래스 P1과 P2로부터 파생되는 경우로 이들 클래스 간의 계층은 다음과 같다.

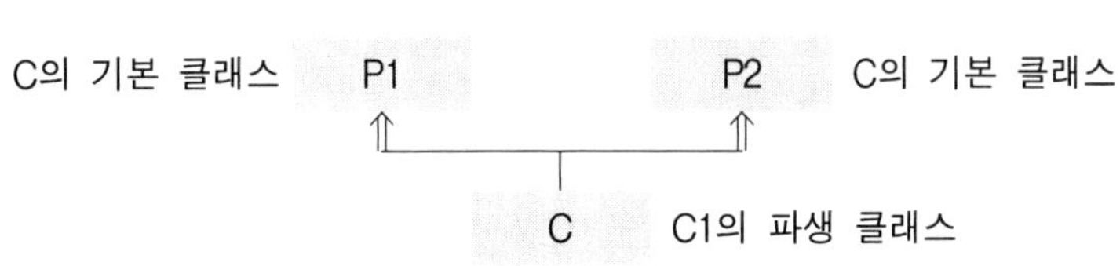

이 경우의 다중 상속은 다음과 같은 형식으로 선언한다.

```
class  파생클래스명 : 접근지시자  기본클래스명1,
                      접근지시자  기본클래스명2,
                        ...  ...
                      접근지시자  기본클래스명n {
};
```

프로그램 8-7 다중 상속 2

```
1  #include <iostream.h>
2  class A {
3  private:     int ax ;
4  public:      int ay ;
5      void output_A(){ ay=10; cout << "ay=" << ay << endl; }
6  };
7
8  class B {
9  private:     int bx ;
10 public:      int by ;
11     void output_B(){ by=20; cout << "by=" << by << endl; }
12 };
13
14 class C : public B, public A {
15 private:     int cx ;
16 public:      int cy ;
17     void output_C(){ cy=30; cout << "cy=" << cy << endl; }
18 };
19
20 void main(){
21     A ob1; B ob2; C ob3 ;
22     cout << "ob1.output_A() : " ; ob1.output_A() ;
23 //  cout << "ob1.output_B() : " ; ob1.output_B() ;
24 //  cout << "ob1.output_C() : " ; ob1.output_C() ;
25 //  cout << "ob2.output_A() : " ; ob2.output_A() ;
26     cout << "ob2.output_B() : " ; ob2.output_B() ;
27 //  cout << "ob2.output_C() : " ; ob2.output_C() ;
28     cout << "ob3.output_A() : " ; ob3.output_A() ;
29     cout << "ob3.output_B() : " ; ob3.output_B() ;
30     cout << "ob3.output_C() : " ; ob3.output_C() ;
31 }
```

프로그램 8-7 실행 결과

```
ob1.output_A() : ay=10
ob2.output_B() : by=20
ob3.output_A() : ay=10
ob3.output_B() : by=20
ob3.output_C() : cy=30
Press any key to continue
```

프로그램 8-7 해설

14번 : 클래스 C는 클래스 A와 클래스 B로부터 public으로 상속받으므로 A와 B의 public은 다음과 같이 모두 C의 public이 된다.

```
class C {
private:   int cx ;
public:   int cy ;
          int ay ;  int by ;     // 상속받았다.
            void output_C() { ... ... }
            void output_A() { ... ... }   // 상속받았다.
            void output_B() { ... ... }   // 상속받았다.
};
```

23~24번 : 클래스 A에서 output_B()와 output_C()를 호출하므로 에러가 된다.

25번 : 클래스 B는 output_A()를 호출할 수 없다.

28~30번 : 클래스 C에는 output_A(), output_B(), output_C()를 모두 포함하고 있으므로 호출 가능하다.

8.4 생성자와 소멸자의 실행

기본 클래스나 파생 클래스는 모두 생성자 또는 소멸자를 가질 수 있다. 기본 클래스와 파생 클래스가 모두 생성자와 소멸자를 갖고 있는 경우에 생성자는 파생된 순서에 따라 호출되어 실행되고, 소멸자는 파생된 역순으로 호출되어 실행된다.

즉, 파생 클래스의 객체가 생성되면 먼저 기본 클래스의 생성자가 호출되어 실행되고 다음으로 파생 클래스의 생성자가 호출되어 실행된다. 그러나 생성된 객체가 소멸되면 먼저 파생 클래스의 소멸자가 호출되어 실행되고 다음에 기본 클래스의 소멸자가 호출되어 실행된다.

다음 프로그램은 파생 클래스 child가 기본 클래스 parent에서 상속받는 경우로서 파생 클래스 child의 객체를 생성할 때 생성자와 소멸자가 호출되는 순서를 보여 준다.

프로그램 8-8 생성자와 소멸자(단일 상속)

```
#include <iostream.h>
class parent{
public:
    parent(){ cout << "기본 클래스의 생성자 실행" << endl ; }
    ~parent(){ cout << "기본 클래스의 소멸자 실행" << endl ; }
};
class child : parent{
public:
    child(){ cout << "파생 클래스의 생성자 실행" << endl ; }
    ~child(){ cout << "파생 클래스의 소멸자 실행" << endl ; }
};
void main(){
    child ob ;
}
```

프로그램 8-8 실행 결과

```
기본 클래스의 생성자 실행
파생 클래스의 생성자 실행
파생 클래스의 소멸자 실행
기본 클래스의 소멸자 실행
Press any key to continue
```

프로그램 8-8 해설

2번 : 기본 클래스 parent의 선언

7번 : parent 클래스에서 상속받는 파생 클래스 child의 선언. 접근 지시자가 생략되면 private로 인식된다.

13번 : child의 객체 ob를 생성하면 먼저 parent의 생성자를 실행한 다음 child의 생성자를 실행한다.

실행 결과는 상속시에 먼저 상속받는 클래스부터 차례로 생성자가 호출되고 그 역순으로 소멸자가 호출된다는 것을 보여준다.

다음 프로그램은 다중 상속에서 생성자와 소멸자의 실행 순서를 보여준다.

프로그램 8-9 생성자와 소멸자(다중 상속)

```
#include <iostream.h>
class A{
public:
    A(){ cout << "A 클래스의 생성자 실행" << endl ; }
    ~A(){ cout << "A 클래스의 소멸자 실행" << endl ; }
};

class B{
public:
    B(){ cout << "B 클래스의 생성자 실행" << endl ; }
    ~B(){ cout << "B 클래스의 소멸자 실행" << endl ; }
};

class C : public B, public A{
public:
    C(){ cout << "C 클래스의 생성자 실행" << endl ;}
    ~C(){ cout << "C 클래스의 소멸자 실행" << endl ; }
};

void main(){
    C ob ;
}
```

프로그램 8-9 실행 결과

```
B 클래스의 생성자 실행
A 클래스의 생성자 실행
C 클래스의 생성자 실행
C 클래스의 소멸자 실행
A 클래스의 소멸자 실행
B 클래스의 소멸자 실행
Press any key to continue
```

프로그램 8-9 해설

실행 결과는 상속시에 먼저 상속받는 클래스부터 차례로 생성자가 호출되고 그 역순으로 소멸자가 호출된다는 것을 보여준다. 기본 클래스가 여러 개 있을 경우에는 파생 클래스의 정의에서 앞에 기술한 클래스의 생성자가 먼저 호출된다.

8.5 기본 생성자 인수 전달

만일 파생 클래스의 생성자 함수에만 인수를 전달하여 데이터 멤버를 초기화하는 경우에는 일반 클래스의 생성자에 인수를 전달하는 보통의 방법을 사용하면 된다. 그러나 기본 클래스에 인수를 가진 생성자가 선언되었다면 파생 클래스의 생성자는 기본 클래스의 생성자에게 인수를 전달해야만 한다. 파생 클래스의 객체를 생성할 때 기본 클래스의 생성자는 자동으로 호출되는데, 이때 매개변수가 전달되지 않는다면 인수가 없는 생성자를 찾고, 없다면 기본 클래스의 생성자 호출 시에 에러를 발생하게 된다.

파생 클래스에서 기본 클래스로의 생성자 인수 전달 형식은 다음과 같다.

```
파생클래스의 생성자명(인수들) : 기본클래스의 생성자명(인수들){,
                    파생클래스 생성자의 본체
};
```

단일 상속의 경우에 파생 클래스에서 기본 클래스로 생성자 인수를 전달하는 프로그램 예를 살펴보자.

프로그램 8-10 생성자 인수 전달(단일 상속)

```
1  #include <iostream.h>
2  class parent{
3  private:
4      int x ;
5  public:
6      parent(int n){ x = n ; }
7      void outx(){ cout << "x = " << x << endl ; }
8  };
9
10 class child : public parent{
11 private:
12     int y ;
13 public:
14     child(int n, int m) : parent(m){ y = n ; }
15     void outy(){ cout << "y = " << y << endl ; }
16 };
17
18 void main(){
19     child ob(10, 20) ;
20     ob.outx() ;
21     ob.outy() ;
22 }
```

프로그램 8-10 실행 결과

```
x = 20
y = 10
Press any key to continue
```

프로그램 8-10 해설

14번 : 기본 클래스 parent에서 필요한 인수 m이 파생 클래스를 통해서 전달되도록 파생 클래스의 생성자를 확장된 형식으로 선언한다. 이때, parent(m)에 의해 6번의 기본 클래스의 생성자 parent(int n)에 인수가 전달된다.

19번 : 파생 클래스의 객체를 초기화할 때 초기값으로 파생 클래스의 초기값과 기본 클래스의 초기값을 함께 전달하여야 한다.

여러 개의 기본 클래스가 직접 상속되는 다중 상속의 경우에도 마찬가지로 파생 클래스를 통해서 기본 클래스들에 인수가 전달되도록 파생 클래스의 생성자를 다음과 같이 확장된 형식으로 선언해주어야 한다.

```
파생클래스의 생성자명(인수들) : 기본클래스1의 생성자명(인수들),
                               기본클래스2의 생성자명(인수들),
                               ... ...
                               기본클래스n의 생성자명(인수들) {
        파생클래스 생성자의 본체
};
```

프로그램 8-11 생성자 인수 전달(다중 상속)

```
1  #include <iostream.h>
2  class A{
3  private:    int x ;
4  public:
5      A(int n){ x = n ; }
6      void outx(){ cout << "x = " << x << endl ; }
7  };
8
9  class B{
10 private:    int y ;
11 public:
12     B(int n){ y = n ; }
13     void outy(){ cout << "y = " << y << endl ; }
14 };
15
16 class C : public A, public B{
17 private:    int z ;
18 public:
19     C(int n, int m, int k)  : A(m), B(k){ z = n ; }
20     void outz(){ cout << "z = " << z << endl ; }
21 };
22
23 void main(){
24     C ob(10, 20, 30) ;
25     ob.outx() ;
26     ob.outy() ;
27     ob.outz() ;
28 }
```

프로그램 8-11 실행 결과

```
x = 20
y = 30
z = 10
Press any key to continue
```

프로그램 8-11 해설

16번 : 클래스 C는 클래스 A와 클래스 B로부터 상속받는다.

19번 : 기본 클래스 A에서 필요한 인수 m과 기본 클래스 B에서 필요한 인수 k가 파생 클래스를 통해서 전달되도록 파생 클래스의 생성자를 확장된 형식으로 선언한다. 이때, A(m)에 의해 5번의 기본 클래스 A의 생성자 A(int n)에 인수가 전달되고, B(k)에 의해 12번의 기본 클래스 B의 생성자 B(int n)에 인수가 전달된다.

8.6 다중 상속의 애매성

8.6.1 가상 기본 클래스

상속을 계속하다 보면 하나의 기본 클래스에서 상속받은 둘 이상의 클래스가 그림과 같이 하나의 클래스에 동시에 다시 상속되는 경우가 발생할 수 있다.

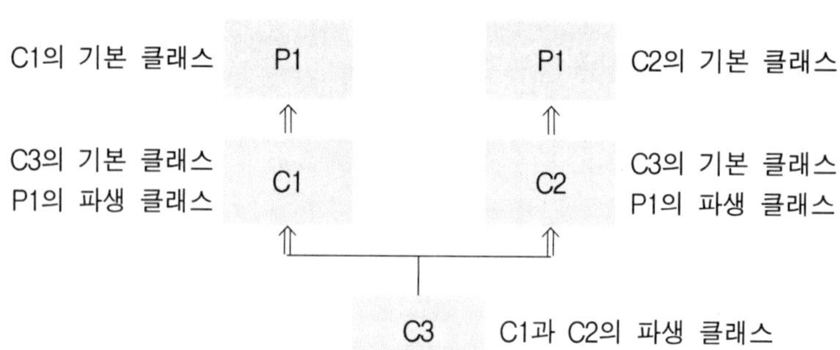

결과적으로 클래스 C3는 기본 클래스 P1을 두 번 상속받게 된다. 한번은 클래스 C1을 통해서 상속되고, 또 한번은 클래스 C2를 통해서 상속된다. 이것은 클래스 C3의 객체가 생성될 때, 그 객체에는 기본 클래스 P1의 멤버 복사본이 두 개 존재하게 되는 것을 의미하게 된다. 따라서, 생성된 객체를 이용해서 기본 클래스 P1의 멤버를 참조할 때, C1을 통해서 간접적으로 상속받은 P1의 멤버를 참조해야 할지 아니면 C2를 통해서 상속받은 P1의 멤버를 참조해야 할지 애매모호해진다.

그러므로 이러한 경우를 원하지 않을 때 가상 기본 클래스(virtual base class)를 사용하여 파생 클래스가 가상 기본 클래스로부터 멤버들의 한 복사본만을 받게

하는 것이다.

가상 기본 클래스 기능을 사용하기 위해서는 기본 클래스를 직접 상속받는 모든 파생 클래스를 접근 지시자 앞에 예약어 virtual을 붙여 정의해주면 된다. virtual을 사용하면 기본 클래스가 이를 직접 상속받는 파생 클래스에 가상으로 상속되어 지고, 기본 클래스를 간접으로 상속받는 파생 클래스에 기본 클래스의 멤버가 여러 개 복사되어 존재하는 것을 방지할 수 있다.

사용 형식은 다음과 같다.

```
class P1 { ... ... } ;
class C1 : virtual 접근지시자 P1 { ... ... } ;
class C2 : virtual 접근지시자 P1 { ... ... } ;
class C3 : 접근지시자 C1, 접근지시자 C2 { ... ... } ;
```

프로그램 8-12 가상 기본 클래스

```cpp
#include <iostream.h>
class P1{
public:  int a ;
};

class C1 : virtual public P1{
public:  int b ;
};

class C2 : virtual public P1{
public:  int c ;
};

class C3 : public C1, public C2{
public:  int sum ;
};

void main(){
    C3 ob ;
    ob.a = 10 ;
    ob.b = 20 ;
    ob.c = 30 ;
    ob.sum = ob.a + ob.b + ob.c ;
    cout << "sum = " << ob.sum << endl ;
}
```

프로그램 8-12 실행 결과

```
sum = 60
Press any key to continue
```

프로그램 8-12 해설

6, 10번 : 파생 클래스 C1과 C2는 기본 클래스 P1을 가상 기본 클래스로 상속받기 때문에 C1과 C2를 직접 상속받는 C3에는 P1의 데이터 멤버 a의 복사본이 하나만 존재한다.

8.6.2 멤버 함수의 중복 상속

다중 상속에서 발생할 수 있는 또 다른 애매모호한 경우는 두 개의 클래스에서 동일한 이름의 멤버 함수를 상속받을 경우이다.

다음 프로그램 예에서 보듯이 클래스 C에는 클래스 A에서 상속받은 멤버 함수 func()와 클래스 B에서 상속받은 멤버 함수 func()가 존재한다. 이 경우 멤버 함수 이름만 가지고는 어떤 클래스의 멤버 함수인지 분간할 수 없다. 따라서 이 경우에는 다음과 같이 어느 클래스를 통해서 상속한 멤버 함수를 호출할 것인지 명시해야 한다.

```
A::func() ;    // class A의 멤버함수
B::func() ;    // class B의 멤버함수
```

프로그램 8-13 멤버 함수의 중복 상속

```
#include <iostream.h>
class A{
public:
    void func(){ cout << "class A" << endl ; }
};

class B{
public:
    void func(){ cout << "class B" << endl ; }
};

class C : public A, public B{
public:
    void output(){
        A::func() ;
        B::func() ;
    }
};

void main(){
    C ob ;
    ob.output() ;
    ob.A::func() ;
    ob.B::func() ;
}
```

프로그램 8-13 실행 결과

```
sum = 60
Press any key to continue
```

프로그램 8-13 해설

15번 : class A의 멤버 함수를 호출한다.

16번 : class B의 멤버 함수를 호출한다.

23번 : 클래스 C를 통해서 class A의 멤버 함수를 호출한다.

24번 : 클래스 C를 통해서 class B의 멤버 함수를 호출한다.

8.7 멤버 함수 재정의

파생 클래스에서는 기본 클래스의 멤버 함수와 같은 이름의 멤버 함수를 재정의 할 수 있다(즉, 덮어쓰기 가능). 멤버 함수가 호출된 경우 당연히 재정의한 함수가 호출되게 된다.

프로그램 8-14 멤버 함수 재정의

```
#include <iostream.h>
class A{
public:
    void func(){ cout << "class A" << endl ; }
};

class B : public A{
public:
    void func(){ cout << "class B" << endl ; }
};

class C : public B{
public:
    void func(){ cout << "class C" << endl ; }
};

void main(){
    C ob ;
    ob.func() ;
    ob.A::func() ;
    ob.B::func() ;
}
```

프로그램 8-14 실행 결과

```
class C
class A
class B
Press any key to continue
```

프로그램 8-14 해설

9번 : 클래스 A에서 상속받은 멤버 함수 func()를 재정의한 것이다.

14번 : 클래스 B에서 상속받은 멤버 함수 func()를 재정의한 것이다.

19번 : 클래스 C의 객체 ob를 통한 멤버 함수 func()는 14번에서 재정의한 멤버 함수가 호출된다.

20번 : 클래스 C의 객체 ob를 통해서 클래스 A의 멤버 함수 func()를 호출한다.

21번 : 클래스 C의 객체 ob를 통해서 클래스 B의 멤버 함수 func()를 호출한다.

8장 실습문제

01. 다음 프로그램을 컴퓨터에 실행시켜 보고 만약 에러가 발생하면 에러를 수정하시오.

```
#include <iostream.h>
class parent{
private:  int a ;
public:   void set_1(int i){ a=i ; }
          void output_1(){ cout << "a=" << a << endl ; }
};
class child : public parent{
private:   int b ;
public:   void set_2(int i){ b=i ; }
          void output_2(){ cout << "b=" << b << endl ; }
};
void main(){
          parent ob1 ;  child ob2 ;
          ob1.set_1(100) ; ob1.output_1() ; ob2.set_1(200) ;
          ob2.output_1() ; ob2.set_2(500) ; ob2.output_2() ;
}
```

02. 다음 프로그램을 컴퓨터에 실행시켜 보고 만약 에러가 발생하면 에러를 수정하시오.

```
#include <iostream.h>
class parent{
private:  int a ;
public:   void set_1(int i){ a=i ; }
          void output_1(){ cout << "a=" << a << endl ; }
};
class child : private parent{
private:  int b ;
public:   void set_2(int i){ b=i ; }
          void output_2(){ cout << "b=" << b << endl ; }
};
void main(){
          parent ob1 ;   child ob2 ;
          ob1.set_1(100) ; ob1.output_1() ; ob2.set_1(200) ;
          ob2.output_1() ; ob2.set_2(500) ; ob2.output_2() ;
}
```

03. 다음 프로그램을 컴퓨터에 실행시켜 보고 만약 에러가 발생하면 에러를 수정하시오.

```
#include <iostream.h>
class parent{
protected: char *name ;
public:     void set_1(char *n){ name=n ; }
};
class child : public parent{
private:     int age, height ;
public:     void set_2(int a, int h){ age=a ; height=h ; }
     void output_2(){
          cout << "name=" << name << endl ;
          cout << "age=" << age << ", height=" << height << endl ;
     }
};
void main(){
          child ob ;
          ob.set_1("Hong") ;  ob.set_2(6, 125) ;  ob.output_2() ;
}
```

04. 다음과 같은 파생에서 클래스 Z의 오브젝트를 초기화 할 때의 클래스 초기화 순서를 출력하도록 프로그램을 작성하시오.

```
class  A {/* .... */};
class  B {/* .... */};
class  X : A, B {/* .... */};
class  Y : B, A {/* .... */};
class  Z : X, Y {/* .... */};
```

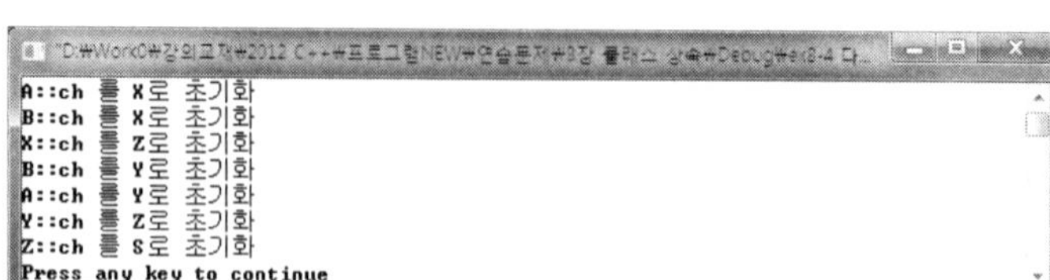

C.H.A.P.T.E.R

09

연산자 오버로딩

클래스 변수를 이용하여 프로그램을 작성하다 보면 클래스 변수끼리 덧셈, 뺄셈, 등의 연산이 필요한 경우가 발생한다. 그러나 일반 덧셈, 뺄셈 연산자를 사용하여 다음과 같은 연산식을 작성하면 컴파일 에러가 발생한다.

```
ob3 = ob1 + ob2 ;
```

그런데, C++에서는 기존의 연산자를 사용자가 임의로 변경하여 사용할 수 있도록 하는 연산자 오버로딩 기능을 제공한다.

연산자 오버로딩이란 C++에서 기본적으로 제공하는 연산자를 재정의하여 서로 다른 객체의 멤버들 간 연산을 수행할 수 있도록 하는 것이다. 연산자를 재정의하여도 연산자가 가지고 있는 본래의 기능은 상실되지 않는다.

9.1 연산자 함수

연산자를 오버로딩하려면 연산자 함수를 정의하여야 한다. 연산자 함수는 operator라는 예약어를 갖는 함수로 이때, 연산자 함수는 클래스의 멤버 함수이거나 프랜드 함수로 정의된다.

연산자 함수는 다음과 같은 형식으로 정의한다. op의 위치에는 오버로딩할 연산자(+, -, ++, --, ...)를 기술한다.

<table>
<tr><td>형식</td><td colspan="2">함수형 operator op (가인수형과 가인수의 리스트) {
    함수 본체
}</td></tr>
<tr><td rowspan="2">사용 예</td><td>void operator+ ( )</td><td>ob3 = ob1 + ob2</td></tr>
<tr><td>void operator- ( )</td><td>ob3 = ob1 - ob2</td></tr>
</table>

멤버 연산자 함수로 이항 연산자를 오버로딩할 때는 멤버 연산자 함수는 가

인수를 하나만 가지게 된다. 이때, 연산자의 우측에 기술한 객체 ob2가 멤버 연산자 함수의 가인수에 전달되며, 연산자 좌측에 기술한 객체 ob1이 멤버 연산자 함수를 호출하게 된다.

다음 프로그램 예제를 보면 쉽게 이해할 수 있을 것이다.

프로그램 9-1 연산자 함수

```
1  #include    <iostream.h>
2  class Sample{
3  private:
4      int x, y ;
5  public:
6      Sample(int a=0, int b=0):x(a), y(b){ }
7      void ShowXY() ;
8      Sample operator+ (Sample p) ;
9  };
10 void Sample::ShowXY(){
11     cout << "x=" << x << ",  y=" << y << endl ;
12 }
13 Sample Sample::operator+ (Sample p) {
14     Sample temp(x+p.x, y+p.y) ;
15     return temp ;
16 }
17 int main(void){
18     Sample ob1( 10 , 20 ) ;
19     Sample ob2( 30 , 40 ) ;
20     Sample ob3 = ob1 + ob2 ;
21     ob3.ShowXY() ;
22     return(0) ;
23 }
```

프로그램 9-1 실행 결과

```
x=40,  y=60
Press any key to continue
```

프로그램 9-1 해설

13번 : 연산자 +를 Sample형의 객체에 대해 오버로딩하였다.

20번 : ob1+ob2에서 덧셈 연산자 좌측에 위치한 객체 ob1에 의해 멤버 연산자 operator+()가 호출되고 덧셈 연산자 우측에 위치한 객체 ob2가 가인수에 전달되어, ob1.operator+(Sample ob2)의 형태로 실행된다. 이때, 멤버 연산자 함수는 객체 ob3와 동일한 클래스형의 객체 temp를 호출 측에 반환한다. 따라서 반환된 객체 temp가 객체 ob3에 대입된다.

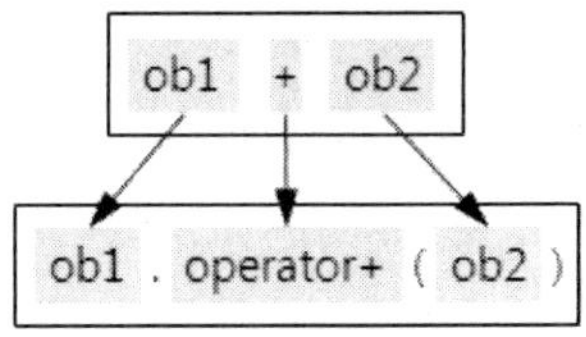

연산자 함수의 규칙

여기에서는 연산자 함수에 관한 규칙을 정리해 본다.

단항 연산자	인수 없는 멤버 함수 혹은 인수 1개의 프렌드 함수로 표현
2항 연산자	인수 1개의 멤버 함수 혹은 인수 2개의 프렌드 함수로 표현

연산자를 오버로드해도 연산자가 가지고 있는 본래의 기능은 상실되지 않는다. 다만 특정 클래스에 대해서만 적용되는 새로운 기능이 추가될 뿐이다.

연산자 오버로드를 사용하는 경우에 반드시 지켜야 할 제약이 있다.

① 연산자 본래의 우선순위나 결합규칙을 바꿀 수 없다.

② 연산자가 필요로 하는 데이터 항의 개수를 변경할 수 없다.

③ C++에서 사용하는 거의 모든 연산자들은 오버로드 할 수 있지만 다음 표의 연산자들은 오버로드 할 수 없다.

연산자	연산자 이름
.	멤버 참조 연산자
.*	포인트 멤버 참조 연산자
::	스코프 연산자
?:	조건 연산자

또한, 사용자가 독자적으로 새로운 연산자를 정의할 수는 없다.

9.2 단항 연산자의 오버로딩

이항 연산자 오버로딩과 단항 연산자 오버로딩의 가장 큰 차이점은 전달인자의 개수에 있다. 멤버 연산자 함수로 이항 연산자를 오버로드 할 때는 멤버 연산자 함수는 가인수를 하나만 가지게 된다. 그러나 데이터 항이 한 개인 단항 연산자를 멤버 연산자 함수로 오버로드 할 때는 멤버 연산자 함수는 가인수를 사용하지 않는다. 연산자 함수의 호출은 연산에 사용된 데이터 항이 하게 되며, 그 데이터 항만이 포인터 this에 의해 연산자 함수에 묵시적으로 전달된다.

프로그램 9-2 단항 연산자 오버로딩

```
1  #include    <iostream.h>
2  class Sample{
3  private:
4      int x, y ;
5  public:
6      Sample(int a=0, int b=0):x(a), y(b){ }
7      void ShowXY() ;
8      Sample operator++ () ;
9  };
10 void Sample::ShowXY(){
11     cout << "x=" << x << ",  y=" << y << endl ;
12 }
13 Sample Sample::operator++ () {
14     x++ ; y++ ;
15     return *this ;
16 }
17 int main(void){
18     Sample ob1( 10 , 20 ) ;
19     ++ob1 ;
20     ob1.ShowXY() ;
21     return(0) ;
22 }
```

프로그램 9-2 실행 결과

```
x=11,  y=21
Press any key to continue
```

프로그램 9-2 해설

13번 : 단항 연산자 ++를 오버로드 한다. 단항 연산자를 오버로드 할 때는 멤버 연산자 함수 operator++()는 가인수를 사용하지 않는다.

19번 : ++ob1에서 연산에 사용된 객체 ob1에 의해 멤버 연산자 함수 operator++()가 호출된다. ++ob1은 ob1.operator++()의 형태로 실행되어 객체 ob1의 데이터 멤버 x와 y를 각각 1씩 증가시킨다.

증가 연산자와 감소 연산자는 피연산자의 위치에 따라 의미가 달라진다. 다음 프로그램을 살펴보자.

```
1.  void main (void) {
2.      int a=10, b=10 ;
3.      cout << a++ << endl ;
4.      cout << ++b << endl ;
5.  }
```

3번 줄에서는 "선 연산, 후 증가"하므로 a의 값 10을 출력한 다음 a의 값을 1 증가시킨다. 4번 줄에서는 "선 증가, 후 연산"하므로 b의 값을 1 증가시킨 다음 11을 출력한다.

따라서 증감 연산자는 피연산자의 위치에 따라서 의미가 달라지므로 두 가지 형태로 오버로딩하여야만 한다. 즉, ++ob와 ob++가 서로 다른 의미를 갖도록 오버로딩하려면 operator++() 연산자 함수와 operator++(int) 연산자 함수를 함께 사용하면 된다. 연산이 ++ob인 경우에는 operator++() 연산자 함수가 호출되고, 연산이 ob++인 경우에는 operator++(int) 연산자 함수가 호출된다.

프로그램 9-3 증가 연산자 오버로딩

```
#include    <iostream.h>
class Sample{
private:
    int x, y ;
public:
    Sample(int a=0, int b=0):x(a), y(b){ }
    void ShowXY() ;
    Sample operator++ () ;
    Sample operator++ (int) ;
};
void Sample::ShowXY(){
    cout << "x=" << x << ",  y=" << y << endl ;
}
Sample Sample::operator++ () {
    Sample temp ;
    temp.x = ++x ;  temp.y = ++y ;
    cout << "전치 연산 ++ob 호출 \n" ;
    return temp ;
}
Sample Sample::operator++ (int) {
    Sample temp ;
    temp.x = x++ ;  temp.y = y++ ;
    cout << "후치 연산 ob++ 호출 \n" ;
    return temp ;
}
int main(void){
    Sample ob1(10, 20), ob2(10, 20), ob3, ob4 ;
    ob3 = ++ob1 ;
    cout << "ob1 : " ; ob1.ShowXY() ;
    cout << "ob3 : " ; ob3.ShowXY() ;
    ob4 = ob2++ ;
    cout << "ob2 : " ; ob2.ShowXY() ;
    cout << "ob4 : " ; ob4.ShowXY() ;
    return(0) ;
}
```

프로그램 9-3 실행 결과

```
전치 연산 ++ob 호출
ob1 : x=11,  y=21
ob3 : x=11,  y=21
후치 연산 ob++ 호출
ob2 : x=11,  y=21
ob4 : x=10,  y=20
Press any key to continue
```

프로그램 9-3 해설

14번 : 전치 연산자 함수의 정의

20번 : 후치 연산자 함수의 정의

28번 : 연산이 ++ob1이므로 operator++() 연산자 함수가 호출된다.

31번 : 연산이 ob2++이므로 operator++(int) 연산자 함수가 호출된다.

9.3 관계 연산자의 오버로딩

관계 연산자(> , < , >= , <= , == , !=)와 논리 연산자(&& , || , !)은 연산 결과가 참이면 결과 값이 1이고 거짓이면 0이 된다. 관계 연산자나 논리 연산자가 갖고 있는 본래의 기능이 객체에 대해 동작하도록 오버로딩하려면 멤버 연산자 함수 operator()가 호출 측에 객체를 반환하는 것이 아니라 1 또는 0, 혹은 true 또는 false를 반환하도록 정의해야 한다.

프로그램 9-4 관계 연산자 오버로딩

```
#include    <iostream.h>
class Sample{
private:
    int x, y ;
public:
    Sample(int a=0, int b=0):x(a), y(b){ }
    void ShowXY() ;
    bool operator!= (Sample ob) ;
};
void Sample::ShowXY(){cout << "x=" << x << ",  y=" << y << endl ;}
bool Sample::operator!= (Sample ob) {
    if (x!=ob.x || y!=ob.y) return true ;
    else return false ;
}
int main(void){
    Sample ob1(10, 20), ob2(10, 20), ob3(20, 20) ;
    if (ob1 != ob2) cout << "ob1 != ob2" << endl ;
    else cout << "ob1 == ob2" << endl ;
    if (ob2 != ob3) cout << "ob2 != ob3" << endl ;
    else cout << "ob2 == ob3" << endl ;
    return(0) ;
}
```

프로그램 9-4 실행 결과

```
ob1 == ob2
ob2 != ob3
Press any key to continue
```

프로그램 9-4 해설

11번 : 관계 연산자 !=을 Sample형의 객체에 대해 오버로드하였다.

17번 : ob1!=ob2에서 관계 연산자 좌측에 위치한 객체 ob1에 의해 멤버 연산자 함수 operator!=()가 호출되고 관계 연산자 우측에 위치한 객체 ob2가 가인수에 전달된다. 따라서 ob1!=ob2는 ob1.operator != (Sample ob2)의 형태로 실행되고 true 또는 false가 호출 측에 반환된다.

9.4 대입 연산자의 오버로딩

대입 연산자를 오버로딩하는 함수도 프로그래머가 정의해 주지 않으면 "디폴트 대입 연산자"라는 이름으로 제공된다. 즉, 다음 프로그램과 같이 멤버 대 멤버를 복사하는 얕은 복사의 형태로 정의된다.

프로그램 9-5 대입 연산자 오버로딩

```
#include    <iostream.h>
class Sample{
private:
    int x, y ;
public:
    Sample(int a=0, int b=0):x(a), y(b){ }
    void ShowXY() ;
    Sample operator= (Sample ob) ;
};
void Sample::ShowXY(){cout << "x=" << x << ",  y=" << y << endl ;}
Sample Sample::operator= (Sample ob) {
    x = ob.x ;
    y = ob.y ;
    return *this ;
}
int main(void){
    Sample ob1(10, 20), ob2(20, 40), ob3 ;
    ob3 = ob2 = ob1 ;
    cout << "ob1 : " ; ob1.ShowXY() ;
    cout << "ob2 : " ; ob2.ShowXY() ;
    cout << "ob3 : " ; ob3.ShowXY() ;
    return(0) ;
}
```

프로그램 9-5 실행 결과

```
ob1 : x=10,  y=20
ob2 : x=10,  y=20
ob3 : x=10,  y=20
Press any key to continue
```

9.5 출력 연산자의 오버로딩

출력 연산자 “<<”은 전역함수에 의한 오버로딩 방식을 택해야 한다.

프로그램 9-6 출력 연산자 오버로딩

```
1  #include    <iostream.h>
2  class Sample{
3  private:
4      int x, y ;
5  public:
6      Sample(int a=0, int b=0):x(a), y(b){ }
7      friend ostream& operator<< (ostream& os, const Sample &ob) ;
8  };
9  ostream& operator<< (ostream& os, const Sample &ob){
10     os << " [ " << ob.x << " , " << ob.y << " ]" << endl ;
11     return os ;
12 }
13 int main(void){
14     Sample ob1(10, 20), ob2(20, 40) ;
15     cout << "ob1 = " << ob1 ;
16     cout << "ob2 = " << ob2 ;
17     return(0) ;
18 }
```

프로그램 9-6 실행 결과

```
ob1 =  [ 10 , 20 ]
ob2 =  [ 20 , 40 ]
Press any key to continue
```

프로그램 9-6 해설

9번 : 9번에서 정의한 함수는 cout을 인자로 받는다. 따라서 ostream 객체를 받는다. 즉 “cout<<p”문장은 “operator<<(cout, p)”와 같이 해석된다.

9장 실습문제

01. main() 함수에서 뺄셈 연산이 가능하도록 연산자를 오버로딩하시오.

```
int main(void){
        Sample ob1( 90 , 50 ) ;
        Sample ob2( 30 , 40 ) ;
        Sample ob3 = ob1 - ob2 ;
        ob3.ShowXY() ;
        return(0) ;
}
```

```
x=60,  y=10
Press any key to continue_
```

02. main() 함수에서 감소 연산이 가능하도록 연산자를 오버로딩하시오.

```
int main(void){
        Sample ob1(10, 20), ob2(10, 20), ob3, ob4 ;
        ob3 = --ob1 ;
        cout << "ob1 : " ; ob1.ShowXY() ;
        cout << "ob3 : " ; ob3.ShowXY() ;
        ob4 = ob2-- ;
        cout << "ob2 : " ; ob2.ShowXY() ;
        cout << "ob4 : " ; ob4.ShowXY() ;
        return(0) ;
}
```

```
전치 연산 --ob 호출
ob1 : x=9,  y=19
ob3 : x=9,  y=19
후치 연산 ob-- 호출
ob2 : x=9,  y=19
ob4 : x=10,  y=20
Press any key to continue
```

03. main() 함수에서 관계 연산이 가능하도록 연산자를 오버로딩하시오.

```
int main(void){
        Sample ob1(50, 40), ob2(10, 20), ob3(20, 20) ;
        if (ob1 >= ob2) cout << "ob1 >= ob2" << endl ;
        else cout << "ob1 <= ob2" << endl ;
        if (ob2 >= ob3) cout << "ob2 >= ob3" << endl ;
        else cout << "ob2 <= ob3" << endl ;
        return(0) ;
}
```

```
ob1 >= ob2
ob2 <= ob3
Press any key to continue
```

04. main() 함수에서 객체 연산이 가능하도록 연산자를 오버로딩하시오.

```
int main(void){
        Sample ob1(10, 20), ob2(20, 40), ob3 ;
        ob3 = ob2 + ob1 ;
        cout << "ob1 : " ; ob1.ShowXY() ;
        cout << "ob2 : " ; ob2.ShowXY() ;
        cout << "ob3 : " ; ob3.ShowXY() ;
        return(0) ;
}
```

```
ob1 : x=10,  y=20
ob2 : x=20,  y=40
ob3 : x=30,  y=60
Press any key to continue
```

C.H.A.P.T.E.R

10

파일 입출력

지금까지 출력 스트림 cout이 화면에, 입력 스트림 cin이 키보드로부터라 생각하고 사용해 왔다. 이들 스트림을 각각 표준 출력 스트림(standard output stream), 표준 입력 스트림(standard input stream)이라 부른다.

C++가 제공하는 스트림은 이 두 스트림을 포함하여 다음과 같은 4 종류가 있다. 헤더 파일 <iostream.h>를 포함시키면 이 스트림들은 C++ 프로그램을 실행할 때 자동적으로 열린다.

cin	표준 입력 스트림	istream 클래스형
cout	표준 출력 스트림	ostream 클래스형
cerr	표준 에러 스트림	ostream 클래스형
clog	표준 에러 스트림	ostream 클래스형

그러나 입출력은 키보드와 모니터 등의 표준 입출력 스트림을 통해서만 이루어지는 것은 아니다. 출력 결과를 디스크 파일로 보내어 저장된 결과를 나중에 필요한 상황에서 다시 사용할 수 있도록 구성할 수 있으며, 입력의 경우에도 표준 입력이 아닌 디스크 파일로부터 진행되도록 할 수 있다.

C++에는 파일 입출력을 위해서 다음과 같은 세 가지의 클래스를 제공하며, 이들은 iostream에서 상속받은 것으로 <fstream.h>라는 헤더 파일에 정의되어 있다. 그러므로 파일을 다루려면 이 헤더 파일을 포함시켜야 한다.

파일 입출력 클래스	동작
ifstream	파일로부터 읽기 위한 스트림 클래스
ofstream	파일에 쓰기 위한 스트림 클래스
fstream	입출력 동작 모두를 위한 스트림 클래스

표준 입출력 동작을 위해서는 cout, cin 등과 같이 스트림 객체가 자동적으로 선언되지만 파일 스트림 객체는 사용자가 직접 프로그램 상에서 선언해야 하고, 파일을 열고 닫는 것이 필요하다.

10.1 파일 쓰기와 읽기

파일로부터 데이터를 읽거나 파일에 데이터를 쓰기 위해서는 먼저 파일을 열어야 한다. 그리고 해당 파일의 사용이 끝나면 닫아 주어야 한다.

다음 간단한 프로그램 예를 통하여 파일을 오픈하고 파일에 문자열을 기록하는 방법을 알아보자. 컴파일하고 실행시키면 화면에 파일이 작성되었다고 나타난다. test.txt 파일을 윈도우의 메모장으로 확인해 보자.

프로그램 10-1 파일 쓰기

```
1 #include <fstream.h>
2 void main(){
3     ofstream fout;
4     fout.open("test.txt");
5     fout << "C++ Programming" ;
6     cout << "test.txt 파일이 작성되었습니다." << endl ;
7     fout.close();
8 }
```

프로그램 10-1 실행 결과

프로그램 10-1 해설

1번 : 헤더 파일 <fstream.h>를 포함시켜야 하고 이 fstream 클래스는 iostream 클래스에서 상속된 것이므로 <iostream.h>는 포함시키지 않아도 된다.

3번 : fout이라는 ofstream 객체를 생성한다.

4번 : open 메소드를 이용하여 "test.txt" 파일을 오픈한다. 이 문장으로 인하여 "test.txt"라는 파일이 하나 생성된다.

3번과 4번은 다음과 같이 쓸 수 있다.

ofstream fout ("test.txt") ;

이것은 객체 생성과 파일 오픈이 동시에 이루어지는 것이다.

5번 : 파일 객체인 fout에 문자열 “C++ Programming”을 기록한다. 만약 “test.txt”라는 이름의 파일이 이미 존재하면 기존의 파일 내용을 모두 지운 다음 처음부터 새로 기록하고, 이런 이름의 파일이 없으면 새로운 파일을 생성하여 기록한다.

7번 : 파일의 연결을 끊는다.

이번에는 앞에서 기록한 파일을 읽어 보자.

프로그램 10-2 파일 읽기

```
1  #include <fstream.h>
2  void main(){
3      ifstream fin ;
4      fin.open("test.txt") ;
5      char ch ;
6      fin >> ch ; // 파일에서 한 문자 읽음
7      cout << ch << endl ;
8      char buf[80] ;
9      fin >> buf ; // 파일에서 한 단어 읽음
10     cout << buf << endl;
11     fin.getline(buf, 80); // 파일에서 한 줄 읽음
12     cout << buf << endl;
13     fin.close();
14 }
```

프로그램 10-2 실행 결과

```
C
++
 Programming
Press any key to continue
```

프로그램 10-2 해설

6번 : 파일에서 한 문자를 읽어 들인다.

12번 : 파일에서 한 단어를 읽어 들인다.

17번 : 파일에서 한 줄을 읽어 들인다.

파일을 처리할 때 파일 내의 데이터를 읽고 쓰는 위치를 나타내는 파일 포인터가 존재하게 된다. 파일을 오픈하면 파일 포인터는 파일 내의 제일 앞(①)에 위치하게 되어 파일의 가장 첫 번째 데이터부터 읽게 되어 있다. 그런데 일단 데이터를 한번 읽으면 파일 포인터가 읽은 데이터의 크기만큼 증가하여 다음 데이터를 읽을 때에는 직전에 읽은 데이터의 다음부터 읽게 된다.

즉 프로그램 6번 줄에서 문자 하나를 읽은 다음에는 읽기 위치가 그림의 ② 번으로 옮겨진다. 그러므로 9번 줄에서 한 단어를 읽으면 "++"만 읽혀진다. 계속해서 읽기 위치가 그림의 ③번으로 옮겨지고, 11번 줄에서는 ③번부터 끝까지 읽혀진다.

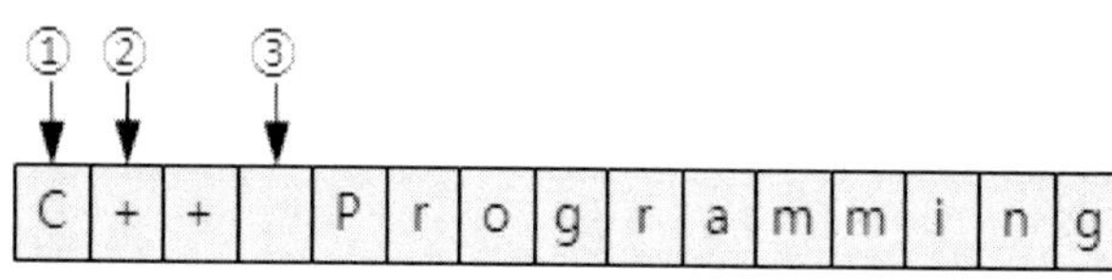

파일 이름과 비밀 번호를 입력받아 이를 파일에 기록하고, 다시 파일에서 읽어 그 내용을 화면에 출력하는 프로그램을 작성해 보자.

프로그램 10-3 파일 입출력

```
#include <fstream.h>
void main(){
    char filename[20]=" ";
    cout << "Input new filename (pswd.txt) : ";
    cin >> filename;

    ofstream fout(filename) ;
    cout << "Input your password : ";

    long pswd ;
    cin >> pswd ;
    fout << "> Your password is " << pswd << endl ;
    fout.close() ;

    ifstream fin(filename) ;
    cout << "\n" << filename << "파일 내용 : " ;

    char ch ;
    while(fin.get(ch)) cout << ch ;

    fin.close();
}
```

프로그램 10-3 실행 결과

```
Input new filename (pswd.txt) : pswd.txt
Input your password : 123456

pswd.txt파일 내용 : > Your password is 123456
Press any key to continue
```

프로그램 10-3 해설

7번 : 입력한 이름의 파일을 쓰기용으로 오픈한다.

12번 : 입력한 비밀 번호를 파일에 기록한다.

15번 : 입력한 이름의 파일을 읽기용으로 오픈한다.

19번 : 파일에서 읽은 내용을 화면에 출력한다.

10.2 파일 모드

파일 모드는 파일을 오픈 할 때 파일을 읽을 것인지, 쓸 것인지 아니면 뒤에 내용을 덧붙여 추가할 것인지 등의 파일의 사용 목적을 나타내고자 할 때 사용한다. 파일 스트림의 객체를 생성하여 초기화할 때나 open() 메소드를 사용할 때 두 번째 전달 인자로 이 파일 모드를 사용하며, 첫 번째 전달 인자는 파일명이어야 한다.

예를 들면,

```
ofstream fout ( "OUTPUT", ios::out ) ;  // 파일을 쓰기위해 연다.
ifstream  fin ( "INPUT", ios::in ) ;     // 파일을 읽기 위해 연다.
fstream  file ("INOUT", ios::in | ios::out); // 파일을 입출력용으로 연다.
```

과 같이 쓰면 된다.

이들 정의의 의미를 다음 표에 보였다.

ios::in	입력용으로 오픈한다(파일 쓰기).
ios::out	출력용으로 오픈한다(파일 읽기).
ios::ate	파일을 오픈 할 때 파일 끝까지 탐색한다. 파일의 어느 위치에서도 써넣을 수 있다.
ios::app	파일의 끝에 덧붙여 쓰기 위해 오픈한다. 파일 포인터를 파일의 가장 뒤로 옮겨 데이터를 파일 끝에 추가한다.
ios::trunc	파일이 존재하는 경우는 그 내용을 버림
ios::nocreate	파일이 존재하지 않으면 오픈하지 않는다.
ios::noreplace	파일이 존재하는 경우 ate 혹은 app가 지정되어 있지 않으면 출력용 오픈을 하지 않는다.
ios::binary	바이너리 모드로 오픈한다. 이것을 설정하지 않으면 텍스트 모드로 오픈한다.
ios::out | ios::app	쓰기 위해 오픈하며 덧붙이기만 한다. 결코 잘라내지 않는다.
ios::out | ios::trunc	쓰기 위해 오픈하고 이미 존재하면 파일을 잘라낸다.
ios::in | ios::out	읽기와 쓰기를 위해 오픈하며 파일에 쓰기는 어디서나 허용한다.
ios::in | ios::out | ios::trunc	읽기와 쓰기를 위해 오픈하며 이미 존재하면 파일을 먼저 잘라낸다.

앞에서 기록한 "test.txt" 파일에 데이터를 추가해 보자. 프로그램을 실행시킨 다음 문자열을 입력하고 Enter↵키를 누르면 test.txt 파일에 입력한 문자열이 추가된다.

프로그램 10-4 데이터 추가

```
#include <fstream.h>
const char *filename = "test.txt" ;
void main(){
    char name[10] ;
    ofstream fout (filename, ios::out | ios::app) ;
    cout << "Input data : " ; cin >> name ;
    fout << name << endl ;
    fout.close() ;
}
```

프로그램 10-4 실행 결과

```
Input data : Kang
Press any key to continue
```

프로그램 10-4 해설

5번 : 파일 객체 fout을 파일에 덧붙여 쓰기 위한 모드로 오픈한다.

7번 : 6번에서 입력한 데이터를 파일에 추가한다.

앞에서 데이터를 추가한 파일을 복사해 보자. 파일을 복사한다는 것은 원본 파일에 있는 데이터를 읽어서 그대로 목표 파일에 쓰는 것이다. 이때 원본 파일은 읽기로 오픈하고 목표 파일은 쓰기로 오픈한다.

프로그램 10-5 파일 복사

```
#include <fstream.h>
ifstream read_file ;
ofstream write_file ;
void main(){
    char read_filename[12] ;
    char write_filename[12] ;
    char read_char ;
    cout << "파일 복사 프로그램 \n" ;
    cout << "Input source file name : " ;
    cin >> read_filename ;
    cout << "Input target file name : " ;
    cin >> write_filename ;
    read_file.open (read_filename, ios::in) ;
    write_file.open (write_filename, ios::out) ;
    cout << "파일 복사 중 \n" ;
    while(read_file.get(read_char)){
        write_file.put(read_char) ;
    }
    cout << "파일이 복사되었습니다 \n" ;
    read_file.close() ;
    write_file.close() ;
}
```

프로그램 10-5 실행 결과

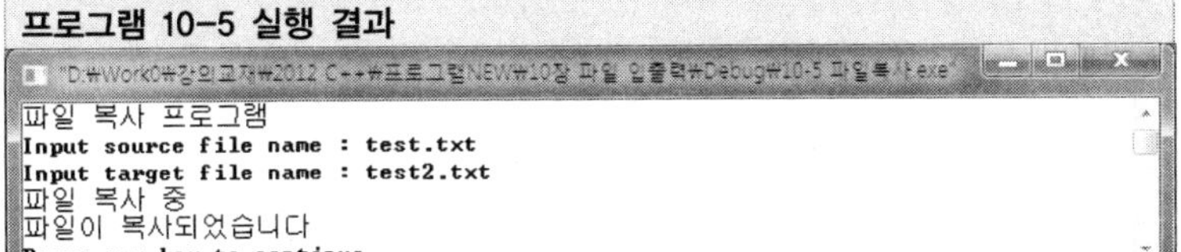

프로그램 10-5 해설

2번 : 원본 파일 객체 생성

3번 : 목표 파일 객체 생성

13번 : 원본 파일을 읽기로 오픈한다.

14번 : 목표 파일을 쓰기로 오픈한다.

16~17번 : 파일을 복사한다. 16번에서 한 문자씩 읽어 17번에서 파일에 쓴다. test.txt 파일이 test2.txt 파일로 복사된 것을 확인할 수 있을 것이다.

10.3 임의 접근(랜덤 액세스)

파일 스트림에서는 파일 내의 위치를 지정해주는 입력 포인터와 출력 포인터가 있다. 이들 포인터의 위치를 적당히 조정해주면 파일의 입출력 동작 순서에 따른 순차적 입출력이 아닌 임의의 파일의 위치에서 랜덤하게 액세스하여 입출력할 수 있다. 즉, istream, ostream 클래스에서 정의된 다음의 멤버 함수를 사용하면 파일 내의 특정 위치로 이동이 가능하다.

랜덤 액세스 함수	의 미
seekg (n , seek_dir) ;	지정된 파일의 시작 위치 seek_dir로부터 n번째 문자 위치로 입력 포인터를 이동
seekp (n , seek_dir) ;	지정된 파일의 시작 위치 seek_dir로부터 n번째 문자 위치로 출력 포인터를 이동
tellg (void) ;	입력 포인터의 현재 위치를 반환
tellp (void) ;	출력 포인터의 현재 위치를 반환

그리고 seek_dir은 다음과 같이 정의되어 있다.

seek_dir	의 미
beg	파일의 시작
cur	파일의 현재 위치
end	파일의 끝

앞 프로그램에서 기록한 파일 "test.txt"에서 5번째 위치의 문자를 출력하는 프로그램을 작성해 보자.

프로그램 10-6 임의 접근

```
1  #include <fstream.h>
2  void main(){
3      char ch ;
4      int n ;
5      ifstream read_file ("test.txt", ios::in) ;
6      cout << "Input number : " ; cin >> n ;
7      read_file.seekg(n-1, ios::beg) ;
8      read_file.get(ch) ;
9      cout << n << " 번째의 문자 = " << ch << endl ;
10     read_file.close() ;
11 }
```

프로그램 10-6 실행 결과

```
Input number : 5
5 번째의 문자 = P
Press any key to continue
```

프로그램 10-6 해설

7번 : 파일 포인터를 n-1의 위치로 이동시킨다. 파일 포인터는 0부터 시작하므로 n-1로 입력 숫자에서 1을 감소시켜준다. "ios::beg"는 파일의 시작을 나타낸다. 따라서 파일의 선두에서 5번째의 문자 'P'가 출력된다.

10장 실습문제

01. 다음 그림과 같이 데이터를 파일에 저장할 수 있는 프로그램을 작성하시오.

02. 위 프로그램에서 기록한 파일로부터 데이터를 읽어서 다음 그림과 총점과 평균값을 출력하는 프로그램을 작성하시오.

03. 영문 대문자와 소문자가 혼용되어 있는 파일을 모두 대문자로 변환하여 새로운 파일로 저장하는 프로그램을 작성하시오.

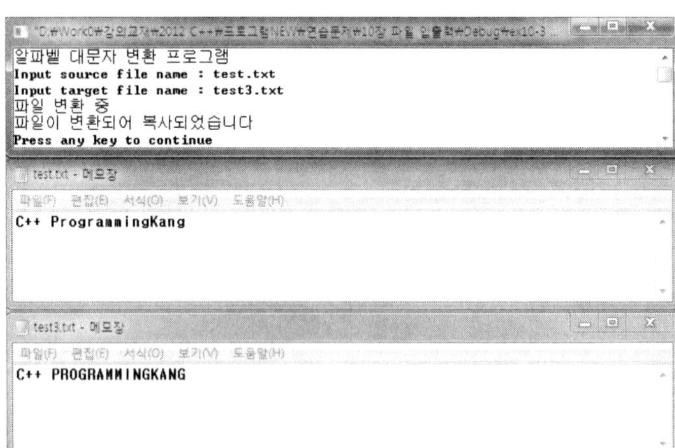

C.H.A.P.T.E.R 11

템플릿과 가상 함수

11.1 함수 템플릿

프로그램을 작성하다 보면 인수의 데이터형과 함수의 반환 값이 서로 다를 뿐, 함수의 내부 구조가 동일한 함수를 사용해야 하는 경우가 발생한다. 이 경우에 데이터형별로 여러 개의 함수를 작성하여야 하는 번거로움이 발생한다. 그런데, C++의 오버로드 기능을 이용하면 서로 다른 유형의 데이터를 사용해서 비슷한 작업을 수행하는 함수를 동일 이름으로 정의할 수 있었다. 그러나 서로 다른 유형의 반환값을 돌려주는 경우에는 각각 별개의 함수이름으로 정의해야 한다.

그런데, 이 경우에는 템플릿(Template) 기능을 이용하면 서로 나른 유형의 반환값을 돌려줄 수 있는 함수를 작성할 수 있다. 템플릿은 C++에 새롭게 추가된 기능으로 하나의 함수나 하나의 클래스가 여러가지 형태의 데이터형을 구분하지 않고 동작하게 된다.

즉, 템플릿은 다음과 같이 정의할 수 있다.

> 기능은 정해져 있고 자료형은 정해져 있지 않다.

다음 int형의 데이터를 더하는 함수를 살펴보자.

```
int add(int x, int y){
     return x+y ;
}
```

위 함수의 기능은 두 개의 데이터를 더하는 것이고, 대상이 되는 자료형은 int형으로 정해져 있다. 만약에 이 함수를 다음과 같이 템플릿으로 구현한다면 자료형은 결정되지 않는다.

```
template <typename T>
T add( T x, T y){
        return x+y ;
}
```

함수 템플릿에서 T는 함수에서 사용하는 데이터형을 지정하는 식별자로, 자료형을 결정짓지 않겠다는 의미로 템플릿의 범용 데이터 인수라는 것을 나타낸다. 따라서 어떤 특정한 데이터형으로 함수를 호출할 때 컴파일러는 T를 실제의 데이터형으로 교체해 처리해 준다. 또한 T라는 문자 대신 다른 문자를 사용해도 된다.

예약어 typename은 class라는 키워드를 사용해도 된다.

즉, 다음 두 선언은 같은 의미를 가진다.

```
"template <typename T>" == "template <class T>"
```

템플릿으로 정의한 함수를 사용하는 예제를 살펴보자.

프로그램 11-1 함수 템플릿 1

```
#include    <iostream.h>
template <typename T>
T add( T x, T y){
    return x+y ;
}
void main(void){
    cout << add(10, 20) << endl ;
    cout << add(1.2, 2.5) << endl ;
}
```

프로그램 11-1 실행 결과

```
30
3.7
Press any key to continue_
```

프로그램 11-1 해설

7번 : add() 함수를 호출하면서 인자로 int형 데이터를 전달하고 있다. 이 경우 템플릿으로 정의되어 있는 add 함수의 T는 int로 인식되어 정수형 덧셈을 하게 된다.

8번 : add() 함수를 호출하면서 인자로 double형 데이터를 전달하고 있다. 이 경우 템플릿으로 정의되어 있는 add 함수의 T는 double로 인식되어 실수형 덧셈을 하게 된다.

즉, 템플릿으로 정의된 함수의 자료형이 결정되는 시점은 인자가 전달되는 순간이다.

앞에서 정의한 템플릿 add() 함수를 add(1, 1.5)와 같이 호출하는 경우, 첫 번째 전달 인자는 int형이고, 두 번째 전달 인자는 double형이므로 T는 어떤 자료형을 선택해야 할지 모른다. 따라서 이런 경우에는 에러가 발생한다.

이러한 문제점을 극복하기 위해서는 둘 이상의 타입에 대해서 템플릿을 선언하면 된다.

다음 프로그램 예를 살펴보자.

프로그램 11-2 함수 템플릿 2

```
#include    <iostream.h>
template <typename T1, typename T2>
void Prn( T1 x, T2 y){
    cout << "x=" << x << " , y=" << y << endl ;
}
void main(void){
    Prn ( 10, 20) ;
    Prn ( 12, 2.5) ;
}
```

프로그램 11-2 실행 결과

```
x=10 , y=20
x=12 , y=2.5
Press any key to continue
```

프로그램 11-2 해설

2번 : 2번 줄에 선언한 문장은 "T1과 T2라는 이름에 대해서, 다음에 정의하는 대상을 템플릿으로 선언한다."는 의미를 갖고 있다. 따라서 함수 호출 시에 결정될 수 있는 자료형은 두 가지가 된다. 즉, T1과 T2는 같은 자료형으로 해석될 수도 있지만, 다른 자료형으로 해석될 수도 있다.

7번 : 함수 호출 시에 int형 데이터 둘을 인자로 전달하고 있다. 따라서 T1과 T2 모두 int형으로 인식되어 호출된다.

8번 : 함수 호출 시에 첫 번째 인자는 int형 정수를, 두 번째 인자는 double형 실수를 전달하고 있다. 따라서 T1은 int로, T2는 double로 인식된다.

전달된 인자를 참조해서 차지하는 메모리 크기를 바이트 단위로 반환하는 함수를 템플릿으로 작성한다면 다음과 같이 작성할 것이다.

```
template <typename T>
int MemorySize ( T x ){
        return sizeof( x ) ;
}
```

함수 템플릿을 다음과 같이 호출하면 결과는 4, 8, 4가 된다.

```
cout << MemorySize ( 10 ) ;
cout << MemorySize ( 1.5 ) ;
cout << MemorySize ( "string" ) ;
```

첫 번째와 두 번째는 int형과 double형의 크기가 정확하게 얻어진다. 그러나 세 번째의 경우에는 문자열 "string"을 전달하고 있으나 이는 문자열이기 전에 char형 포인터이므로 포인터의 크기 4가 반환된다. 따라서 전달되는 인자가 문자열을 가리키는 포인터일 경우 문자열의 길이가 반환되기 위해서는 다음과 같은 연산을 해 주어야 한다.

```
return strlen (x) ;
```

이러한 문제는 템플릿 특수화라는 문법적 요소를 사용하면 해결된다. 다음 예제를 살펴보자.

프로그램 11-3 특수 템플릿

```
1  #include <iostream.h>
2  #include <string.h>
3  template <typename T>
4  int MemorySize( T x ){
5      return sizeof(x) ;
6  }
7  template <>
8  int MemorySize( char* x ){
9      return strlen(x) ;
10 }
11 void main(void){
12     cout << MemorySize( 10 ) << endl ;
13     cout << MemorySize( 1.5 ) << endl ;
14     cout << MemorySize( "string" ) << endl ;
15 }
```

프로그램 11-3 실행 결과

```
4
8
6
Press any key to continue
```

프로그램 11-3 해설

3번 : MemorySize() 함수를 호출하면서 인자 x를 전달하면 x의 자료형에 따라 4번의 함수의 T가 x의 자료형으로 인식되어 호출된다.

7번 : 함수 템플릿의 특수화 선언

8번 : 그러나 전달되는 인자가 char 포인터형이라면 8번에 정의된 함수가 호출된다. 즉, 8번에 정의된 함수는 char 포인터형에 대해서만 특수화되어 있다.

11.2 클래스 템플릿

클래스 템플릿도 함수 템플릿과 같은 개념으로 접근하면 어려울 것이 없다. 클래스 템플릿은 다음과 같이 정의된다.

```
template <typename T>
class 클래스명 {
        // 멤버 정의
}
```

다음 프로그램 예를 살펴보자.

프로그램 11-4 클래스 템플릿 1

```
1  #include    <iostream.h>
2  template <typename T>
3  class Sample{
4      T data ;
5      public:
6          Sample(T d){ data = d ; }
7          T GetData(){ return data ; }
8  };
9  void main(void){
10     Sample <int> ob1(500) ;
11     Sample <char> ob2('a') ;
12     cout << "ob1.data=" << ob1.GetData() << endl ;
13     cout << "ob2.data=" << ob2.GetData() << endl ;
14 }
```

프로그램 11-4 실행 결과

```
ob1.data=500
ob2.data=a
Press any key to continue
```

프로그램 11-4 해설

2번 : 클래스를 T라는 이름에 대해서 템플릿화한다.

4번 : 멤버 변수를 비롯해서 여러 부분에서 자료형을 T로 선언한다.

10번 : T를 int로 간주하고 객체 ob1을 선언한다.

11번 : T를 char로 간주하고 객체 ob2를 선언한다.

클래스 템플릿도 클래스 외부에서 멤버 함수를 정의할 수 있다. 다음과 같이 정의한다.

```
template <typename T>
함수형 클래스명 <T> :: 멤버함수명 ( T  가인수 ) {
        함수 본체
}
```

위의 프로그램의 멤버 함수와 생성자를 클래스 외부에서 정의하여 본다.

프로그램 11-5 클래스 템플릿 2

```
1  #include    <iostream.h>
2  template <typename T>
3  class Sample{
4      T data ;
5      public:
6          Sample(T d) ;
7          T GetData() ;
8  };
9  template <typename T>
10 Sample<T>::Sample(T d){ data = d ; }
11 template <typename T>
12 T Sample<T>::GetData(){ return data ; }
13 void main(void){
14     Sample <int> ob1(500) ;
15     Sample <char> ob2('a') ;
16     cout << "ob1.data=" << ob1.GetData() << endl ;
17     cout << "ob2.data=" << ob2.GetData() << endl ;
18 }
```

프로그램 11-5 해설

9번 : 클래스 템플릿 외부에서 멤버 함수를 정의할 때는 template <typename T>을 써준다.

11.3 가상 함수

앞에서 다룬 오버로딩 개념은 컴파일 시간에 다형성을 지원하기 위한 개념이다. 이에 반해 가상 함수는 실행시간에 동적 바인딩을 이루어 다형성을 지원하기 위한 개념이다.

원칙적으로 C++ 언어는 컴파일 시간에 함수 호출문에 대해서 함수가 저장된 주소로 제어를 이동하는 지시문을 생성하지만 그 함수가 가상 함수일 경우에는 실행시간에 실제 호출한 함수의 주소를 생성하여 호출하도록 한다.

C++ 언어의 가상 함수는 동적 바인딩 개념을 사용하기 때문에 실행시간에 대한 오버헤드를 초래한다. 그럼에도 불구하고 가상 함수를 사용하는 이유는 프로그램 개발에 유연성을 제공하기 위함이다.

가상 함수는 상속의 개념과 함께 지원되며 기본 클래스에서 virtual이라는 키워드를 사용하여 선언하고 파생 클래스에서는 virtual이라는 키워드를 사용하지 않고 단지 가상 함수로 선언된 함수를 그대로 선언하여 재정의하게 된다.

가상 함수의 재정의는 함수 오버로드와 비슷해 보이지만 전혀 다른 개념이다. 함수 오버로드에서는 인수의 개수와 데이터형이 달라야 하지만 가상 함수의 재정의에서는 인수의 개수와 데이터형, 그리고 반환값의 데이터형이 같아야 한다. 또한 가상 함수는 클래스의 멤버이어야 한다.

가상 함수를 재정의하는 것을 오버라이딩(overriding)이라고 한다.

프로그램 11-6 가상 힘수 1

```
1 #include   <iostream.h>
2 class Parent{
3 public :
4     virtual void Func() { cout << "Parent-Func" << endl ; }
5 };
6
7 class Child1 : public Parent {
8 public :
9     void Func() { cout << "Child1-Func" << endl ; }
10 };
11
12 class Child2 : public Parent {
13 public :
14
15 };
16
17 void main(void){
18     Parent * ob = new Parent() ;
19     ob->Func() ;
20     Child1 * ob1 = new Child1();
21     ob1->Func() ;
22     Child2 * ob2 = new Child2();
23     ob2->Func() ;
24 }
```

프로그램 11-6 실행 결과

```
Parent-Func
Child1-Func
Parent-Func
Press any key to continue
```

프로그램 11-6 해설

4번 : Parent 클래스에서 함수 Func()를 가상 함수로 정의하였다.

9번 : 파생 클래스 Child1에서 함수 Func()를 오버라이드하였다.

12반 : 파생 클래스 Child2에서는 함수 Func()를 오버라이드하지 않았다.

19번 : Parent의 Func()를 참조한다.

21번 : Child1의 Func()를 참조한다.

23번 : Parent의 Func()를 참조한다.

다음 프로그램은 클래스 A의 함수 fun()을 가상 함수로 선언하고 있으며 클래스 A의 파생 클래스인 B와 C, 클래스 B의 파생 클래스인 D에서도 각각 자신의 메소드로서 fun()을 재정의하고 있다. 여기에서 클래스 A의 함수 fun()에 virtual을 사용하였을 경우와 virtual을 삭제하였을 경우, 각각 결과가 달라진다.

프로그램 11-7 가상 힘수 2

```
#include    <iostream.h>
class A{
public :
    virtual char fun() { return 'A' ; }
    char test() { return fun() ; }
};
class B : public A { public : char fun() { return 'B' ; } };
class C : public A { public : char fun() { return 'C' ; } };
class D : public B { public : char fun() { return 'D' ; } };
void main(void){
    A a ;   B b ;   C c ;   D d ;
    cout << a.test() << endl ;
    cout << b.test() << endl ;
    cout << c.test() << endl ;
    cout << d.test() << endl ;
}
```

프로그램 11-7 실행 결과 1(virtual 사용 시)

```
A
B
C
D
Press any key to continue
```

프로그램 11-7 실행 결과 2(vrtual 삭제 시)

```
A
A
A
A
Press any key to continue
```

프로그램 11-7 해설

부모 클래스 A의 멤버 함수 fun()을 virtual로 선언하였을 경우, 멤버 함수 test()는 부모 클래스에서 선언되어지며, 파생 클래스 B, C, D에서도 이 함수를 public으로 사용할 수 있다. 그리고 a.test(), b.test(), c.test(), d.test()는 모두 a멤버 함수 fun()을 호출한다. 예약어 virtual은 파생 클래스로부터 메소드의 구현 부분을 사용하게 되므로 가상 함수는 부모 클래스 A가 아닌, 파생 클래스 B, C, D로부터 호출되어 사용된다. 즉 a.test(), b.test(), c.test(), d.test()는 각각 A::fun(), B::fun(), C::fun(), D::fun()을 호출하여 실행 결과 1을 얻는다.

만약 클래스 A의 메소드 fun() 앞에 예약어 virtual을 사용하지 않는다면 클래스 A에 있는 test()는 파생 클래스의 fun()을 호출하지 않고 클래스 A에 있는 fun()을 호출하게 되므로 실행 결과 2와 같이 된다.

11장 실습문제

01. 변수에 저장된 두 수를 서로 교환하는 함수 swap()을 템플릿으로 작성해 보자. main() 함수는 다음과 같다.

```
void main(void){
        int a=10, b=20 ;
        double m=1.5, n=5.7 ;
        cout << "original value : a=" << a << " , b=" << b << endl ;
        swap ( a, b) ;
        cout << "new value : a=" << a << " , b=" << b << endl ;
        cout << "original value : m=" << m << " , n=" << n << endl ;
        swap ( m, n) ;
        cout << "new value : m=" << m << " , n=" << n << endl ;
}
```

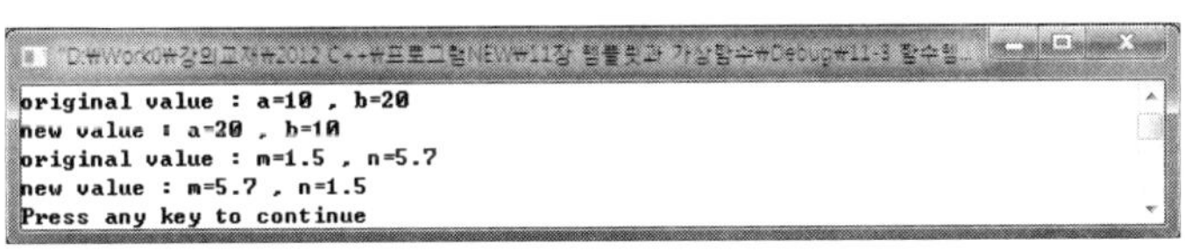

02. 다음과 같이 객체를 생성하고 클래스 멤버를 출력할 수 있도록 템플릿 클래스를 작성하시오.

```
void main(void){
        data<int, int> ob1( 100, 200 ) ;
        data<int, double> ob2( 10, 34.5 ) ;
        data<char*, double> ob3( "Kang", 22.5 ) ;
        ob1.output() ;
        ob2.output() ;
        ob3.output() ;
}
```

C.H.A.P.T.E.R

12

예외 처리

12.1 예외처리 메커니즘

프로그램을 작성하다 보면 다음과 같은 여러 가지 오류가 발생한다.

① 잘못된 변수의 값
② 잘못된 자료의 입력
③ 네트워크의 예고없는 끊김
④ 메모리 부족으로 메모리를 할당할 수 없는 경우
⑤ 0으로 나누기 등

이와 같이 프로그램 실행 중에 예기치 않은 오류가 발생되는 특이한 상황을 예외(Exception)라고 하며, 이러한 예외를 처리하기 위한 루틴을 예외 처리(exception handling)라고 한다. 예외 처리는 프로그램의 실행 시에 오류가 발생하는 경우, 이를 관리할 수 있도록 처리 루틴을 첨가하는 것을 말한다. C++ 언어의 예외 처리 기능을 사용하면 프로그램의 실행 중에 오류가 발생할 경우 프로그램 내에서 예외 처리 루틴을 자동적으로 호출해 준다. C++ 언어에서 예외 처리 모듈을 구성하기 위해서는 try, catch 그리고 throw 등의 키워드를 사용하며 일반적인 형태는 다음과 같다.

```
try {
    // 예외 발생 예상 지역
}
catch (처리되어야 할 예외의 종류) {
    // 예외를 처리하는 코드가 존재할 위치
}
```

예외 처리를 위한 프로그램 세그먼트는 하나의 try 블록과 여러 개의 catch 블록들로 구성된다. 일반적으로 응용 프로그램에서 수행되어야 할 프로그램 세그먼트들은 try 블록에 두게 되며, 이 try 블록을 실행하는 과정에서 발생하는 사건 또는 오류들에 대해서는 각 경우마다 대응하기 위한 코드를 해당 catch 블록에 기술하게 된다.

예외 처리 모듈의 try 블록에서 사건이 발생하고 이에 따라 필요한 catch 블록으로 제어를 이동시키고자 할 때에는 throw 문을 사용한다. 이 throw 문은 try 블록 안에서 다음과 같은 형태로 사용된다.

```
throw exception ;
```

이 throw 문에 의해 제어가 catch 블록으로 이동되었을 경우 catch 블록에서는 그 원인에 따라 프로그램을 종료시킬 수도 있으며, 간단한 처리 후 프로그램의 실행을 계속할 수도 있다.

예외처리 프로그램의 실행 흐름은 다음과 같다.

- try 블록을 만나면 그 안에 삽입된 문장이 순서대로 실행된다.
- try 블록 내에서 예외가 발생하지 않으면 catch 블록 이후를 실행한다.
- try 블록 내에서 예외가 발생하면, 예외가 발생한 지점 이후의 나머지 try 영역은 건너뛴다.

프로그램 실행시 발생하는 에러의 가장 대표적인 경우의 하나가 임의의 값을 0으로 나누는 경우일 것이다. 이때에는 일반적으로 프로그램이 강제 종료된다. 이때에 프로그램을 종료하지 않고 간단한 메시지를 출력한 다음, 실행을 계속할 수 있도록 하는 예를 살펴보자.

프로그램 12-1 예외 처리의 예 1

```
#include    <iostream.h>
void Divide (double x, double y){
    try {
        if (!y) throw y ;
        cout << x << " / " << y << " = " << x/y << endl ;
    }
    catch (double ex) {
        cout << x << " / " << ex << " : divide-by-zero error \n" ;
    }
}
void main(void){
    for(int i=1, j=-1 ; i<4 ; i++, j++)
        Divide (i, j) ;
}
```

프로그램 12-1 실행 결과

```
1 / -1 = -1
2 / 0 : divide-by-zero error
3 / 1 = 3
Press any key to continue
```

프로그램 12-1 해설

2번 : 함수 Divide()는 두 개의 실수값을 전달받아 두 번째의 값이 0인 경우에는 예외 처리를 실행하여 경고 메시지를 출력한다.

4번 : 변수 y가 0이면 if문은 참이 되어 throw y;가 실행된다. throw y;는 예외를 발생시켜 y값을 catch 블록의 매개변수로 전달하는 것을 의미한다. 즉, 예외는 반드시 try 블록에서만 발생하며, try 블록 내에서 발생하는 예외 상황은 throw로 던지기만 하면, catch 블록에 의해 처리된다. try에서는 던지기만 하고, catch에서 처리하도록 코드가 분리된 것이다.

7번 : "catch(double ex)"는 double형 예외를 처리하겠다는 의미이다. 전달되는 예외를 double형 변수 ex로 받겠다는 선언이다.

12번 : 변수 i와 j의 값을 각각 (1, -1), (2, 0), (3, 1)으로 변경하여 Divide() 함수에 전달한다. 이때 변수 i와 j의 값이 (2, 0)이 되면 예외 처리를 하고 프로그램은 계속 진행된다.

하나의 try 블록 내에서 둘 이상의 서로 다른 예외(자료형이 서로 다른 예외)가 발생할 수 있는 상황도 존재하기 마련이다. 다음 프로그램은 이러한 문법적 구조를 설명하는 간단한 예이다.

프로그램 12-2 예외 처리의 예 2

```
1  #include    <iostream.h>
2  void Test (int x){
3      try {
4          switch(x){
5          case 0 : throw x ;
6          case 1 : throw 'A' ;
7          case 2 : throw 12.34 ;
8          case 3 : throw "exception" ;
9          }
10     }
11     catch(int ex){ cout << "int " << ex << " catch" << endl ; }
12     catch(char ex){ cout << "char " << ex << " catch" << endl ; }
13     catch(double ex){ cout << "double " << ex << " catch" << endl ;}
14     catch(char *ex){ cout << "string " << ex << " catch" << endl ; }
15 }
16 void main(void){
17     for(int i=0 ; i<4 ; i++) Test (i) ;
18 }
```

프로그램 12-2 실행 결과

```
int 0 catch
char A catch
double 12.34 catch
string exception catch
Press any key to continue
```

프로그램 12-2 해설

5번 : int형의 예외를 11번의 int형 catch 블록에 전달한다.

11번 : int형 예외를 처리하기 위한 catch 블록이 존재한다.

6번 : char형의 예외를 12번의 char형 catch 블록에 전달한다.

12번 : char형 예외를 처리하기 위한 catch 블록이 존재한다.

7번 : double형의 예외를 13번의 double형 catch 블록에 전달한다.

13번 : double형 예외를 처리하기 위한 catch 블록이 존재한다.

8번 : string형의 예외를 14번의 string형 catch 블록에 전달한다.

14번 : string형 예외를 처리하기 위한 catch 블록이 존재한다.

예외처리는 예외가 넘겨진 자료형과 catch 문에 정의된 인수와 일치된 문을 찾아 이루어지기 때문에 자료형을 일일이 나열하여야 된다. 그러나 catch가 특정 자료형에 제한받지 않고 모든 상황을 잡아 처리할 수 있다.

프로그램 12-3 예외 처리의 예 3

```
1  #include   <iostream.h>
2  void Test (int x){
3      try {
4          switch(x){
5          case 0 : throw x ;
6          case 1 : throw 'A' ;
7          case 2 : throw 12.34 ;
8          case 3 : throw "exception" ;
9          }
10     }
11     catch(char ex){ cout << "char " << ex << " catch" << endl ; }
12     catch(double ex){ cout << "double " << ex << " catch" << endl ;}
13     catch(...){ cout << "catch anything" << endl ; }
14 }
15 void main(void){
16     for(int i=0 ; i<4 ; i++) Test (i) ;
17 }
```

프로그램 12-3 실행 결과

```
catch anything
char A catch
double 12.34 catch
catch anything
Press any key to continue
```

프로그램 12-3 해설

13번 : 13번의 catch 구문은 모든 예외를 처리하게 된다. 연속된 점(...)은 예외가 넘어온 예외사항이 어떠한 자료형이라도 모두 받아 처리할 수 있다는 것을 의미한다. 즉 13번 줄은 char형과 double형 이외의 자료형에 대하여 처리하겠다는 의미가 된다.

따라서 6번의 char형과 7번의 double형은 11번과 12번의 catch 블록에서 처리가 되지만 5번의 int형과 8번의 string형은 13번의 catch 블록에서 처리가 된다.

for 문이나 while 문 안에 다시 for문이나 while 문이 포함할 수 있는 것과 마찬가지로 try 블록 내에 try 블록을 포함할 수 있다. 즉 try 블록은 겹쳐질 수 있다.

```
try {      // 외부 try 블록
    ... ...
    try {      // 내부 try 블록
        ... ...
    }
    catch ( ex1 ) {      // 내부 catch 블록
        ... ...
    }
}
catch ( ex2 ) {      // 외부 catch 블록
    ... ...
}
```

try 블록을 중첩하였을 경우에 프로그램의 실행은 다음 플로우차트와 같이 된다.

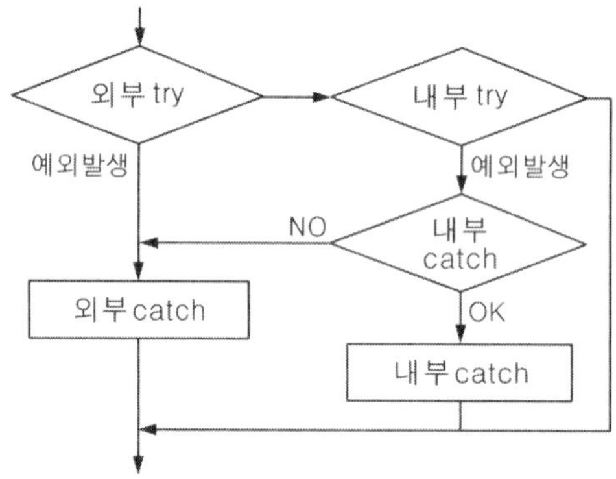

내부 try 블록에서 예외가 발생하였는데도 내부 catch가 받지 못하면, 외부의 try의 블록과 관계된 catch 블록을 검사한다. 만약 거기서도 예외를 받지 못하면 실행 에러가 발생한다.

프로그램 12-4 try 블록의 중첩

```
1  #include    <iostream.h>
2  void main (void){
3      int i=5, j=2, k=0 ;
4      try {
5          cout << "Begin of Outer try block" << endl ;
6          if(j==100 || j==0)  throw "j=0 or 0" ;
7          cout << "i/j=" << i/j << endl ;
8          try {
9              cout << "Begin of Inner try block" << endl ;
10             if(k==0) throw k ;
11             cout << "i/k=" << i/k << endl ;
12             cout << "End of Inner try block" << endl ;
13         }
14         catch (int k){
15             cout << "Inner catch block" << endl ;
16         }
17         cout << "End of Outer try block" << endl ;
18     }
19     catch(char ex){ cout << "char " << ex << " catch" << endl ; }
20     catch(double ex){ cout << "double " << ex << " catch" << endl ;}
21     catch(...){ cout << "catch anything" << endl ; }
22 }
```

프로그램 12-4 실행 결과 1

```
Begin of Outer try block
i/j=2
Begin of Inner try block
Inner catch block
End of Outer try block
Press any key to continue
```

프로그램 12-4 해설

4번의 외부 try 블록에서는 예외가 발생하지 않으므로 5~7번을 실행한 다음 8번의 try 블록을 실행한다. 10번에서 예외가 발생하여 14번의 catch 블록을 실행한다. 마지막으로 17번의 외부 블록을 실행하여 프로그램이 종료된다.

여기에서 잠깐. 만약에 14번의 “catch(int k)”를 “catch(char k)”로 바꾸면 어떻게 될까. 내부 catch 블록에서는 예외를 받지 못하기 때문에 예외 처리를 외부 catch 블록으로 넘기게 되므로 그때의 실행 결과는 다음과 같다.

프로그램 12-4 실행 결과 2

```
Begin of Outer try block
i/j=2
Begin of Inner try block
catch anything
Press any key to continue
```

12.2 예외의 전달

일반적인 예외처리에서 throw는 try 블록 안에서 사용되어야 한다. 그러나 throw가 try 블록 안에서 호출한 함수 내부에 있을 수도 있다.

예를 들어 main() 함수에서 서브함수 Divide()를 호출하였는데, 이 함수 내부에서 예외가 발생하였다. 그런데 Divide() 함수 내부에서 이 예외를 처리해 주지 못하였다면 이 예외는 어떻게 되겠는가? 이러한 경우 Divde() 함수를 호출한 영역으로 예외는 전달된다.

프로그램 12-5 예외의 전달 1

```
#include    <iostream.h>
int Divide (int x, int y){
    if(y==0) throw y ;
    return x/y ;
}
void main(void){
    try {
        cout << "a/b=" << Divide(3, 0) << endl ;
    }
    catch (int ex) {
        cout << "a/0 : divide-by-zero error \n" ;
    }
}
```

프로그램 12-5 실행 결과

```
a/0 : divide-by-zero error
Press any key to continue
```

프로그램 12-5 해설

8번 : 함수 Divide()를 호출하여 이 함수에 3과 0을 전달한다.

3번 : 두 번째 전달 인자 y가 0이므로 예외가 발생한다. 그런데 이 예외를 처리해 줄 try~catch 문은 함수 내 어디에도 존재하지 않는다. 이러한 경우 예외는 이 함수를 호출한 영역 8번으로 전달된다.

8번 : 8번으로 전달된 예외는 이 줄을 감싸고 있는 try~catch 문에 의해 처리된다. 즉, 10번의 catch 블록으로 전달된다.

위 프로그램을 통하여 처리되지 않은 예외는 전달된다는 것을 알았다. 그렇다면 서브 함수에서 다시 서브 함수를 호출하는 가운데 마지막에 호출된 함수에서 예외가 발생하면 어떻게 처리가 될까. 다음 프로그램 예를 살펴보자.

프로그램 12-6 예외의 전달 2

```
1  #include    <iostream.h>
2  void func3  (void){ throw 100 ; }
3  void func2  (void){ func3(); }
4  void func1  (void){ func2(); }
5  void main(void){
6       try {
7           func1()  ;
8       }
9       catch (int ex) {
10          cout << "error \n" ;
11      }
12 }
```

프로그램 12-6 실행 결과

```
error
Press any key to continue
```

프로그램 12-6 해설

2번 : 마지막에 호출된 함수 func3()에서 예외가 발생하였다. 그런데 func3()에서는 예외처리를 하지 않고 있다. 따라서 func3()를 호출한 영역 3번으로 예외가 전달된다.

3번 : 함수 func2()에서도 예외처리를 하지 않고 있다. 따라서 func2()를 호출한 영역 4번으로 예외가 전달된다.

4번 : 함수 func1()에서도 예외처리를 하지 않고 있다. 따라서 func1()을 호출한 영역 7번으로 예외가 전달된다.

7번 : 결국 main() 함수에서 예외처리를 담당하게 된다.

예외가 처리되지 않아서 함수를 호출한 영역으로 예외 데이터가 전달되는 현상을 "스택 풀기(Stack Unwinding)"라고 한다.

앞에서 작성한 서브 함수에서는 전달되는 예외의 종류를 명시하지 않았다. 그런데 서브 함수를 정의할 때 전달할 수 있는 예외의 종류를 명시할 수 있다. 다음 예를 살펴보자.

```
int func ( int x ) throw ( int ) {
    .... ...
}
```

이 함수는 상황에 따라서 int형 예외가 전달될 수 있음을 선언하고 있는 것이다. 따라서 만약에 int형이 아닌 다른 형의 예외가 발생할 경우 프로그램은 비정상적으로 종료하게 된다.

전달될 수 있는 예외의 종류가 둘 이상인 경우에는 다음과 같이 선언하면 된다.

```
int func ( int x ) throw ( int, double, char * ) {
    .... ...
}
```

전달되는 예외를 명시하지 않으면 어떤 예외도 전달할 수 있다. 그럼에도 불구하고 전달되는 예외를 명시하는 이유는 정보의 전달이다. 예를 들어 func() 함수를 호출하는 코드를 작성하는 경우 함수의 내부를 들여다보지 않아도 함수의 선언을 통해서 어떠한 예외가 전달될 수 있는지를 파악하는 것이 가능하다. 따라서 그에 적절한 try~catch 문을 선언하게 될 것이다.

12.3 예외 클래스

예외 클래스란 예외 처리만을 담당하도록 사용자가 정의한 클래스를 말한다. 이 클래스는 예외를 처리하기 위한 내용으로만 작성되었기 때문에 실제 호출은 이 클래스의 객체에 의해 이루어진다.

다음 프로그램은 현금 인출기에서 돈을 인출하는 간단한 예이다.

프로그램 12-7 예외 클래스

```
#include <iostream.h>
#include <string.h>
int number=12345678 ;    //계좌번호
int pswd=1234 ;          //비밀번호
int money=1000 ;         //예금잔액
class Except {
    int no , sid ;
public:
    Except(int n, int id){
        no = n ;  sid = id ;
    }
    void Disp(){
        cout << "계좌번호: " << no << endl ;
        cout << "비밀번호: " << sid << endl ;
    }
};
void main(void){
    int no, id, out_money ;
    try{
        cout << "계좌번호 입력: " ; cin >> no ;
        cout << "비밀번호 4자리 입력: " ;  cin >> id ;
        if(number != no || pswd != id) throw Except(no, id) ;
        cout << "출금액 입력: " ;  cin >> out_money ;
        if(money < out_money) throw out_money ;
        money -= out_money ;
        cout << "잔액 : " << money << endl ;
    }
    catch(int out_money){
        cout << "부족 금액 : " << out_money-money << endl ;
    }
    catch(Except& expt){
        cout << "계좌번호나 비밀번호를 확인 하세요" << endl ;
        expt.Disp();
    }
}
```

프로그램 12-7 실행 결과

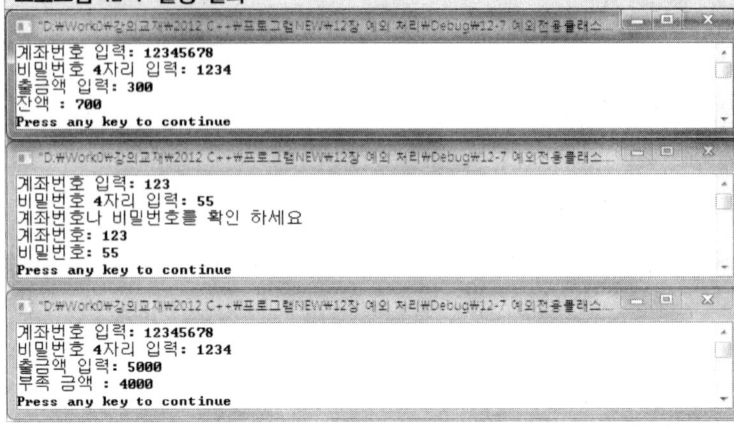

프로그램 12-7 해설

첫 번째 실행 결과는 계좌번호와 비밀번호를 정확하게 입력하고, 정상적으로 출금하는 경우이다.

두 번째 실행 결과는 계좌 번호를 입력하였을 경우에 예외 처리를 하는 경우이다.

세 번째 실행 결과는 예금 잔액보다 많은 금액을 출금하려고 하였을 때 발생하는 예외를 처리하는 경우이다.

3~5번 : 한 고객의 계좌 번호와 비밀 번호, 잔액에 대한 정보를 담고 있는 변수를 선언하고 있다.

22번 : 20번, 21번에서 입력한 계좌 번호와 비밀 번호를 비교하여 일치하지 않으면 예외가 발생한다. 이때 Except 객체를 예외를 알리는데 사용하고 있다. 즉, 6번에서 16번까지는 예외를 알리기 위해 정의된 예외 클래스이다. 따라서, 예외의 원인이 되는 계좌 번호와 비밀 번호를 동시에 담아서 전달한다.

24번 : 23번에서 입력한 출금액이 잔액보다 크면 예외가 발생하고, 28번으로 예외 처리를 넘기게 된다.

쉽게 따라하는

C++ 프로그램 작성법

지 은 이	이수현
펴 낸 이	김형근
펴 낸 곳	도서출판 기한재
신 주 소	경기도 파주시 회동길 56
구 주 소	경기도 파주시 교하읍 문빌리 535-11 (파주출판문화정보산업단지)
전 화	031)955-0900~2
팩 스	031)955-0100
등 록	1990년 3월 15일 제2-968호
발 행	2012년 9월 10일 1판 1쇄
정 가	20,000원

무단 복제 및 무단 전재를 금합니다.

Published by Kihanjae Co.

ISBN 978-89-7018-672-6

http://www.kihanjae.com

E-mail : kihanjae@hanmail.net